ODD HARALD HAUGE

TOD AM EVEREST

ODD HARALD HAUGE

TOD AM EVEREST

THRILLER

Aus dem Norwegischen übersetzt von
Justus Carl

BENEVENTO

FSC
www.fsc.org
MIX
Papier aus verantwortungsvollen Quellen
FSC® C014138

Diese Übersetzung wurde mit der finanziellen Unterstützung von NORLA veröffentlicht. Der Verlag dankt NORLA für die Gewährung der Übersetzungsförderung.

NORLA
Norwegian
Literature
Abroad

Diese Geschichte ist frei erfunden. Tatsächlich existierende Personen und Firmen wurden verändert und/oder vom Autor ausgedacht, Geschehnisse anderen und/oder fiktiven Personen zugeordnet. Verbleibende Übereinstimmungen mit etwaigen realen Personen wären somit rein zufällig und sind nicht gewollt.

1. Auflage 2022

Medieninhaber, Verleger und Herausgeber:
Red Bull Media House GmbH
Oberst-Lepperdinger-Straße 11–15
5071 Wals bei Salzburg, Österreich

Satz: MEDIA DESIGN: RIZNER.AT
Gesetzt aus Minion Pro, Verlag Compressed
Umschlaggestaltung: zero-media.net, München, unter Verwendung eines Motivs von FinePic®, München
Karte Innenklappe: © Nina Andritzky
Autorenillustration: © Claudia Meitert
Printed by Finidr, Czech Republic
ISBN: 978-3-7109-0152-2

Angst ist echt. Angst setzt alles andere außer Kraft.

Martin Moltzau lenkte den gemieteten Sportwagen auf dem Parkplatz zwischen zwei dort stehende Limousinen vom Typ Geschäftswagen und griff nach der Reisetasche auf dem Beifahrersitz. Einen Moment blieb er mit der Tasche auf dem Schoß sitzen und sammelte sich. Nachdem er die knapp siebzig Kilometer vom Münchner Franz-Josef-Strauß-Flughafen hierher rasend zurückgelegt hatte, brauchte er einen Moment, um anzukommen. Vierundzwanzig Minuten von Tür zu Tür, neue persönliche Bestzeit.

Er schaute auf den modernen, quaderförmigen Glasbau vor sich, auf dessen Vorderseite das Konzernlogo prangte. Der Hauptsitz einer der bekanntesten Marken der Welt. Zum letzten Mal war er vor eineinhalb Jahren hier gewesen. Martin holte tief Luft. Es gab nichts, wovor er sich fürchten musste. Hier war er ein Held. Präsentierte er die Idee auf die richtige Art, würde es laufen wie geschmiert. Er blickte auf die Uhr, noch drei Minuten bis zum vereinbarten Termin. In Deutschland legte man Wert auf Pünktlichkeit. Er manövrierte seinen langen Körper aus dem Sportwagen und verfluchte sich selbst für die Eitelkeit, unbedingt ein Auto mieten zu müssen, für das er eigentlich viel zu groß war.

Als er sich am Empfang meldete, bemerkte er zu seiner Freude, dass der Mitarbeiter seine Ankunft exakt zur vereinbarten Uhrzeit telefonisch durchgab. Martin trug seinen Namen in das digitale Besucherregister ein und nahm einen Hauch von Anerkennung von dem jungen Kerl hinter dem Tresen wahr. Offenbar hatte er seinen Namen wiedererkannt. Nachdenklich schlenderte Martin durch die Empfangshalle.

Ein freudiger Ruf riss ihn aus seinen Gedanken, als Franz Mendler, der zuständige Leiter für die Sponsoringverträge des Konzerns, mit ausgebreiteten Armen auf ihn zulief. Sie umarmten sich wie die alten Freunde, die sie tatsächlich waren. Martin hatte dem zehn Jahre älteren Deutschen viel zu verdanken.

Mendler hatte den gesamten sechsköpfigen Stab im Besprechungsraum seiner Abteilung im obersten Stockwerk zusammengerufen. Martin kannte die Mitarbeiter von früheren Treffen. Als er eintrat, sahen sie ihn alle mit offener Bewunderung an, was in ihm ein gewisses Unbehagen auslöste, aber er lächelte mechanisch und plauderte in beinahe fehlerfreiem Deutsch drauflos. An einer Längsseite des Raumes hingen zwei große Werbeplakate, bei denen Martin sich fragte, ob sie eigens für das heutige Treffen dort platziert worden waren. Eines zeigte das Foto eines einsamen Skiläufers in einer öden und weißen Unendlichkeit. Hinter dem Mann verlief eine Skispur, die sich in der flachen, baumlosen Weite verlor. Ein beeindruckendes Bild, das einen Bruchteil des hoffnungslosen Ehrgeizes dieses Vorhabens einfing. Martin hatte Sibirien durchquert, auf Skiern, von der finnischen Grenze bis an die Beringstraße, 6000 Kilometer in zweihundertfünf Tagen, die längste Skitour der Welt. »*Explorer of the Year*« stand unter dem Bild zu lesen.

Das andere Plakat bestand aus einer Collage verschiedener Fotos, die ihn auf Skiern, im Kajak, auf einem Fahrrad und auf einem Segelschiff zeigten. Vom Nord- zum Südpol innerhalb von zehn Monaten, ohne andere Hilfsmittel als den Wind und seine eigenen Kräfte. Auch unter dem zweiten Plakat stand »*Explorer of the Year*«.

Eigentlich hätte er Stolz empfinden sollen, nur bestand das Problem darin, dass sein letztes Abenteuer drei Jahre zurücklag. Drei Jahre, seit er am Südpol die Flagge mit dem Konzernlogo über seinen Kopf gereckt hatte. Was er seitdem geleistet hatte? Vorträge in der ganzen Welt gehalten und ansonsten versucht, ein normales Leben zu führen. Die Auftritte waren zentral für das Unternehmen, aber das mit dem normalen Leben bereitete seinen Sponsoren vermutlich ein wenig Sorgen.

Während Franz Mendler den übrigen Anwesenden eine kurze Zusammenfassung seiner bisherigen Abenteurerlaufbahn gab, bereitete Martin sich auf die Präsentation seiner neuesten Idee vor. Doch gerade als er loslegen wollte, öffnete sich die Tür, und ein Mann, kaum älter als er selbst, rauschte selbstbewusst in den Raum. Mendler sprang auf und schien kurz davor, dem Mann zu salutieren.

»Lass mich dir unseren neuen Gesamtchef vorstellen, Horst Hegeler«, sagte Mendler mit einer Verbeugung in Richtung seines Vorgesetzten, ehe er mit der Hand auf Martin wies. »Und das hier ist Martin Moltzau in Person.«

»Sie sind also Moltzau«, sagte Hegeler und drückte Martins ausgestreckte Hand. »Ich bin neu im Konzern, daher kenne ich Sie bisher nur vom Hören. Soweit ich verstanden habe, sind Sie ein Mann, der immer liefert. Das ist gut. Ich brauche Leute, die liefern.«

Hegeler blickte auf eine Stelle neben Martin, während er mit ihm redete, und richtete seine bereits akkurate Frisur. Als Martin sich kurz zur Seite drehte, wurde ihm klar, dass sich der Mann im Glasrahmen der Werbeplakate spiegelte. *Diesem eitlen Schnösel fällt garantiert auf, dass mein Hemd nicht gebügelt ist*, dachte er. Und noch bevor er etwas auf Hegelers Worte erwidern konnte, nickte dieser den anderen kurz zu und verschwand wieder.

Martin nahm Platz. *Mach dich locker, atme mit dem Bauch*, ermahnte er sich selbst. Dann räusperte er sich, bis die anderen ihm ihre Aufmerksamkeit schenkten. Er hatte sich gut vorbereitet. Das Konzept und die tatsächliche Machbarkeit des Projekts, aber auch der Zeitplan und das Budget waren genauestens durchdacht. Bei einem Konzern wie diesem war das allerdings auch nötig.

Seine Idee war leicht zu erklären. Martin wollte die Erde auf dem Äquator umrunden, von Osten nach Westen. Etwas Derartiges hatte bisher noch niemand unternommen, selbstverständlich nicht, sonst stünde er jetzt nicht hier, um den Vorschlag zu präsentieren. Der größte Teil der Route führte über Meeresgewässer, fast die Hälfte davon verlief durch den Pazifik. Auf diesem Teil gab es keine speziellen Schwierigkeiten, dagegen stellten die Landstrecken eine Herausforderung dar, um es zurückhaltend auszudrücken. In Afrika bestand die Route teils aus Hochebenen und teils aus Dschungelgebieten, was Martin für machbar hielt. Sich durch den Regenwald auf den indonesischen Inseln und Borneo zu schlagen, würde um einiges schlimmer werden, von der Durchquerung des Amazonas ganz zu schweigen.

Er würde allein losziehen. Über das Meer und durch den Dschungel. Vier Jahre peilte er dafür an, aufgeteilt in Etappen. Zwischen den Etappen wollte er nach Hause zurückkehren, sodass er im Lauf dieser Jahre weiterhin Vorträge halten konnte. Auf diese Weise wäre er nicht ganz von der Bildfläche verschwunden und bliebe im Gedächtnis.

Als er seine Präsentation beendet hatte, wurde es still.

»Das schaffen Sie nicht«, bemerkte eine junge Dame am Tischende. An ihren Namen erinnerte er sich nicht mehr.

»Danke«, sagte Martin und lächelte. »Genau aus diesem Grund werde ich dieses Projekt durchführen. Ich mache es nicht, weil es einfach ist, sondern gerade *weil* es schwierig ist.«

»Wie viel Erfahrung haben Sie denn mit dem Überleben im Dschungel?«, fragte ein anderer.

Martin war versucht, *nicht viel* zu antworten.

»Ausreichend«, sagte er.

In der Runde brach eine hitzige Debatte darüber los, ob das Projekt machbar war oder nicht. Martin lehnte sich zurück und hörte zu. Wollte er sich diese Expedition tatsächlich antun, oder hatte er sie nur vorgeschlagen, weil er ihnen ein spektakuläres Vorhaben bieten *musste*? So ganz wusste er es selbst nicht.

Franz Mendler brachte die Diskussion zu einem Ende. »Ich halte diese Idee für ein sehr großes und langfristiges Projekt mit vielen guten Punkten, ohne Zweifel. Aber wenn du nächstes Jahr startest und die Expedition vier Jahre dauert, liegen zwischen dem Abschluss des großen Vom-Nordpol-zum-Südpol-Projekts und dem Ende deiner Äquator-Idee fast acht Jahre. Acht Jahre zwischen zwei Kampagnen sind zu viel Zeit für einen Sponsor. Wir können dich schon jetzt nicht mehr zu Werbezwecken nutzen, du bist nicht mehr aktuell.«

Martin starrte Mendler an. Er ahnte, worauf es hinauslief.

»Um den Vertrag mit dir um weitere fünf Jahre zu verlängern, brauchen wir einen schnellen Erfolg. Nur so können wir zeigen, dass man dich immer noch auf dem Zettel haben muss.«

Martin wusste nur zu gut, was Mendler meinte. In der letzten Zeit hatten ihm alle dieselbe Frage gestellt, Freunde, die Presse, sogar seine Familie: Hatte er keine neuen Pläne? Wollte er nicht bald wieder etwas machen? Er antwortete stets ausweichend, parierte die Frage mit einem Scherz. »Ich habe doch wohl schon genug Zeit an der frischen Luft verbracht, meint ihr nicht auch?«

Was Mendler unter einem *schnellen* Erfolg verstand, begriff er hingegen nicht. Schnelle Erfolge gab es nicht.

»Alles, worum wir dich bitten, ist, dass du uns eine Expedition vorschlägst, die du innerhalb des nächsten Jahres durchführen kannst«, sagte Mendler. »Wir haben im Rahmen einer internen Strategiebesprechung unsere derzeit laufenden Sponsorings bewertet und sind, was dich betrifft, zu einem positiven Ergebnis gekommen. Allerdings sehen wir die Notwendigkeit eines schnellen Erfolgs, wie ich gerade schon erklärt habe. Also etwas, das die Führung davon überzeugt, deinen Vertrag zu verlängern.«

»Die Äquator-Expedition startet nächstes Jahr«, sagte Martin.

»Äquator, Äquator«, seufzte Mendler. »Im Pazifik oder im Dschungel verkaufen wir keine Autos. Eis, Schnee und Kälte sind die Parameter, die wir für unser Marketing in den wichtigsten Märkten nutzen, und gerade deshalb hat der Extremabenteurer Martin Moltzau so hervorragend zu uns gepasst. Sollen wir uns jetzt auf einer Segeljolle vermarkten, oder was? Oder mit einem Kerl werben, der sich monatelang durch irgendwelche tropischen Urwälder schlägt?«

»Ich kann ja kurz am Mount Everest vorbeischauen und dort die Konzernflagge schwenken«, meinte Martin scherzhaft.

»Eine fantastische Idee!« Mendler war halb vom Stuhl aufgesprungen.

Martin meinte beinahe, sich verhört zu haben. »Das war ein Scherz!«, rief er.

»Das passt perfekt zu deinem Image«, entgegnete Mendler und setzte sich wieder.

»Ganz und gar nicht. Ich bin kein Kletterer.« Martin konnte fast nicht glauben, was er da hörte.

»Wen juckt das schon?«

»Außerdem wäre der Mount Everest wohl kaum ein Erfolg für diesen Konzern. Gott und die Welt waren schon dort oben, bestimmt auch ein Mitarbeiter von euch.«

»Aber nur die allerwenigsten dürften an beiden Polen gewesen sein, auf die *schwierige Tour*, und auf dem höchsten Gipfel der Welt«, hielt Mendler dagegen. »Mit diesem Triple können wir die Marke Martin Moltzau noch einige Jahre am Leben halten, während du deine nächsten Abenteuer planst und durchziehst.«

Martin schüttelte den Kopf, aber Mendler war nicht mehr aufzuhalten. »Für uns ist es sogar besser, wenn du auf den Gipfel des Mount Everest steigst und nicht dem Äquator folgst. Das wäre zwar lebensgefährlich, teuer und extrem schwierig, nur wäre es den Leuten egal. Die meisten wissen ja nicht mal, wo der Äquator verläuft. Vom Mount Everest hat dagegen jeder schon gehört.«

»Den Everest zu besteigen, ist inzwischen doch keine besondere Sache mehr«, sagte Martin.

»Da irrst du dich. Der Everest ist eine Todesfalle, sieh dir nur die Statistiken an. Und trotzdem ist die Besteigung des Everest laut einer Umfrage für viele Menschen das Top-1-Ereignis, von dem sie träumen, es einmal erlebt zu haben. Außerdem, wenn es wirklich so leicht ist, dann kannst du es doch auch einfach machen, oder?« Selbstzufrieden lehnte Mendler sich zurück.

Martin spürte, dass er sich selbst in die Ecke gedrängt hatte. Wie war er in dieser Situation gelandet? Eigentlich hatte er doch nur irgendein lächerliches Beispiel für etwas geben wollen, das er *auf keinen Fall* tun würde. Den Gesichtern am

Tisch nach zu urteilen, war er allerdings der Einzige, der diese Idee lächerlich fand. Langsam dämmerte Martin, dass seine wichtigste Einnahmequelle wegzubrechen drohte. Vor seinem inneren Auge erschien ein Bild von ihm selbst, wie er eine Treppe hinauftrottete, auf dem Weg in ein Büro, in einem dunklen Anzug, der Schlips schnürte ihm den Hals zu. Konnte er mit seinem alten Freund Mendler verhandeln? Mit dem Mann, der seit einem Jahrzehnt eine schützende Hand über ihn hielt?

»Lass uns doch vielleicht noch andere Projekte, die mit Schnee und Eis zu tun haben, ins Auge fassen«, schlug er vor, diesmal mit einem Lächeln, von dem er hoffte, dass es nicht aufgesetzt aussah.

»Mhmm ... da du den Everest selbst ins Spiel gebracht hast, will ich dir nicht verheimlichen, dass viele Leute mit spektakulären Ideen zu Projekten im Himalaya zu uns kommen. Die meisten der weltbesten Bergsteiger waren schon hier. Dein Vorteil ist, dass wir dich kennen, wir haben bereits viel in dich investiert, und eine Kampagne mit dir, nachdem du den Südpol, den Nordpol und den Mount Everest bezwungen hast, wird die Leute ansprechen.«

Als Martin in lauter nickende Gesichter blickte, fiel ihm auf, dass es wohl alle als gegeben ansahen, dass er den Everest ohne Weiteres erklimmen würde, dass er nur hinzufahren und es hinter sich zu bringen brauchte.

»Warum waren Sie bisher eigentlich noch nie auf einem Berggipfel?«, wollte einer der Anwesenden wissen.

Martin beließ es bei einem Grinsen und zuckte mit den Schultern.

»Ich finde, du solltest darüber nachdenken«, schloss Mendler. »Aber melde dich bald. Wir zurren das Sponsoring-Budget innerhalb der nächsten Wochen fest, und wir müssen wissen, ob wir mit dir rechnen können.«

Martin klemmte sich in den Sportwagen und schob die Reisetasche sowie eine große Plastiktüte voller Merchandising-Artikel auf den Beifahrersitz. Mendler hatte ihm einen Stapel T-Shirts, vier Exemplare der aktuellen Sonnenbrille und die brandneue Smart Watch als Sonderedition in drei verschiedenen Farbausführungen mitgegeben.

Als sie vor dem Eingang neben dem Empfang standen, hatte Mendler ihn an beiden Schultern gepackt und ihm tief in die Augen gesehen. »Mein Freund, ich setze große Hoffnung in dieses Projekt, für dich und für mich. Viel Glück!«

Jetzt hielt sich Martin mit beiden Händen am Lenkrad fest und schloss die Augen. Der Mount Everest, 8850 Meter über dem Meer. Lawinengefahr, Todeszone, messerscharfe Bergkämme, schwindelerregende Abgründe.

All die Dinge, vor denen er sich bisher immer erfolgreich gedrückt hatte.

Was für ein Mist.

Schon auf der ersten Stufe der Gangway schlug ihm die Hitze entgegen. Überrascht blieb er für einen Moment stehen. Es waren sicher an die vierzig Grad. Er streifte die Jacke ab, trotzdem war er innerhalb von Sekunden durchgeschwitzt. Verwirrt stieg er die Treppe nach unten und betrat kurz darauf die Ankunftshalle, wo der Schatten wenigstens etwas Abkühlung bot.

Die ältere Dame, die während der fünf Stunden seit Doha im Flugzeug neben ihm gesessen hatte, stellte sich am Gepäckband direkt vor ihn. Sie hatten auf dem Flug kein Wort miteinander gewechselt, aber jetzt drehte sie sich zu ihm um und zwinkerte ihm zu. »Sie haben wohl nicht damit gerechnet, dass es hier so heiß ist, was?«

Martin schüttelte den Kopf und wischte sich mit beiden Händen den Schweiß aus der Stirn.

»Das geht allen so, die im Frühjahr hierherkommen. Kathmandu liegt nur auf 1300 Metern und viel weiter südlich als Neu-Delhi. Kaum vorstellbar, aber geschneit hat es hier noch nie. Die Leute kommen hier in Nepal an und glauben, sie befinden sich direkt in der Bergwelt des Himalaya«, sagte sie.

Er versuchte, eine überraschte Miene aufzusetzen, lächelte und zwinkerte zurück. »Es wird noch kalt werden. Ich steige auf den Everest.«

»Von der Nord- oder von der Südseite?«, fragte sie.

»Von Norden, aus Tibet.«

Die Dame nickte und zog die Mundwinkel nach unten. »Interessante Wahl.«

Er widerstand dem Drang, nachzufragen, was sie damit meinte. Was wusste eine alte Frau schon über die Routen am Everest? Stattdessen nahm er die beiden bleischweren Reisetaschen und schaffte es gerade so, sie bis zu einem Gepäckwagen zu schleifen.

Als er erneut in die Nachmittagshitze trat, erwartete ihn eine weitere Überraschung. Überall wuselten Menschen durcheinander, überdeckt von einer wahren Kakophonie aus Rufen und Geschrei. Mit dem Gepäckwagen kam er hier keinen Zentimeter vorwärts.

»Hey!«, rief er laut, ohne dass jemand Notiz von ihm nahm. Eine Gruppe Gepäckträger entdeckte ihn und stürzte sich sofort auf seine beiden Reisetaschen. Er scheuchte sie weg, während er glücklos versuchte, sich weiter durch die Menge zu schieben. Die Gepäckgeier schlurften widerwillig davon, als ein grinsender Mann mit Kurzhaarschnitt auftauchte und ihnen mit klaren Worten zu verstehen gab, sich aus dem Staub zu machen. Der Kerl trug zerschlissene Jeans und ein hellblaues T-Shirt.

»Mister Moltzau, nehme ich an?«, sagte er und streckte ihm die Hand entgegen.

»Stimmt«, antwortete Martin und drückte sie.

Entschlossen packte der Mann eine Tasche vom Wagen, schwang sie sich auf den Rücken und ging voran. Martin nahm die andere und folgte ihm zum Ende des Parkplatzes zu einem Minibus. Eifrige Helfer luden die Taschen auf das Dach, während Martin einstieg und seine ein Meter dreiundneunzig in einen Sitz presste. Er musste sich zur Seite drehen, damit seine Beine genügend Platz fanden. Sein Wohltäter setzte sich auf den Einzelsitz neben ihn und hielt ihm erneut die Hand hin.

»Dawa Chiri Sherpa.«

Martin ergriff die Hand und wiederholte seinen eigenen Namen, ehe er einsah, dass das unnötig war. Der Bus begann sich durch das Chaos vor dem Flughafen zu schlängeln, und Martin sah aus dem Fenster. Überall eingestürzte Gebäude, es hatte den Anschein, als sei das Erdbeben nur wenige Tage her. Der Wiederaufbau würde viel Zeit in Anspruch nehmen.

Er verharrte in dieser Haltung, bis sie an einem Fluss vorbeikamen, an dessen Uferterrasse Rauch von mehreren Podesten aufstieg. In regelmäßigen Abständen erhoben sich solche Steinpodeste aus der Uferterrasse, auf denen Scheiterhaufen aufgeschichtet waren. Martin erspähte zwei Füße, die aus einem der Haufen herausschauten, und er drehte den Kopf nach hinten, um sich zu vergewissern, ob er tatsächlich richtig gesehen hatte.

»Hier werden die Toten verbrannt, das ist so Tradition bei uns«, erklärte Dawa neben ihm.

»Mitten in der Hauptstadt?«

»Letzte Woche wurde der Premierminister hier eingeäschert, es waren viele Leute vor Ort.«

Martin starrte auf die Scheiterhaufen, bis sie schließlich hinter einigen Bäumen verschwanden. Die Vorstellung, ein norwegischer Ministerpräsident würde am Akerselva mitten in Oslo verbrannt, fiel ihm schwer.

Sie waren allein im Bus, und Martin fand die Stille unbehaglich. »Sind Sie bei der Expedition dabei?«, fragte er und sah dem Sherpa in die Augen.

»Ich bin der Bergführer«, antwortete Dawa.

Martin lagen viele Fragen auf der Zunge. *Ist es steil?*, war eine davon, aber er hielt sich zurück. Natürlich war es steil, was für eine dumme Frage. »Ihr Sherpas macht die vielen Everest-Expeditionen überhaupt erst möglich«, sagte er stattdessen.

Dawa nickte und schaute aus dem Fenster.

»Ihr habt solche Touristen wie uns sicher satt.«

Der Sherpa erwiderte Martins Blick, aber sein Lächeln war verschwunden. »Es ist unser Job.«

»Jeder kann seine Arbeit leid sein. Befehle von Ausländern entgegenzunehmen, die keine Ahnung haben, ist bestimmt nicht leicht.«

Wieder wandte Dawa seinen Blick auf die vorüberziehende Landschaft. »Die Zeiten ändern sich«, sagte er.

Martin beschlich das Gefühl, dass er lieber nicht weiter nachhakte. Zum ersten Mal begegnete er einem der legendären Sherpas, den wahren Superhelden des Himalaya. Man hatte ihm zugesichert, dass die Expedition von fünf der besten Sherpas begleitet werden würde, die für Geld zu haben waren.

»Ist Ihr Team schon vor Ort?«, fragte Martin, um das Gespräch am Laufen zu halten.

Noch immer starrte Dawa aus dem Fenster. »Wird schon gut gehen«, sagte er nach einer Weile.

Sie verbrachten die Busfahrt schweigend, bis sie am Ende einer engen Straße durch ein Tor fuhren und dann vor einem Hotel hielten. »Radisson« stand dort zu lesen, unter dem Schriftzug leuchteten fünf Sterne.

»Das nenne ich mal Expedition«, murmelte Martin.

In das Briefpapier war ein Monogramm geprägt, die Einladung selbst war handgeschrieben. Man bat ihn um 19:30 Uhr zu einem Willkommensdinner, das Erscheinen war um 19:00 Uhr in der Lobby gewünscht. Unterzeichnet hatte die Einladung Sir Richard Lawrence.

Martin hatte keine Kleidung dabei, die einer adeligen Einladung angemessen wäre, daher befand er Jeans, ein weit geschnittenes blaues Hemd und grüne Trekkingschuhe für das passendste Outfit. Die T-Shirts seines Sponsors ließ er in der Tasche, schließlich arbeitete er nicht. Noch nicht.

Nachdem er geduscht hatte, stieg er auf die Waage im Badezimmer. Vor seinen Expeditionen legte er immer an Gewicht zu, damit er von etwas zehren konnte. Das Minimum lag eigentlich bei fünfundneunzig Kilo, aber die Nadel stoppte bereits bei siebenundachtzig, trotz der Kleider. Er hoffte, dass ihm das geringe Gewicht einen Vorteil verschaffte, wenn es bergauf ging.

»Entspann dich, du bist gut vorbereitet«, murmelte er sich selbst zu und fuhr mit beiden Händen durch das kurze, grau melierte Haar. Bevor er das Zimmer verließ, schnallte er den Gürtel ein Loch enger und atmete zweimal tief ein und aus.

In der Lobby war bereits eine Gruppe versammelt, als Martin aus dem Lift trat. Zögernd ging er auf sie zu, bis der Älteste in der Gruppe ihn entdeckte und ihm entgegenkam. »Mr Moltzau«, sagte der Mann freudestrahlend und ergriff Martins Hand. Es fühlte sich an, als berührte Martin die Klaue eines gigantischen Vogels, knochig, spitz und mit einer straffen, schuppigen Haut. Er erstarrte und versuchte, seine Hand wieder an sich zu ziehen.

»Sir Richard Lawrence, zu Ihren Diensten«, stellte der Mann sich vor, ohne den Griff zu lösen.

Für einen Moment vergaß Martin die Vogelklaue. Sir Richard Lawrence höchstpersönlich, eine britische Legende, es lag nur an seinem furchtbaren Gedächtnis für Gesichter, dass er ihn nicht erkannt hatte.

»Ich betrachte Sie als eine Art Kollegen«, fuhr Sir Richard lebhaft fort. »Wir haben viel gemeinsam.«

»Zu viel der Ehre, ich bin kein Bergsteiger«, erwiderte Martin. Erneut verspürte er ein stechendes Unbehagen.

Sir Richard ließ es sich nicht anmerken, hielt Martins Hand aber immer noch umklammert und schüttelte sie einige Male. »Wir beide haben ein Leben als Abenteurer gewählt, wir verstehen uns. Ich freue mich schon darauf, von Ihren Erfahrungen zu hören.«

Martin zog die Hand an sich. »Sir Richard, hier bin ich der Lehrling.«

»Richard, darauf bestehe ich. Im Gebirge sind wir alle gleich, hier sind wir aufeinander angewiesen. Wir haben schon auf dich gewartet, gerade machen wir uns miteinander bekannt.«

Damit führte ihn der Adelsmann zu den anderen und präsentierte ihn in einigen eleganten Sätzen. Sie waren lediglich zu fünft, er selbst und Sir Richard eingeschlossen. Zuletzt stellte der Brite einen dunkelhäutigen Mann in Jeans und T-Shirt vor, der sich im Hintergrund gehalten hatte und den Martin bereits kannte. »Dawa Chiri Sherpa«, sagte Sir Richard. »Der weltbeste Sherpa und Bergsteiger. Er ist der wichtigste Mann unserer Expedition.«

»Jedermanns Helfer, niemandes Diener«, sagte der Sherpa und verneigte sich leicht.

Martin schenkte ihm einen überraschten Blick. Ein kluger Spruch. Er nickte dem Sherpa zu und erhielt ein halbherziges Lächeln zur Antwort. Dawa schien durch ihn hindurchzusehen. Sir Richard kehrte zu der Himalaya-Anekdote zurück, die er vor Martins Ankunft begonnen hatte. Martin hörte jedoch nicht zu, sondern musterte seine baldigen Kletterkameraden. Dass zwei von ihnen Frauen waren, war ungewöhnlich, obwohl Frauen auf dem Everest längst keine Seltenheit mehr darstellten. Beide waren auffallend schön, aber damit endeten ihre Gemeinsamkeiten. Die kleinere mit den langen dunklen Haaren musste Manuela aus Italien sein. Ihren Nachnamen hatte er vergessen. Entweder eine Meteorologin oder eine Bankerin, jedenfalls waren das die zwei Möglichkeiten, die Google ihm angeboten hatte. Die andere Frau hingegen trug hellblondes, kurzes Haar und arbeitete als Bergführerin, dessen war er sich absolut sicher. Sie hieß Celine Blanc, kam aus der Schweiz und überragte Manuela um einen ganzen Kopf. Wie die Italienerin war auch sie Anfang dreißig. Beim Reden gestikulierte Manuela wild und schob sich ständig die Haare hinter die Ohren, so wie es Frauen mit langen Haaren oft zu tun pflegen. Jedes Mal, wenn sie die Haare zurückstrich, kam eine kleine, aber deutlich hervortretende Narbe an ihrer linken Schläfe zum Vorschein. Celine hielt die Arme verschränkt. Sie redete wenig und lächelte noch weniger. Martin musste unwillkürlich an das chinesische Schriftzeichen für Streit oder Krach denken, das aussah wie zwei Frauen unter einem Dach. Gegenüber von Martin stand ein groß gewachsener, dunkelhaariger Mann, der etwas jünger als er zu sein schien. Wenn er lächelte, entblößte er eine makellose Zahnreihe in dem gebräunten Gesicht. Da in den USA mehrere Tausend Personen namens Mark Simmons lebten, war Martin nach seiner Google-Suche genauso schlau wie davor.

In der Zwischenzeit hatte Sir Richard seine kleine Anekdote beendet, und bis auf Martin brachen alle in heiteres Gelächter aus.

»Heute Abend habe ich für uns ein Abendessen im Stadtteil Thamel reserviert, dem Viertel der Rucksacktouristen und Hippies. Erwartet keine Sterneküche, aber es wird gemütlich«, kündigte Sir Richard an.

Das Restaurant hatte Plastikstühle, und Martin spürte die Feuchtigkeit selbst durch die robuste Hose. An der Decke hingen große Holzventilatoren, aber sie standen alle still. Die Schweißringe unter seinen Armen wuchsen immer weiter, auf dem blauen Hemd würden sie bald nicht mehr zu übersehen sein. Martin war neidisch auf die leichten Sommerkleider der anderen.

Ein Kellner stellte drei offene Flaschen Rotwein auf den Tisch, von denen Martin gleich eine nahm und reihum ausschenkte. Er spürte, dass er den Wein jetzt brauchte. Celine zwinkerte ihm dankbar zu.

»Es bringt einer Bergführerin sicher größeres Prestige und mehr Geld ein, wenn sie auf dem Everest war, oder?«, meinte er.

Celine wirkte nicht überrascht darüber, dass er mit ihrem Hintergrund vertraut war. Vielmehr schien sie über seine direkte Frage nachzugrübeln. »Daran habe ich nicht gedacht.«

»Was führt dich dann hierher?«, wollte Martin wissen.

»Warum reisen Menschen zum höchsten Berg der Welt? Vielleicht weißt du ja, was George Mallory auf diese Frage geantwortet hat?«

Martin nickte. »Because it's there.«

»Warum bist *du* hier?«, konterte Celine.

Er wollte schon sagen: *Weil ich muss*, stattdessen antwortete er: »Ich bin Abenteurer.« Eigentlich versuchte er ansonsten, diese Bezeichnung zu vermeiden, in diesem Moment fühlte sie sich jedoch richtig an.

»Stimmt, du lebst davon«, sagte Celine. Anscheinend wusste auch sie, wer er war.

»So wie du?«

»Ich bin ausgebildete Bergführerin und mehr oder weniger das ganze Jahr über in den Schweizer Alpen unterwegs.«

»Wenn man Blanc heißt und mit Bergen zu tun hat, dann ist das wohl kaum ein Zufall.«

Celine lächelte und lehnte sich auf dem Plastikstuhl zurück. »Ich stamme von einem Bauernhof namens Blanc, der auf einem Bergrücken westlich von Chamonix liegt. Man hat dort einen direkten Blick auf den Mont Blanc, ein Zufall ist es also tatsächlich nicht.«

»Dann wirst du also irgendwann einmal einen Bergbauernhof führen?«

»Nicht, wenn ich nicht muss.«

»Warst du schon mal im Himalaya?«, fragte er und hob das Glas.

Sie setzte sich wieder auf und nahm ihr halb volles Glas in die Hand. »Nein, ich bin schon gespannt, wie ich in den wirklich hohen Lagen zurechtkomme. Höher als fünftausend Meter war ich noch nie, und allein das Everest Base Camp liegt schon deutlich darüber.«

In diesem Moment wurde eine riesige Pranke über den Tisch gestreckt. Martin stellte sein Glas ab und schüttelte sie.

»Mark Simmons, New York City. Bei der Einführungsrunde hast du das wahrscheinlich nicht mitbekommen. Du bist Norweger, wie ich verstehe.« Er ließ ein merkwürdig spitzes Lachen hören. »Allein in Manhattan wohnen doch mehr Leute als in eurem ganzen Land, oder? Kannst du mir einen Norweger nennen, den ich kennen muss?«

»Edvard Munch«, kam es sofort von Martin.

»Der ist Norweger? Ich dachte, er wäre Spanier oder irgend so was. Und das passiert ausgerechnet mir, der einen Munch an der Wand hängen hat. Zwei sogar. Ölgemälde.« Martins skeptische Miene entging Mark nicht. »Ist das so besonders? Leg genug Geld auf den Tisch, und du kannst sie bei einer Auktion kaufen. Sotheby's oder Christie's. Ein Handy reicht.«

Martin trank einen großen Schluck Wein und musterte den Amerikaner über den Rand des Glases hinweg. Es war verlockend, ihn nach den Titeln der beiden Gemälde zu fragen, aber er hielt sich im Zaum.

Sir Richard klopfte vorsichtig an sein Glas und stand von seinem Platz auf. »Meine lieben neuen Freunde. Obwohl wir uns gerade erst getroffen haben, werden wir die nächsten zwei Monate miteinander verbringen, unter Verhältnissen, die uns das Äußerste abverlangen werden. Keiner von euch kennt einen der anderen, aber wir verfolgen ein gemeinsames Ziel, einen gemeinsamen Traum, der uns vereint, unabhängig davon, wer wir sind oder woher wir kommen. Durch Teamwork und gute Kameradschaft, wenn es am meisten darauf ankommt, werden wir alle hier etwas erleben, um das uns die meisten Menschen beneiden werden.«

Er beendete seine kleine Rede, indem er das Glas hob. Daraufhin standen auch Martin und die anderen auf und prosteten sich zu.

Nachdem sie sich wieder gesetzt hatten, betrachtete Martin den Expeditionsleiter. Seit seiner Everest-Zusage an Mendler hatte er getrödelt. Seine Expedition selbst zu planen, wie er es sonst immer getan hatte, war keine Option gewesen. Er hatte sich für den Weg des geringsten Widerstands entschieden und eine kommerzielle Expedition finden wollen, die ihm alles auf einem Silbertablett präsentierte. Zuerst hatte er in Betracht gezogen, Ron Hunter zu kontaktieren, den König des Everest. Gegen eine erkleckliche Bezahlung brachte seine Firma »Everest Dreams« seit Jahren Bergsteiger auf den Gipfel, und das ohne ernsthafte Zwischenfälle. An einem Berg, an dem in jeder Saison eine zweistellige Anzahl Menschen ihr Leben verlor, war das keine geringe Leistung. Als Martin jedoch davon gelesen hatte, dass Sir Richard Lawrence eine Rückkehr auf den höchsten Berg der Welt plante, hatte er es sich anders überlegt. In diesem Jahr feierte der Brite das zwanzigjährige Jubiläum seiner Erstbesteigung des Everest, außerdem war es zehn Jahre her, dass er für seine Bergsteigererfolge von der Queen in den Adelsstand erhoben worden war. Er hatte zehn Achttausender bestiegen und galt unter Abenteurern als lebende Legende. Warum er sich für Sir Richard entschieden hatte, konnte Martin nicht erklären. Die Briten waren nicht unbedingt für ihre Fähigkeit bekannt, Expeditionen zu organisieren. Aber vielleicht rief Sir Richards Leben voller Abenteuer und Expeditionen in ihm das Gefühl hervor, dass sie etwas gemeinsam hatten.

Vor Celine lag eine professionell wirkende Spiegelreflexkamera auf dem Tisch, bei der sie gerade das Weitwinkel- durch ein Zoomobjektiv austauschte. Während sich die anderen unterhielten, richtete Celine die Kamera auf sie und knipste drauflos. Den Blitz nutzte sie nicht, also musste das Objektiv extrem lichtstark sein. Als sie sich in Martins Richtung drehte, hob er abwehrend die Hände. »Wollen wir hoffen, dass du noch bessere Gelegenheiten dazu hast.«

Sie verstand den Hinweis und legte die Kamera beiseite. »Ich mache ständig Fotos. Im Gebirge werden es jedes Jahr mehrere Tausend, manche verkaufe ich an Magazine. Für diese Expedition habe ich einen Vertrag mit dem *National Geographic*.«

Martin nahm die Kamera und wog sie in der Hand. Mit dem speziellen Zoomobjektiv war sie bleischwer. Gewicht war für ihn immer der wichtigste Faktor, nie nahm er etwas anderes mit auf seine Touren als die beste Kompaktkamera, die die Branche zu bieten hatte. Im Grunde interessierte er sich aber nicht fürs Fotografieren, er schoss nur Bilder, weil er musste, weil die Sponsoren es von ihm verlangten.

»Die würde ich nicht mit bis zum Gipfel schleppen wollen.«

Mit einem Lächeln nahm Celine die Kamera aus seinen Händen. »Wenn ich auf den höchsten Berg der Welt steige, nehme ich natürlich die beste Ausrüstung mit. Machst du Witze?«

Du hast ja keine Ahnung, dachte Martin, ehe Manuela ihn am Ärmel zupfte.

»Kommst du aus Norwegen?«

»So wie Lachs, Fjorde und Trolle.«

»Bergsteiger?«

Martin zuckte nur mit den Schultern. »Wie eine typische Bergsteigerin siehst du auch nicht unbedingt aus.«

»Wie sehe ich denn aus?«

»Wie die Tochter eines reichen Vaters«, war das Erstbeste, das ihm einfiel.

»Ich bin Meteorologin.«

Hätte ich wissen müssen, dachte Martin. *Im Fernsehen, ohne Zweifel.* »Bei welchem Sender?«

»*RAI*.«

Er erkannte den Vorteil, eine Meteorologin mit im Team zu haben, das Wetter konnte alles entscheiden. Doch bevor er sie nach den Langzeitaussichten fragen konnte, wandte sie sich an die gesamte Runde. »Ist hier Selbstbedienung, oder wen muss man bestechen, um hier etwas zu essen zu bekommen?«

Im nächsten Moment servierten Kellner ihnen Teller mit riesigen Steaks und massenweise Pommes frites. Das einzige Grüne an ihrem Essen war das Muster am Tellerrand. Sir Richard, Manuela und Mark griffen sofort zum Besteck, während Celine und Martin den halben Ochsen auf den Tellern vor ihnen erstaunt ansahen.

»Greift zu. Bis wir wieder ein ordentliches Steak zu futtern bekommen, kann es ein Weilchen dauern«, sagte Mark.

»Ich kann mich nicht daran erinnern, ein Steak bestellt zu haben«, entfuhr es Celine.

Auf Sir Richards Gabel steckte bereits ein großes Stück Fleisch. Er legte es langsam wieder auf seinen Teller und schaute sie eindringlich an. »Auf dieser Expedition wird es kein *à la carte* geben. Wir essen, was wir bekommen.«

Mark deutete mit der Gabel auf Celine, Soße tropfte herab. »Mit gekochtem Gemüse schaffst du es nicht auf den Everest.«

»Sir«, entgegnete Celine. »Da wir uns gegenwärtig in einem Restaurant befinden, ziehe ich es vor, mein Essen selbst zu bestellen. Auf Ihre Rechnung.«

Sie winkte einen Kellner heran und reichte ihm ihren Teller. Sir Richard verfolgte die Szene, legte aber keinen Protest ein. Martin verbarg sein Grinsen hinter dem Rotweinglas.

»Holy Shit!« Es war ihm einfach herausgerutscht. Martin deutete auf zwei Lastwagen weit oben, vielleicht tausend Meter über ihnen, die sich Stoßstange an Stoßstange gegenüberstanden. Es sah so aus, als wären die beiden Fahrzeuge auf die glatte, senkrechte Bergwand aufgeklebt.

»Shit!«, wiederholte Mark.

Mit der schläfrigen Stimmung im Auto war es nun vorbei. Stumm starrten alle auf die Felswand über ihnen und das graue Band, das sich quer darüber nach oben zog. Die schmale Straße war in den Berg gehauen. Martin saß auf der Rückbank eines Toyota Land Cruisers, links neben ihm Celine und Mark, Manuela auf dem Beifahrersitz vor ihm. Nur wenig sprach dafür, dass ihr Fahrer schon länger im Besitz des Führerscheins war. Falls er denn überhaupt einen besaß. Er schaltete zur falschen Zeit und an den falschen Stellen, außerdem schien er sich unsicher zu sein, wie lang und wie breit sein Auto war. Kamen ihm andere Fahrzeuge entgegen, blieb er einfach stehen.

Seit sie das heruntergekommene Hotel in Zhangmu verlassen hatten, lehnte Mark den Kopf an die Fensterscheibe. Offenbar hatte er am Vorabend noch einen Ort gefunden, an dem er seinen Durst stillen konnte, vielleicht in einer der vielen Spelunken an der Straße hinunter zur Friendship Bridge, der Brücke, die Nepal von Tibet trennte. Jedenfalls war er auf der Suche nach seinem Bett mit lautem Getöse durch das dunkle Sechsmannzimmer gestolpert. Martin hielt es für keine gute Idee, sich in diesen Höhenlagen zu betrinken. Man konnte sich leicht davon täuschen lassen, dass sich Zhangmu in einer

Schlucht befand, umgeben von steilen Felswänden, aber die Stadt lag trotzdem 2400 Meter über dem Meeresspiegel.

Trotz der vielen kurzen Stopps wegen des entgegenkommenden Verkehrs gewannen sie rasch an Höhe. Über ihnen verschwand die Felswand senkrecht in den Wolken, während unter ihnen ein bodenloser Abgrund lauerte, aus dem ab und zu ein Wolkenkissen nach oben schwebte und das Auto umschloss. Niemand sagte etwas, während der Fahrer den Geländewagen mühselig weiter bergauf steuerte. Die Straße wurde immer schmaler und war nur selten breit genug, dass zwei Autos aneinander vorbei passten, trotzdem herrschte reger Verkehr. Hohe, aber schmale chinesische Lastwagen wechselten sich mit ausrangierten Geländewagen und vereinzelten Minibussen ab. Manche Fahrzeuge warteten, wo es genügend Platz gab, andere fuhren auf gut Glück. Ein überladener uralter Lkw schlingerte an ihnen vorbei und kam ihnen dabei so nahe, dass er ihren Seitenspiegel einklappte.

Martin war heilfroh, dass sie auf der Innenseite direkt an der Bergwand fuhren und nicht außen am Abgrund. Er wagte nicht einmal, es sich vorzustellen. Doch gerade, als er sich an den tröstenden Gedanken gewöhnt hatte, auf der sicheren Seite unterwegs zu sein, kamen sie an eine Haarnadelkurve, und die Strecke machte einen Knick um einhundertachtzig Grad. Plötzlich befanden sie sich ganz außen, und er selbst saß quasi direkt über dem Abgrund. Er verkrampfte.

»Du hättest nicht herkommen sollen«, flüsterte Celine ihm zu.

Martin schaute sie an, ohne etwas zu erwidern. Als ihnen ein Lkw entgegenkam, hielt er den Atem an. Der Lastwagen wartete dicht an der Felswand, während ihr Fahrer versuchte, den Land Cruiser an der Außenseite daran vorbeizubugsieren.

Martin hätte schwören können, dass der Platz nicht reichte. Der Untergrund bestand aus nichts als Erde und Schotter, und zum Abhang hin gab es keine Sicherung. Celine stieß ihn an und hielt ihm die Kamera hin. Er schüttelte nur den Kopf, worauf sie sich auf die Rückbank kniete, über Martin beugte und das Fenster herunterkurbelte. Den Oberkörper aus dem Auto gestreckt richtete sie den Fotoapparat zuerst auf die beiden Fahrzeuge und danach auf die Räder, die nur wenige Zentimeter von der Kante entfernt waren. Noch immer hielt Martin die Luft an. Er wollte Celine anschreien, dass sie auf keinen Fall die Gewichtsverteilung im Auto verändern durfte, aber kein Laut kam über seine Lippen.

Als sie den Lkw passiert hatten, zog Mark eine halbe Flasche Wodka aus seiner Jackentasche. Er füllte den Deckel und leerte ihn, ehe er den anderen ebenfalls davon anbot. Nicht einmal Celine lehnte ab.

Vor der nächsten Kurve kam der Verkehr völlig zum Erliegen. Zwei Lastwagen versuchten sich an einer Stelle aneinander vorbeizuschieben, wo ein solches Manöver vollkommen unmöglich schien. Das halbe rechte Vorderrad des außen fahrenden Lasters ragte bereits über die Straße hinaus. Kleinere Steine und etwas Erde rieselten in die vernebelte Tiefe. Martin schloss die Augen. In diesem Moment klopfte Sir Richard von außen an die Scheibe. Alle stiegen aus und vertraten sich die Beine, während die beiden Lkws weiter vorn eine Lösung zu finden versuchten. Martin nahm eine angespannte Heiterkeit in der Gruppe wahr, niemand wollte zugeben, wie unwohl sie sich fühlten. Inzwischen hatte Mark die Wodkaflasche wieder in der Hand, was Sir Richard zu einem Stirnrunzeln veranlasste.

Ein Stück abseits stand Dawa, und Martin ging zu ihm. »Kommt es hier oft zu Unglücken?«

»Ständig. Busse, Lastwagen, Autos. Sie verschwinden einfach. Die Fahrer sind sehr schlecht. Im Winter, bei Schnee und Eis, würde ich hier niemals fahren. Viel zu gefährlich.«

Mehrere Rufe und Applaus kündigten an, dass es dem Lastwagen vor ihnen gelungen war, die Engstelle zu passieren. Jetzt waren sie an der Reihe, doch sie ließen den Land Cruiser leer fahren und gingen ihm stattdessen zu Fuß hinterher. Nur äußerst widerwillig setzte sich Martin anschließend wieder in den Geländewagen. Jedes Mal, wenn die Straße eine Kurve machte und sie an der Felswand entlangfuhren, atmete Martin erleichtert auf. Saß er dann wieder ganz außen, verkrampften sich seine Hände um die Oberschenkel. Jetzt hingen sie hinter einem alten, überladenen Lastwagen, der aussah, als müsste er auf den steilsten Passagen in den ersten Gang schalten. Ihr Fahrer trommelte ungeduldig aufs Lenkrad und hielt Ausschau nach einer Überholmöglichkeit. *Denk nicht mal dran, etwas in der Richtung zu probieren*, dachte Martin. Im selben Augenblick scherte der Land Cruiser aus. Als ihr Fahrer aufs Gaspedal trat, kam der Wagen auf der matschigen Fahrbahn ins Schlingern. Auf gleicher Höhe mit dem Lkw war es so eng, dass Martin nur auf das Geräusch von aufeinandertreffendem Blech wartete. Dennoch lehnte er sich nach innen, in Richtung des Lasters, weg vom Abhang. Vor ihnen bog die Straße leicht nach rechts ab. Aus der Kurve kam ein weiterer Lkw und fuhr direkt auf sie zu.

»Bremsen!«, brüllte Martin.

»Scheiße!«, schrie Mark und schlug die Hände vors Gesicht.

Der Land Cruiser geriet erneut ins Schleudern, und sie spürten das Fahrzeugheck zum Abgrund hin ausbrechen. Wie in Zeitlupe sah Martin den ungeübten Fahrer das Lenkrad falsch herum reißen, genau in die entgegensetzte Richtung, die nötig gewesen wäre, um das Übersteuern auszugleichen.

Der Motor jaulte laut auf. *Er tritt vor Panik aufs Gas*, schoss es Martin durch den Kopf. Aus dem Augenwinkel nahm er die schwindelerregende Schlucht neben dem Auto wahr, und als er seinen Blick in die Tiefe richtete, sah er einen Fluss, der sich wie ein Silberband durch den grünen Dschungel wand. Die Motorengeräusche steigerten sich zu einem Heulen, und der Wagen schleuderte herum. In der nächsten Sekunde befand sich Martin wieder dicht neben der Felswand, während das Auto langsam rückwärts schlitterte und dann zum Stehen kam. Sie hatten sich um einhundertachtzig Grad gedreht, und die Motorhaube zeigte nun direkt auf den Lastwagen, den sie gerade eben auf wundersame Weise überholt hatten. Auch der Fahrer des Lkws hatte angehalten, sie alle saßen wie gelähmt da.

Martin stieß die Tür auf seiner Seite auf, es war gerade genug Platz zwischen dem Fels und dem Auto, und wankte hinaus. Mark folgte ihm, schob ihn zur Seite und umrundete das Wagenheck. Mit einem lauten Schrei riss Mark die Fahrertür auf, packte den Fahrer am Kragen und zerrte ihn aus dem Auto. Er hob den schmächtigen Mann so weit nach oben, dass der den Boden nur noch mit den Zehen berührte. Mark überhäufte den hilflosen Fahrer mit einer Flut aus Flüchen und Beschimpfungen, wobei er ihn so heftig schüttelte, dass sein Kopf vor- und zurückschleuderte. Lauthals brüllend stieß er den Kerl von sich, und der Fahrer landete rücklings auf der schlammigen Straße. Dort holte Mark mit dem Fuß nach ihm aus und trat ihm in die Seite. Als der Fahrer sich auf die Seite rollte und davonzukrabbeln versuchte, setzte Mark ihm nach.

Inzwischen hatte Martin sich wieder gefangen und ging um das Auto herum. In zwei großen Schritten erreichte er die beiden und schloss von hinten die Arme um Mark. »Es reicht! Willst du ihn umbringen?«

Er spürte, dass Mark sich etwas beruhigte, hielt ihn aber trotzdem so lange umklammert, bis der Fahrer aufgestanden war und sich ein Stück entfernt hatte.

Auch Manuela und Celine waren in der Zwischenzeit ausgestiegen. Manuela bückte sich und warf eine Handvoll Dreck in Richtung des Fahrers, der sich schützend die Hände vors Gesicht hielt und nach hinten stolperte.

»Du solltest deine eigene Angst besser im Griff haben als eben«, meinte Celine und zeigte mit ausgestrecktem Zeigefinger auf Mark.

»Ich hätte ihn die Böschung hinunterstoßen sollen.« Mark verlieh seinem Satz Nachdruck, indem er einen losen Stein über die Kante kickte. Martin blickte dem Stein nach, bis er nicht mehr zu sehen war. Dann wich er einige Schritte zurück.

Mitten im Zimmer saß eine riesige Ratte von der Größe einer Katze und starrte Martin mit ihren stechend gelben Augen an. Sie wirkte kein bisschen ängstlich, fauchte nicht und machte keinerlei Anstalten davonzurennen. *Vielleicht fühlt sie sich mehr zu Hause in diesem Hotelzimmer, als ich es tue,* dachte Martin. Er machte einen Schritt nach vorn und stampfte mit dem Fuß fest auf den Steinboden. Das entschied das Duell, die Ratte machte kehrt und verschwand hinter dem Bett. Martin ging einen weiteren Schritt vor und sah nach, wo das Tier abgeblieben war. Alles in dem Zimmer bestand aus Stein, der Boden, die Wände, selbst das Bett. Versteckmöglichkeiten gab es keine.

»Was ist los?«, fragte Mark hinter ihm.

»Eine Ratte.« Mit den Händen demonstrierte Martin, wie groß sie gewesen war.

Mark musste den Kopf leicht zur Seite neigen, um nicht gegen die niedrige Zimmerdecke zu stoßen. »Die Ratten, mit denen ich tagtäglich zu tun habe, sind größer und gefährlicher.«

Martin warf ihm einen fragenden Blick zu.

»Wall Street.« Mark setzte sich auf sein Bett und verzog dabei das Gesicht zu einer gequälten Grimasse. Garantiert war auch die Liegefläche aus Stein. »Wie sieht es mit den Ratten in deiner Branche aus?«, wollte er wissen.

Was weißt du denn schon von meiner Branche?, dachte Martin und blieb eine Antwort schuldig.

»Viel Plackerei und wenig Kohle, aber immerhin bist du berühmt, das ist doch was. Auch wenn du dich mit Ratten wie Sir Richard umgeben musst«, meinte Mark.

»Das gilt wohl für uns beide.«

»Er ist dein Held, nicht meiner.« Mark stand auf und nahm sich zwei der mottenzerfressenen und ausgeblichenen Decken, die am Bettende lagen. Eine große Staubwolke wirbelte auf. »Was für ein Loch, wir brauchen frische Luft.« An der hinteren Zimmerwand zog Mark den Vorhang zur Seite, doch statt eines Fensters kam lediglich eine Steinwand zum Vorschein.

»Das da ist unsere Belüftung«, sagte Martin und deutete auf die halb offene Holztür hinter ihnen. »Willkommen im ›Snow Land Hotel‹.«

»Lange bleibe ich nicht hier«, erklärte Mark und schob sich an Martin aus dem Zimmer, der ihm folgte. Draußen auf dem Flur konnten sie wenigstens ihren Rücken wieder durchstrecken, dafür schlug ihnen aus der an ihr Zimmer grenzenden Gemeinschaftstoilette der säuerliche Gestank von Urin entgegen.

»Ob die hier Suiten haben?«, witzelte Mark.

Noch bevor Martin etwas darauf erwidern konnte, stolperte Sir Richard von draußen aus dem grellen Licht der Straßenlaternen in den schummrig beleuchteten Flur. Mit einer Hand stützte er sich an Martins Schulter ab. Martin konnte die Klaue selbst durch seine Gore-Tex-Jacke spüren.

»Willkommen in Nyalam. Direkt übersetzt bedeutet das ›*the road to hell*‹.« Der Expeditionsleiter lachte in sich hinein.

»Fragt sich nur, in welcher Richtung die Reisenden auf dem Friendship Highway unterwegs waren, die diesem Ort seinen Namen gegeben haben«, merkte Martin an.

»Gute Frage. Habt ihr euer Zimmer schon bezogen?«

Mark trat dicht an Sir Richard heran und hielt sein Gesicht direkt vor das des Briten. »Ist das die beste Unterkunft, die du gefunden hast?« Seine Hand beschrieb eine Geste, die das gesamte Dorf zu umfassen schien. »Selbst in der Hölle dürfte das hier als kümmerliche Absteige gelten.«

Sir Richard presste ein Lächeln hervor. »Seht das Positive an der Situation. Nach einer Nacht hier werden euch die sechs Wochen im Zelt wie purer Luxus vorkommen.«

»Ich werde herausfinden, ob es in diesem gottverlassenen Kaff wirklich keine bessere Bleibe gibt. Und du weißt, wer die Rechnung zahlt«, kündigte Mark an, während er einen Zeigefinger auf den Briten richtete und auf die Straße trat.

»Bitte lächeln«, hörten sie hinter sich, wo Celine auf der Treppe hockte und das Weitwinkelobjektiv ihrer Kamera justierte.

»Das ist nun wirklich kein besonders fotogenes Motiv«, meinte Sir Richard und deutete mit dem Kopf auf die feuchten Holzwände. Auf der einen Seite hing ein zerbrochener Spiegel mit Schimmelflecken, die andere Wand zierte eine ausgeblichene Fotografie der Verbotenen Stadt in Peking. Sowohl der Spiegel als auch das Bild hingen schief.

»Gerade für solche Dinge interessieren sich die Leute. Wie man unterwegs wohnt«, sagte Celine, ohne die Kamera zu senken.

»Ich habe vierzehn Expeditionsbücher geschrieben, aber in keinem davon war Platz für das Bild eines schmutzigen Hotelzimmers in irgendeinem langweiligen Dorf«, widersprach Sir Richard.

»Dann kannst du im fünfzehnten ja sicher eins unterbringen«, hielt Celine dagegen und schoss weiter Fotos.

Hinter ihr stieg Manuela die Treppe hinab. Sie hielt eine Hand in die Hüfte gestemmt und zog die Mundwinkel zu einer ungeduldigen Grimasse nach unten, während Celine zusammenpackte.

»Lasst uns etwas zu essen finden«, schlug Martin vor.

»Wir essen direkt auf der anderen Straßenseite«, sagte Sir Richard. »Chinesisch«, fügte er erklärend hinzu.

»Was du nicht sagst«, kommentierte Manuela ironisch.

Gemeinsam mit seinen beiden Expeditionskameradinnen überquerte Martin die Straße und ging die fast senkrechte Treppe zu einer Glastür hinauf, auf der in schwarzer Tusche chinesische Schriftzeichen zu lesen waren. Der einzige Gast in dem Restaurant war Mark, vor sich eine Flasche chinesisches Bier.

»Wie ich sehe, hat die Suche nach einem besseren Hotel bereits ein Ende gefunden«, sagte Martin. Mark zeigte nur auf die Bierflasche und reckte einen Daumen in die Luft. Die anderen zogen ihre Jacken aus und hängten sie über die Stuhllehnen.

»Englisch versteht der Kerl nicht. Und Speisekarten haben sie hier auch keine, glaube ich«, sagte Mark mit einem kurzen Blick in Richtung des Mannes hinter der kleinen schiefen Bar.

»Doch«, erwiderte Martin und nahm einen klebrigen laminierten Zettel vom Nachbartisch, den er vor Mark legte. »Sogar auf Englisch.«

Mark hielt die Speisekarte zwischen Daumen und Zeigefinger, als könne er sich mit irgendetwas anstecken, und studierte sie von beiden Seiten. »Wir sind offenbar nicht die ersten Touristen hier.«

»Natürlich nicht«, sagte Manuela. »Es ist die einzige befahrbare Verbindung zwischen Nepal und China, hier sind alle Rucksacktouristen unterwegs.«

»Zwischen Nepal und *Tibet*«, korrigierte Martin sie, was ihm eine nach oben gezogene Augenbraue einbrachte. Abgesehen davon blieb Manuela stumm.

»Bestell ein Bier und beweise, dass du ein Wikinger bist«, forderte Mark ihn auf.

»Ich warte mit dem Trinken lieber, bis wir zurück sind. Dafür trinke ich dich in Kathmandu unter jeden Tisch, das verspreche ich dir.«

Von seinem Platz am Fenster aus sah Martin, wie Sir Richard die Treppe erklomm. Auf halber Strecke blieb der Expeditionsleiter stehen, stützte sich mit einer Hand am Geländer und mit der anderen auf seinem Knie ab. Vor der gläsernen Eingangstür wartete er einige Sekunden mit der Hand auf der Klinke, ehe er sie hinunterdrückte. Sir Richard sah aus, als müsse er wieder zu Atem kommen. Sein Gesicht war noch ganz bleich, als er sich zu ihnen setzte.

Mark zeigte auf seine Bierflasche und hielt zwei Finger in die Luft, als der Kellner vorbeikam.

»Außer dir will wohl keiner Bier trinken?«, fragte Sir Richard an Mark gerichtet.

»Ich hoffe nicht«, antwortete er.

»Höhe und Alkohol sind eine schlechte Kombination. Du solltest dich besser auf die Mission konzentrieren, die vor uns liegt«, ermahnte ihn der Brite.

»Danke für den Ratschlag.«

Obwohl niemand etwas bestellt hatte, wurden ihnen mehrere Schüsseln mit Nudeln und Gemüse serviert, das in einer hellgelben Soße schwamm. Celine runzelte die Stirn, als sie sich schnuppernd über eine der Schüsseln beugte.

»Das hier ist nicht der Ort, um wählerisch zu sein«, meinte Sir Richard.

Mark blieb noch sitzen, als die anderen sich zum Gehen bereit machten. Er hatte sich noch weitere zwei Flaschen Bier bestellt. »Moment mal«, rief er und deutete auf Sir Richard, der schon auf die Tür zusteuerte. »Du denkst doch wohl nicht ernsthaft, dass ich hier auf der Rechnung sitzen bleiben soll, nachdem ich schon ein Vermögen für diese Tour gezahlt habe?«

»Das Essen ist bereits bezahlt, trinken kannst du auf deine eigene Rechnung.«

Jetzt zog sich ein strahlendes Lächeln in Marks Gesicht. »No problemo, Rickie Boy. Manche ziehen Ratten und Flöhe vor, andere genießen pisswarmes Chinabier.«

Für einige Sekunden starrte Sir Richard den Amerikaner ungläubig an, er schien nach Worten zu suchen. Dann drehte er sich abrupt um und schlüpfte aus der Tür, die Martin ihm aufhielt. Marks Gelächter war noch auf der Treppe zu hören.

»Ist das langsam genug?« Martin wandte sich zu Manuela um. »Sir Richard hat mehrfach betont, dass wir laaaangsam gehen sollen.«

Sie stützte sich auf ihre Stöcke. »Wenn wir noch langsamer laufen, schlafe ich ein. Völlig egal, was Sir Richard damit meint.«

Mit kleinen Schritten stieg Martin weiter den Kamm hinauf. Für jemanden in Topform fühlte es sich komplett unnatürlich an, sich auf diese Weise fortzubewegen. Drei Tage lang sollten sie auf den Bergkämmen rund um Nyalam herumwandern, um sich an die Höhenverhältnisse zu gewöhnen. In den letzten Monaten hatte Martin alles gelesen, was er zu Akklimatisierung und Höhenkrankheit hatte finden können. Die Botschaft war unmissverständlich: Es war nahezu unmöglich, zu langsam zu gehen.

Er blieb erneut stehen und deutete auf zwei bunte Gestalten in der grau-braunen Landschaft. Celine und Mark waren weit vor ihnen. »Manche haben wohl Schwierigkeiten damit, Anweisungen zu befolgen«, meinte er.

»Manche müssen sich eben in den Vordergrund spielen, sobald sie die Gelegenheit dazu bekommen«, antwortete Manuela. »Wieso ist Sir Richard eigentlich nicht mitgekommen?«

Dasselbe hatte sich Martin auch schon gefragt. Sir Richard war mit Abstand der Älteste der Gruppe. Zwar besaß er eine unvergleichbare Erfahrung, was den Aufenthalt in dieser Höhe betraf, aber auch er würde sich akklimatisieren müssen. Beim Frühstück hatte er gesagt, er habe noch Papierarbeit zu erledigen.

Martin schaute an Manuela vorbei und blickte über die Ansammlung von Gebäuden, die Nyalam darstellten. Rund um diese deprimierenden Beispiele chinesischer kommunistischer Architektur stiegen die Berghänge zu allen Seiten in die Höhe, teilweise noch immer mit schmutzigem Frühjahrsschnee bedeckt. Darüber erstreckte sich eine Reihe weißer, spitzer Gipfel, wie Zähne im Maul eines Hais. Manche von ihnen lagen vielleicht schon auf siebentausend Meter. Sie sahen unerklimmbar aus. Martin kam in den Sinn, dass er sogar noch zwei Kilometer weiter hinaufsteigen sollte, ein erschreckend unwirklicher Gedanke. Schnell schüttelte er ihn wieder ab.

»Von hier sieht der Ort besser aus«, sagte Martin und deutete ringsum.

Manuela sah kaum in die Richtung, in die er zeigte. »Die italienischen Alpen sind mir lieber«, meinte sie, ging an Martin vorbei und stieg weiter bergauf, mit kleinen und ein wenig zu schnellen Schritten. Er sah ihr nach, mit Sicherheit hatte sie viel Zeit darauf verwendet, die richtige Kleidung für die Expedition zusammenzustellen: Ihr Schneeanzug saß perfekt, die Farben passten zu den Stiefeln und zum Stirnband. Sogar ihr Rucksack war farblich darauf abgestimmt.

Er legte einen Zahn zu und folgte ihr. In regelmäßigen Abständen überprüfte er die Anzeige des Höhenmessers auf seiner Uhr. Als sie den ersten von mehreren kleinen Gipfeln auf dem Bergkamm erreichten, zeigte sie 4380 Meter an. Das musste reichen. »Ich setze mich kurz hin«, sagte er und wartete nicht auf eine Antwort, ehe er seinen Rucksack abnahm, auf einen Felsen stellte und es sich bequem machte. Manuela zögerte recht lange, bevor sie sich auf einen Felsen weiter weg setzte. Sie schwiegen. Die Sonne schien so warm, dass Martin seine Jacke auszog und nur im T-Shirt dasaß. Er döste im

Sonnenschein und öffnete gerade die Augen, als Dawa mit den Händen in den Hosentaschen von weiter unten angetrottet kam, als wolle er seine Überlegenheit zur Schau stellen. Ohne ein Wort setzte sich auch Dawa auf einen Felsen.

Manuela fragte den Sherpa, wie oft er schon auf dem Everest gewesen sei.

»Acht Mal«, sagte Dawa.

Martin sah zu ihm. »Welche anderen Achttausender hast du schon bestiegen?«

»Sechsmal den Cho Oyu, dreimal den Manaslu, zweimal den Kangchendzönga und je einmal den Shishapangma, den Makalu und den Lhotse.«

Martin zählte im Kopf nach. Sieben verschiedene Gipfel, die Hälfte aller Berge auf dieser Welt, die über achttausend Meter lagen. Noch beeindruckender war allerdings die bloße Anzahl an Besteigungen über der Achttausend-Meter-Marke, zweiundzwanzig Mal. »Wie alt bist du?«, fragte Martin.

»Neununddreißig.«

Zehn Jahre älter, als Martin geschätzt hatte. Und trotzdem musste Dawa seit seiner Jugend jedes Jahr mindestens einen Achttausender erklommen haben. »Weißt du irgendwas über die Verhältnisse am Everest dieses Jahr?«

»Die Berge behalten ihre Geheimnisse für sich.«

»Aber was *denkst* du?«

»Es kommt nie so, wie wir denken.«

Martin merkte, dass er die vagen Antworten als eine Art Bedrohung wahrnahm. Aber noch lagen viele Wochen vor ihnen, ehe sie sich dem Gipfel des Bergs näherten. Zwischen Anfang April und Ende Mai konnte viel geschehen. »Ab wann ist es denn realistisch, dass wir einen Versuch auf den Gipfel wagen können?«

»Der dreizehnte Mai ist der beste Tag«, sagte Dawa.

»So exakt meinte ich das gar nicht. Wieso ausgerechnet an diesem Datum?«, fragte Martin lachend.

Dawa drehte sich zu ihm und blickte ihm direkt in die Augen. »Es steht im Lamakalender. Der weiß alles.«

Von einem Lamakalender hatte Martin noch nie gehört, aber es musste wohl eine Art Weisheitssammlung der tibetischen Mönche sein. Er ließ es auf sich beruhen.

»Willst du den Rekord für die meisten Everest-Besteigungen brechen?«, fragte Manuela.

»Nein, das hier wird meine letzte Expedition über achttausend Meter.«

Martin und Manuela sahen ihn überrascht an.

»Sind die Berge denn nicht dein Leben?« Manuela klang ungläubig.

»Ich will meine Familie sehen, und außerdem muss ich mich nach dem Tod meines Bruders um seine Frau und die Kinder kümmern. Sie betreiben ein kleines Hotel in Kathmandu. Aber das sind nicht die wichtigsten Gründe.«

Über ihnen ertönten Stimmen, die sich näherten, und Dawa verstummte. Mit schnellen Schritten bogen Mark und Celine um einen Felsen und stolperten beinahe über Martins ausgestreckte Beine. Mark machte einen kleinen Sprung darüber und vollführte ein paar Tanzschritte. »Lagebericht aus 4735 Metern: Strahlender Sonnenschein, gute Form. Nach dem ersten Tag steht es 1:1 zwischen Frankreich und den USA.«

Celine beäugte Marks frotzelndes Gehabe mit verschränkten Armen. »Ich gehe wieder nach unten«, sagte sie und verschwand mit langen Schritten.

»Ich hau mich hin, Mark verdient eine Pause, außerdem bin ich müde«, erklärte der Amerikaner und schloss die Augen. »Die verfluchte Ratte lärmt ja die ganze Nacht.«

»Das bisschen Tappen und Kratzen ist doch wohl leichter zu ertragen als Finanzratten«, meinte Martin.

Mark schnaufte. »Ich komme mit allen Arten von Ratten aus, solange ich mit ihnen Geld verdiene. New York ist der Nabel der Welt, das Zentrum im Land der unbegrenzten Möglichkeiten. Ich bin Banker bei Goldman Sachs, dem besten und wichtigsten Unternehmen der Branche.«

»Dann hast du es dir sicher verdient«, sagte Martin.

»Das kannst du laut sagen. Ich wurde nicht reich geboren, mein Vater hat eine kleine Firma in New Jersey. Bis jetzt habe ich einfach jede Gelegenheit ergriffen, die mir das Leben geboten hat. Die Welt da draußen ist ein Dschungel, und nur der Stärkste überlebt.«

»Und das bist du?«

Mark kratzte sich am Kopf. »In meiner Branche ist Geld der einzige Maßstab für Erfolg. Letztes Jahr habe ich einen Bonus von über dreißig Millionen Dollar bekommen. Bei Weitem nicht der höchste, den es bei Goldman Sachs gibt, aber ich bin auf dem Weg dorthin. Bald habe ich es bis nach ganz oben geschafft.«

»Was stellst du mit den nächsten dreißig Millionen an?«, fragte Martin mit geschlossenen Augen.

»Mit dem letzten Bonus habe ich mir ein Penthouse direkt am Central Park gegönnt. Ich habe den 77. und den 78. Stock zu einer Wohnung mit ungefähr neunhundert Quadratmetern zusammengelegt.«

»Ich wollte wissen, was du mit den *nächsten* dreißig Millionen vorhast«, wiederholte Martin, die Augen immer noch geschlossen.

»Meine Freundin findet, wir sollten uns ein Sommerhaus in Florida kaufen. West Palm Beach.«

»Eine kluge Frau, die solltest du nicht vergraulen.«

»Sie war im letzten halben Jahr übrigens auf den Covern von *Vanity Fair* und *Elle*.«

Martin fragte sich, was Dawa von ihrem Gespräch hielt. Wie eine Buddhafigur hatte der Sherpa die Hände auf die Knie gelegt und schaute über das Tal.

»Hey, Dawa!«, rief Mark, als wollte er ihn wecken. »Auf Explorers Web habe ich vor einiger Zeit von einem Dawa Chiri Sherpa gelesen, der während eines Sturms zwei Männer aus dem höchsten Lager am K2 gerettet hat. Wären sie dort liegen geblieben, hätte das ihren sicheren Tod bedeutet. Das Expertenpanel von Explorers Web hat die Rettung zur größten Bergsteigerleistung des letzten Jahres ernannt. Warst du das?«

»Bei den Namen von Sherpas vertut man sich leicht. Dawa bedeutet ›an einem Montag geboren‹, die meisten von uns benennen ihre Kinder nach dem Wochentag, an dem sie auf die Welt kommen, egal ob Junge oder Mädchen. Das heißt, uns stehen nur sieben verschiedene Namen zur Auswahl.«

Mark lachte. »Das muss ich mir für zu Hause merken. Allein in New York wären das zwei Millionen Dawas, verrückt.«

Martin erahnte ein schwaches Lächeln in Dawas Gesicht, das vermutlich zum größten Teil auf Marks eigentümliches Lachen zurückzuführen war.

»Du, Montag«, sagte Mark. »Warst du schon mal auf dem Everest?«

»Ja.«

»Gut. Ich bin nämlich ein Trophäenjäger. Von den vielen anderen möglichen Expeditionen habe ich mich für diese hier entschieden, weil Rickie mir zugesichert hat, dass wir die besten Sherpas haben würden. Ich will den Everest haben. Für meine Trophäensammlung.« Mark lachte wieder auf seine eigentümliche Art.

»Es sind gute Leute«, sagte Dawa. »Ich habe sie persönlich ausgewählt, wir sind zusammen aufgewachsen.«

»*Excellent.*« Mark schien zufrieden. »Ich will die Besten, die für Geld zu haben sind.«

Martin reichte es, und er stand auf. Sein Rücken war steif, und der Hintern schmerzte. Er hatte große Lust, Mark daran zu erinnern, dass man mit Geld nicht alles kaufen konnte, aber er sagte nichts.

»Dort vorn, in den Wolken liegt der Everest«, erklärte Sir Richard. »Schade, dass der Berg nicht zu sehen ist. Es ist immer ein besonderes Gefühl, wenn man das Ziel vor sich sieht. Die Expedition bekommt dadurch einen ganz anderen, ja echteren Charakter.«

Auf den quadratischen Innenhof des tibetanischen Motels, das aus mehreren niedrigen gemauerten Häusern mit blauen Türen bestand, schien eine warme Sonne. Inzwischen hatten sie Tingri erreicht, ihre nächste Station entlang des Friendship Highway. In der Mitte des Hofs befand sich ein Brunnen, und in einem der Eckhäuser war ein Teehaus untergebracht. Martin befreite sich aus seiner Fleecejacke und stand nur im T-Shirt in der Wärme.

Mark richtete einen Finger auf seine Brust. »He, Wikinger, du trägst ständig dieses Werbe-T-Shirt, wenn du nicht gerade eine Jacke mit Logo am Ärmel darüber ziehst. Wirst du bezahlt, oder was?«

»Und er hat eine konzerneigene Smart Watch in verschiedenen Farben, und dazu diese coole Sonnenbrille. Die ist im Übrigen wirklich super, für so eine könnte ich sterben«, sagte Manuela.

Martin zögerte. Sein Sponsor zahlte ihm jedes Jahr eine riesige Summe, damit so viele Leute wie möglich die Marke mit ihm in Verbindung brachten, aber hier fühlte es sich vollkommen falsch an. »Der Konzern ist mein Sponsor, ja.«

»Ein Sponsor für die Teilnahme an einer kommerziellen Everest-Expedition! Wenn das Urteilsvermögen in dem Unternehmen auf diesem Niveau liegt, sollten die Anleger ihre

Aktien aber schleunigst verkaufen. Und ich habe immer gedacht, dass die deutschen Autokonzerne die Nase vorn haben, was intelligentes Wirtschaften betrifft.« Mark lachte lauthals.

»Hör nicht auf ihn«, sagte Celine. »Er ist nur neidisch.«

»Neidisch? Was für ein Käse. Hör mal zu, du Bergziege. Diese Expedition kostet mich nicht mehr, als ich an einem normalen Arbeitstag verdiene. Auf keinen Fall brauche ich irgendeinen bescheuerten Sponsor, und schon gar nicht, wenn ich wie ein vollbehangener Weihnachtsbaum für irgendeine Automarke herumlaufen muss.« Mark reckte die Hände in die Luft, wich ein paar Schritte zurück und verbeugte sich tief, ehe er sich umdrehte und auf das Teehaus in der Ecke des Hofes zuhielt.

Der Rest der Gruppe sah ihm hinterher, wie er davontänzelte, was Manuela laut auflachen ließ. »Eine Tasse Tee können wir uns auch genehmigen. Außerdem gibt es bald Essen«, sagte sie.

Auf dem Weg zum Teehaus packte Sir Richard Martin am Arm und nahm ihn zur Seite. »Wie viel zahlt dir das Unternehmen für deine Expeditionen?«

Martin wand sich aus dem Klauengriff des Briten. »Ich bekomme ein jährliches Fixhonorar, der Vertrag läuft über mehrere Jahre.«

»Ja, aber *wie viel* bekommst du?«, wiederholte Sir Richard.

»Ich darf nicht darüber sprechen.«

»Du weißt gar nicht, was für ein Glück du hast, in deinem Alter.«

»Ich bin nur knapp über vierzig.«

»Und es gibt Dutzende junger Kerle, ja sogar Frauen, die es auf deinen Platz abgesehen haben. Wenn du ehrlich zu dir selbst bist, ist dir sicher klar, dass sie dir in allen Bereichen überlegen sind. Das Unternehmen wird das bald auch erkennen und in seiner Marketingstrategie auf Jüngere setzen. Was unternimmst du dann?« Sir Richard griff erneut nach Martins Arm. »Sieh mich an. Ich bin siebenundfünfzig und hätte eigentlich schon längst aufhören müssen. Aber ich war kreativ, habe hart gearbeitet. Was meinst du, kannst du in fünfzehn Jahren dasselbe über dich sagen?«

Martin wandte sich zum Gehen um, aber Sir Richard hielt sein linkes Handgelenk umklammert. »Sieh an, eine Schweizer Luxusuhr, mit denen hast du auch einen Vertrag, nicht wahr?« Martin sah keinen Grund, darauf zu antworten. Sir Richard straffte den Griff um das Handgelenk. »Deine Sponsoren wollen Gewinnertypen, sonst nichts. Wenn du deinen Marktwert nicht verlieren willst, musst du auf diesen Berg. Das weißt du.«

»Ich würde meinen, dasselbe gilt auch für dich, immerhin willst du auch in Zukunft von diesen Expeditionen leben.« Martin riss sich los.

»Ganz genau. Wir müssen dafür sorgen, dass wir beide unsere Ziele erreichen«, erwiderte Sir Richard.

Ohne zu antworten, drehte sich Martin um und ging mit großen Schritten den anderen hinterher in Richtung Teehaus. Dort wurden sie an eine lange Tafel mit Plastiktischdecken und niedrigen, schiefen Holzstühlen geführt. Mark hatte bereits Platz genommen und sah aus wie ein Riese. Kaum saßen sie, servierte man ihnen Teller mit Reis, gekochtem Gemüse und Fleischkeulen.

Manuela schien alles andere als begeistert. »Bei dem Anblick suche ich mir lieber ein anderes Restaurant.«

»Vergiss es.« Celine schüttelte den Kopf. »Das hier ist Tibet. Zu Weltruhm wird es die tibetische Küche sicher nie bringen.«

»Immerhin ist sie besser als die englische«, sagte Mark und deutete mit einem angenagten Knochen auf Sir Richard. »Alle britischen Köche gehören erschossen.«

»Wenigstens besitzen wir etwas, an das es euch Yankees mangelt. Nämlich Geschmack und Manieren, man nennt es guten Stil.«

»Du hast Arroganz vergessen«, ergänzte Mark, der immer noch mit dem Knochen herumfuchtelte, sodass Soße auf die Tischdecke tropfte.

»Habt ihr überhaupt an einem Tisch gegessen, als du klein warst?«, fragte Sir Richard mit spöttischem Unterton.

»Versuch es gar nicht erst, Rickie Boy, wir hatten Stoffservietten zu jeder Mahlzeit. In dem heruntergekommenen Schloss deiner Familie dürfte das wohl kaum der Fall gewesen sein.«

Sir Richards Gesichtszüge versteiften sich. »Davon hast du keine Ahnung.«

»Ein Leben im Finanzsektor hat mich gelehrt, die Informationen zu finden, die ich brauche«, sagte Mark und verengte die Augen. »Mir schwant, wieso du hier bist.«

Martin fand es unangenehm, Marks Frontalangriff auf Sir Richard zu verfolgen, und auch die anderen starrten auf ihre Teller.

»Du bist anscheinend an Finanzkriege gewöhnt«, meinte Manuela, vermutlich, um Mark auf eine andere Fährte zu locken.

»Wovon du ausgehen kannst. Erst vor ein paar Monaten haben wir eine Schlacht gegen T. Boone Pickens, den weltberühmten Raider, gewonnen. Wir haben ihn überlistet.«

»Versteht sich«, sagte Manuela lapidar.

»Wir haben diesen texanischen Proll zermalmt, haben ihn von der Landkarte getilgt.« In seinem Eifer hatte sich Mark halb über den Tisch gebeugt.

Martin kannte die Geschichte bereits aus der Presse, und im Grunde interessierte er sich nicht dafür. Er versuchte, ein paar Kommentare fallen zu lassen, um das Gesprächsthema zu wechseln, aber Mark war nicht aufzuhalten.

Erst Celine gelang es, ihn zu unterbrechen. »Mein Freund ist auch Banker an der Wall Street, und er hat nie frei. Wie kann es sein, dass Goldman Sachs dich mehrere Monate verreisen lässt? Urlaub gibt es dort nicht.«

Marks Blick wanderte von einem Gesicht zum nächsten. »Das geht euch nichts an.«

Martin beschloss der angespannten Atmosphäre zu entfliehen. Er trat auf die Straße. Die Wolken hatten sich inzwischen verzogen, und der Mount Everest lag im Sonnenuntergang da. In seinem Bauch verspürte er ein Ziehen, als er die senkrechte schwarze Nordwand des höchsten Bergs der Welt zum ersten Mal mit eigenen Augen sah. Der Kontrast zu den schneeweißen Nachbarbergen machte den Anblick sogar noch furchteinflößender. Er überquerte die Straße und kletterte auf den nächstgelegenen Bergkamm, um eine bessere Sicht zu haben. Von Tingri aus reihte sich ein brauner Bergrücken an den anderen, bevor sich der Everest wie ein mächtiger schwarzer Granitblock über sie alle erhob. Diese Wand musste er hinauf, nur wo oder wie konnte er unmöglich erkennen.

Als er zurückkam, standen die anderen um den Brunnen mitten auf dem Hof versammelt. »Ziemlich steil«, bemerkte er und neigte den Kopf in Richtung Everest.

»Sir Richard hat gerade erzählt, dass die ersten Bergsteiger, die 1921 hierherkamen, beim Anblick des Bergs von genau dieser Stelle aus in ihr Tagebuch geschrieben haben: ›*From this side it looks far too steep to be climbed*‹«, sagte Mark.

Celine wandte sich an Martin. »Wieso hast du dir eine Expedition von der Nordseite ausgesucht und nicht die leichtere Variante von der nepalesischen Seite?«

Diese Frage bekam er nicht das erste Mal gestellt. Es wäre sicher am vernünftigsten gewesen, die Normalroute zu wählen, so wie die meisten. Stattdessen hatte er sich für Tibet entschieden, von wo aus es fünfzig Jahre lang nicht geglückt war, den höchsten Berg der Welt zu bezwingen. Als Nepal 1949 endlich seine Grenzen für Ausländer öffnete, dauerte es nur ein paar Jahre bis zum Triumph. Die Schwierigkeit ihrer Route von Tibet aus bestand darin, dass man dort wieder und wieder auf schmalen Pfaden über abgrundtiefe Gletscherspalten balancieren musste. »Ich wollte um den Gletscher-Eisbruch auf der Südseite herumkommen. Eine Lawine bedeutet dort den sicheren Tod.«

»Auf unserer Route sind wir vor Lawinen aber auch nicht gefeit.«

»Wusstet ihr, dass der Berg nach einem Mann benannt ist, der ihn selbst nie zu Gesicht bekommen hat?«, fragte Sir Richard in die Runde. »Sir George Everest war ein Pionier der Landvermessung, aber in Wahrheit waren es seine Angestellten, die die Höhe des Bergs fast auf den Meter genau bestimmten. Sie standen auf einem indischen Berggipfel, gut hundert Kilometer entfernt, und brachten dieses Kunststück mit der Technologie des neunzehnten Jahrhunderts fertig.«

»Komisch, dass niemand die Einwohner vor Ort nach dem Namen des Bergs gefragt hat«, kommentierte Martin. »Aber damals dachtet ihr Briten noch, euch gehört die ganze Welt. Dabei nennen die Tibeter ihn schon seit mehreren Hundert Jahren Chomolungma, oder ›Holy Mother‹. Der Name findet sich sogar auf einer Landkarte, die 1733 in Paris herausgegeben wurde.«

»Hört ihn euch an, den besten Freund der Ureinwohner. Vielleicht weißt du dann auch, wie man den Berg auf der anderen Seite, in Nepal, nennt?«, hakte Sir Richard herausfordernd nach.

»Die Sherpas hatten keinen Namen für ihn, aber die Regierung in Nepal war der Ansicht, dass der Berg nicht ohne eine nepalesische Bezeichnung auskommen konnte, weshalb sie in den 1960er-Jahren beschloss, dass er Sagarmatha heißen soll. Jetzt kannst du mich fragen, wie er auf Chinesisch heißt«, erwiderte Martin.

»Nein danke, ich komme auch so zurecht. Und was mich betrifft, ist der Erdkundeunterricht jetzt beendet.« Damit machte Sir Richard auf dem Absatz kehrt und ging davon. Mark schnitt eine Grimasse hinter seinem Rücken.

Es war dunkel, als Martin von einer weiteren sinnlosen Runde durch die Gegend zurückkehrte. Zwar zeigte die Uhr erst halb neun an, aber er sah keinen Grund, den Tag noch weiter in die Länge zu ziehen.

Seine Hand lag bereits auf der Türklinke zu seinem Zimmer, als er jemanden rufen hörte. Kurz darauf kam Sir Richard in langen Schritten über den Hofplatz gestürmt. »Das hier wird dich interessieren«, sagte er und wedelte mit einem Blatt Papier. Die drei Stufen hinauf zu Martin nahm er in einem Satz.

Martin sah sich den blassen Ausdruck an, den Sir Richard ihm in die Hand drückte. Es war ein Artikel einer Online-Zeitung, dem Drucker schien die Tinte ausgegangen zu sein. Auf einem Foto posierten zwei Menschen, die er nicht erkannte, darunter standen einige Zeilen Text. Die Überschrift war aber umso deutlicher: »*German car manufacturer signs new sponsorship.*«

Schnell las er die Meldung. Der Konzern hatte einen Fünfjahresvertrag mit dem schweizerischen Bergsteiger und Abenteurer Fabian Conte abgeschlossen. Bereits im Alter von fünfundzwanzig Jahren gelte er als der Beste aller Zeiten, behauptete der Artikel. Martin nahm an, dass sowohl diese Behauptung als auch die Pressemeldung aus Mendlers PR-Abteilung stammten. Die Bildunterschrift erklärte, dass es sich bei den Personen um Konzern-Chef Horst Hegeler und Conte handelte, die den Vertrag mit einem Handschlag besiegelten.

Martin reichte den Ausdruck zurück an Sir Richard. »Der Konzern hat viele Sponsorenverträge, das stimmt.«

»Behalt es ruhig. Ich habe es in einem Internetcafé die Straße runter gelesen und dachte, es interessiert dich bestimmt. Ich hatte jedenfalls recht: Der Nachwuchs will deinen Platz einnehmen.«

Nachdem Martin das Blatt Papier mehrfach gefaltet und in die Hosentasche gesteckt hatte, drehte er um und ging in sein Zimmer. »Gute Nacht«, sagte er über die Schulter.

Im Morgengrauen wurde Martin vom Geräusch mehrerer Lastwagenmotoren im Leerlauf geweckt. Offenbar hielten die Fahrzeuge nur wenige Meter von seinem Zimmer entfernt. Schwere Dieselabgase drangen durch die Ritzen der Holztür nach innen. Er blieb einen Moment liegen und wartete darauf, dass die Lastwagen weiterfuhren, aber nichts geschah. Als seine Geduld fast schon am Ende war, hörte er laute, hitzige Rufe, es klang, als stünde irgendjemand kurz davor, sich zu prügeln. Eine der Stimmen kam Martin bekannt vor, also kroch er aus dem Schlafsack, stieg in die flachen Wanderschuhe, zog eine Fleecejacke über das T-Shirt und trat in Boxershorts hinaus in die frostige Morgenluft.

Um den Brunnen scharte sich eine Gruppe aufgebrachter Tibeter in Mützen, Schals und warmen Jacken. In der Mitte dieser Ansammlung, und mindestens einen Kopf größer als alle rings um ihn, stand Mark mit nacktem Oberkörper. Martin steckte die Schnürsenkel in die Schuhe und schlurfte über den staubigen Hofplatz. Als Mark ihn entdeckte, brach er aus dem Kreis aus und ging ihm entgegen. Die Tibeter, die anscheinend immer noch wütend waren, sahen ihm nach.

»Was ist los?«, fragte Martin.

»Ich bin davon wach geworden, dass diese Kerle ihre Lkws im Leerlauf vor meiner Tür abgestellt haben, während sie ins Teehaus gegangen sind. Aber dem habe ich jetzt ein für alle Mal ein Ende gesetzt. Ich habe die Schlüssel abgezogen und in den Brunnen geworfen«, erklärte Mark und deutete mit dem Daumen über seine Schulter.

Für einen Augenblick war Martin wie vor den Kopf gestoßen, dann konnte er das Lachen nicht mehr zurückhalten, das auch Mark ansteckte. Die Gruppe am Brunnen verstummte und beobachtete sie mit fragenden Blicken.

Schließlich räusperte sich Martin. »Es ist wirklich nicht besonders nett, sie einfach auszulachen.«

»*I don't give a shit*«, erwiderte Mark und nahm Martin am Arm. »Komm, lass uns einfach in Unterhosen frühstücken.«

Sie waren die ersten im Frühstücksraum, und Mark wandte sich an den tibetischen Kellner, der gerade Tassen und Teller auf die Tische stellte. »*I want meat*«, sagte er, doch der Tibeter starrte ihn nur verständnislos an.

»Sie verstehen kein Englisch«, meinte Martin.

Mark stand auf, gab dem Kellner mit einem unmissverständlichen Blick zu verstehen, dass er ihm folgen solle, und ging voraus in die Küche. Wenig später nahm er mit einem zufriedenen Lächeln auf den Lippen wieder Platz. »Wir bekommen Fleisch.«

»Steaks zum Frühstück, das ist mal was Neues«, sagte Martin.

»Wir brauchen Proteine, verflucht, wir steigen auf den höchsten Berg der Welt.« Mark straffte den Bizeps seines rechten Arms.

»Eier enthalten auch eine Menge Proteine, und die bekommen wir sogar zum Frühstück, ohne uns dafür unbeliebt zu machen.«

»Whatever. Ich will Fleisch. Garantiert klettern wir heute auf die Berge hier in der Gegend, da können wir ein bisschen zusätzliche Energie gut gebrauchen.«

»Du solltest es etwas ruhiger angehen lassen, wenn du dich akklimatisierst. Ich habe keine Ahnung, was du da treibst.«

»Ich habe eben Talent.« Mark grinste.

Talent? Martin schüttelte den Kopf. »Bullshit. Wie man mit Höhe zurechtkommt, ist individuell unterschiedlich, es variiert sogar von Mal zu Mal, aber mit Talent hat es definitiv nichts zu tun.«

Noch immer mit demselben Grinsen im Gesicht zuckte Mark mit den Schultern, was Martin abermals den Kopf schütteln ließ. »Eine der wichtigsten Regeln lautet, dass man nie mehr als dreihundert Höhenmeter innerhalb von vierundzwanzig Stunden aufsteigen soll, damit der Körper sich an die neuen Verhältnisse gewöhnen kann. Seit unserem Start unten in Zhangmu, bei knapp über zweitausend Metern, sollten also mindestens zehn Tage vergehen, bevor wir im Base Camp auf etwas mehr als fünftausend Metern ankommen. Und das sieht unser Plan auch vor, wenn ich ihn richtig im Kopf habe.«

»Bestimmt hast du recht, aber für mich spielt das keine Rolle«, sagte Mark und breitete die Arme aus.

Nun kam auch der Rest ihres Teams aus der Kälte herein. Sir Richard ließ sich schwerfällig auf einen Stuhl plumpsen und zeigte auf die niedrig stehende Sonne, deren grelle Strahlen durch die schmutzigen Fensterscheiben fielen. »Die Geröllhaufen dort vorne liegen auf über fünftausend Metern. Darin besteht die heutige Aufgabe.«

Manuela musste sich beide Hände vors Gesicht halten, um nicht geblendet zu werden, und kniff die Augen zusammen. »Ich habe heute Nacht auf meiner Brille geschlafen. Sie ist hin, reparieren geht nicht.«

Sie ließ die Bruchstücke einer Sonnenbrille auf den Tisch fallen.

»Hier, nimm die.« Martin bot ihr eine seiner Sponsoren-Sonnenbrillen an, die er aus der Jackentasche gezogen hatte.

»Danke, ich komme auch so klar. Im Gepäck, das wir ins Base Camp vorgeschickt haben, liegt noch eine.«

»Dann betrachte sie als Geschenk, ich habe genug davon.«

»Ich nehme keine Geschenke an. Geschenke sind nie einfach nur Geschenke. Sie sind nichts anderes als versteckte Schulden, die man irgendwann zurückzahlen muss.« Sie bedachte ihn mit einem ernsten Blick.

Martin steckte die Brille zurück in die Tasche und reichte die Platte mit Spiegeleiern weiter, nachdem er einen Blick auf die fettigen Eier geworfen hatte. Zwar sah der Haferbrei ebenfalls wenig verlockend aus, aber er lud sich trotzdem einen Löffel davon auf den Teller. Irgendetwas musste er schließlich essen.

»Den Geröllhaufen lasse ich aus«, kündigte Celine an, als sie die Schüssel mit dem Brei entgegennahm. »Wir sind auf einer Höhe von über 4400 Metern, das reicht mir als Akklimatisierung. Ich ziehe lieber auf Fotosafari durch das Dorf.«

»Ich komme mit«, sagte Martin. Hastig schlang er den Haferbrei hinunter und verließ den Raum. Mit dem Handy in der Hand blieb er einen Moment zögernd stehen, ehe er um die Ecke ging. Franz Mendler nahm sofort ab.

»Fabian Conte«, sagte Martin nur. »Erklär mir das.«

»Hegeler will überall seine eigenen Leute installieren, egal ob intern oder extern. Völlig normal, dass sich ein neuer Chef, der von außen kommt, um den Rückhalt unter seinen Leuten sorgt.«

»Seine größte Sorge ist seine Frisur. Was wird aus dir?«

»Ich bin außer Gefahr, ich beherrsche dieses Spiel.«

»Ich gehe trotzdem davon aus, dass ihr meinen Vertrag erfüllt.«

»Steig einfach auf den Gipfel, dann bist du sicher. Ich muss zu einem Meeting.«

Martin schaute auf den Everest. *Sicher*. Er murmelte das Wort leise vor sich hin. Wann hatte er sich das letzte Mal sicher gefühlt?

»Guck in Richtung Everest, und nicht blinzeln«, ermahnte ihn Celine und stellte das Zoomobjektiv ein.

Seit zwei Stunden mimte er das Model für Celines Fotoreportage über Tingri, aber die Hälfte der Zeit hatte sie genutzt, um sein Sponsorenlogo zur Geltung zu bringen. »Du brauchst Fotos, und bis jetzt habe ich dich noch kein einziges Bild machen sehen«, hatte sie dagegengehalten, als er halbherzig protestierte. Celine hatte recht, die Marketingabteilung hatte sich schon oft über sein Fotomaterial beschwert.

In der Nähe hatte Martin ein winziges Teehaus erspäht, und er zog Celine mit sich dorthin. Die Eingangstür ging nicht höher als anderthalb Meter, und die Tische und Stühle im Gastraum waren so klein, dass sie sich vorkamen wie in einer Puppenstube.

»Wieso hast du dich für die schwere Nordseite entschieden?«, fragte er sie, als sie eine Kanne Tee serviert bekamen.

»Ich habe andere Gründe als du«, wich Celine aus.

»Ist es in eurer Familie Tradition, Bergführer zu werden?«

»Warum fragst du?«

»Vergiss es, das war eine dumme Frage, dein Vater ist ja Landwirt.«

»Er war hier.«

»Hier? Du meinst am Everest?« Celine nickte, und Martin schenkte ihr einen schiefen Blick. »Ist er auf dem Gipfel gewesen?«

»Nein.«

Langsam dämmerte es Martin. Die Tochter, die den Traum des Vaters wahr machen sollte.

»Er hat es fast bis dorthin geschafft. Ein Sturm ist aufgezogen, und sie saßen fest. In der Nacht hat er acht Zehen und sechs Finger verloren. Danach hat er keinen Fuß mehr ins Gebirge gesetzt. Auf keinen einzigen Berg.«

»Er ist sicher stolz auf seine Tochter.«

»Seit ich ihm erzählt habe, dass ich hierherfahre, spricht er nicht mehr mit mir.« Celine lachte ein kurzes, hartes Lachen.

Darauf wusste Martin nichts zu entgegnen, und er goss Tee für sie beide ein. Celine hielt ihre Tasse vor den Mund und pustete, bevor sie vorsichtig daran schlürfte. Eine auffällige Armbanduhr funkelte an ihrem Handgelenk, und Martin erkannte das Modell sofort, eines der teuersten auf dem Markt. »Eine eher ungewöhnliche Uhr für eine Bergführerin«, bemerkte er.

»Ein Geschenk von meinem Freund. Ist zwei Tage vor meiner Abreise mit der Post gekommen, er hat es aus New York geschickt. Wir sehen uns nicht so oft«, erwiderte Celine nach einigem Zögern.

Eine geschenkte Armbanduhr, die mehr als zweihunderttausend Kronen kostete, mit der Post geliefert. Martin sah, dass sie sich auf ihrem Stuhl wand. »Schade, dass er kein Bergsteiger ist, sonst hätte er dich einfach begleiten können.«

»Er ist einer, so haben wir uns kennengelernt. Ich war sein Guide.« Celine errötete leicht.

»Auf dieser Expedition wäre er gar nicht schlecht aufgehoben gewesen, das Kletterniveau im Team variiert recht stark.«

Eine Weile schwieg Celine. »Wie gesagt, als Banker bekommt er kaum Urlaub.« Dann verschränkte sie die Arme und schaute demonstrativ an ihm vorbei auf die staubige Straße.

»Die verfluchten Chinesen«, schimpfte Sir Richard, als er auf die anderen Expeditionsteilnehmer zugelaufen kam. »Erst sagen sie, sie hätten keine Autos, die uns in den nächsten Tagen zum Base Camp fahren können. Aber sobald wir den doppelten Preis zahlen, ist es plötzlich möglich, die Autos innerhalb von fünf Minuten zu organisieren.«

»Da jeder von uns fünfzigtausend Dollar für diese Tour hingeblättert hat, sollte die Expedition mit diesen Ausgaben doch sicher zurechtkommen«, sagte Martin.

»Unser Bargeld ist begrenzt, und wir brauchen es später noch an anderer Stelle. Geldautomaten werden wir hier eher keine finden, denke ich.«

Zwei Land Cruiser parkten mitten auf dem Hofplatz. Dahinter hielt jetzt noch ein dritter Wagen. Hinter dem Steuer saß ein asiatisch aussehender Mann, auf der Rückbank zwei weitere Männer, die Anzüge und dunkle Sonnenbrillen trugen, vermutlich Chinesen.

»Wer sind diese Clowns?« Martin deutete mit dem Daumen auf die Männer.

»Chinesischer Geheimdienst«, antwortete Dawa. »Sie haben jede unserer Bewegungen verfolgt, seit wir die Friendship Bridge unten in Zhangmu passiert haben.«

»Haben die denn keine bessere Verwendung für ihre Ressourcen?«

»Davon haben sie mehr als genug«, erwiderte Dawa.

Martin musste grinsen. »Ich freue mich schon darauf, zu sehen, wie sie uns auf über achttausend Meter folgen wollen.«

Dawa verzog keine Miene und setzte sich auf den Beifahrersitz des hinteren Land Cruisers. Martin warf noch einen Blick auf die beiden Chinesen, die tatsächlich aussahen wie eine schlechte Parodie zweier Geheimagenten, und zuckte mit den Schultern. »Jesus, was für eine Komikertruppe«, murmelte er, ehe er hinter Dawa Platz nahm, Celine und Manuela folgten ihm.

Die Autos fuhren in südlicher Richtung über die Ebene, geradewegs auf den Everest zu. Ihr Fahrer legte in dem steinigen Gelände dabei ein so hohes Tempo an den Tag, dass sie mehrfach mit dem Kopf gegen die Wagendecke stießen.

»Hey!«, rief Martin von hinten. »Hoffentlich kennt unser Fahrer den Weg.«

»Wir nehmen eine Abkürzung. Es ist dieselbe Route, die auch die erste Expedition 1921 genommen hat«, erklärte Dawa.

Der Pfad, dem ihr Fahrer folgte, war kaum sichtbar, er führte über Flussbetten, querte Hänge und stieg in der kargen Landschaft immer höher an. Als er in Richtung einiger Steinhäuser wieder abfiel, stand die Sonne hoch am Himmel. Zwischen den Häusern wartete bereits der erste Geländewagen, dessen Fahrer gerade einen Reifen wechselte, während sich eine Gruppe Kinder um Mark und Sir Richard scharte.

Martin schnappte sich die Kamera von Celines Schoß und hüpfte ins Freie. Eine ältere Frau stand neben den Autos und bestaunte sie mit großen Augen. Nachdem Martin zuerst auf die Kamera und dann auf sie gedeutet hatte, nickte die Frau und lächelte ihn zahnlos an. Um den Hals trug sie ein Amulett mit dem Bild des Dalai Lama, das Martin auffiel, als er die Kamera wieder herunternahm. »Eine mutige Frau«, sagte er zu Celine und zeigte auf ihr Amulett.

Plötzlich durchschnitt eine gebieterische Stimme die Bergluft, und sowohl Celine als auch er zuckten zusammen. Der

Wagen mit den beiden chinesischen Agenten hatte direkt hinter ihnen angehalten, und einer der Männer war herausgesprungen. Er richtete einen Finger auf die ältere Dame und herrschte sie mit militärischem Ton an, offenbar erteilte er ihr ein Kommando. Die Frau wandte sich ab und lief überraschend schnell ins nächste Haus. Denselben Befehlston schlug der Chinese auch gegenüber der Kinderschar an, die sich augenblicklich in alle Richtungen auflöste. Eilig ließ der Fahrer des ersten Land Cruisers den Wagenheber herunter und sprang von seiner Arbeit am Hinterrad auf. Er wirkte starr vor Schreck.

Mit großen, schnellen Schritten ging Mark auf den bedrohlichen Neuankömmling zu und rief ihm irgendetwas Unverständliches entgegen. Er unterstrich seine Worte, indem er wütend die Faust reckte. Nur wenige Meter voneinander entfernt starrten sich die beiden an. Aus dem Augenwinkel bemerkte Martin, wie Dawa einige Schritte zurückwich und der Szene den Rücken zukehrte. Für einige lange Sekunden herrschte eine unheilvolle Stille. Niemand rührte sich. Dann drehte sich der Chinese abrupt um, marschierte zurück zum Auto und knallte die Tür hinter sich zu. Der Fahrer manövrierte den Wagen an Martin und Celine vorbei und steuerte ihn weiter talabwärts. Perplex sahen sie ihm hinterher.

»Bravo!«, rief Celine dann und klatschte in die Hände.

»Was hast du ihm an den Kopf geschleudert?«, wollte Martin von Mark wissen.

»Einen indianischen Kinderreim. Eigentlich habe ich nur versucht, lauter zu brüllen als das Schlitzauge. So schnell sehen wir die nicht wieder«, antwortete Mark grinsend.

»Wieso bist du so still?« Celine flüsterte fast, als sie wieder im Auto saßen.

»Ich stelle mir vor, wie es wohl für die ersten Bergsteiger war, die vor über hundert Jahren in dieses Tal kamen. Was für ein beeindruckendes Gefühl es gewesen sein muss.«

Der Wagen bog um einen Felsvorsprung, und plötzlich lag der Everest direkt vor ihnen. Der Berg bildete das Ende des weißen, öden Tals, wo er sich, ganz in Schwarz und Weiß, majestätisch über alles erhob.

»Meine Güte, was für ein Anblick«, keuchte Martin.

Rund um den Gipfel zog sich der charakteristische Jetstream, den er bereits auf unzähligen Bildern gesehen hatte. Er erinnerte ihn an einen wehenden Brautschleier im Wind.

»Bei diesen Windgeschwindigkeiten hält es niemand auf dem Gipfel aus, man wird sofort vom Berg gepustet und stürzt die dreitausend Meter bis zum Gletscher in die Tiefe«, sagte Dawa, der sich nach hinten umgedreht hatte.

Auf dem staubigen Hang vor ihnen tauchte ein Dorf auf. Zu beiden Seiten der unbefestigten Straße standen Bretterverschläge und Zelte. In langsamem Tempo fuhren sie an Unterkünften mit unpassenden Namen wie »Hotel California« oder »Olympic Hotel« vorbei, an Bars, Geschäften, Imbissbuden und Gebäuden, in denen nicht näher bestimmte Dienstleistungen angeboten wurden. Martin tippte darauf, dass es sich um Bordelle handelte.

»Yes, yes«, antwortete Dawa auf Martins direkte Nachfrage.

Das entlockte Celine ein lautes Lachen, aber Martin war sich nicht ganz sicher, ob Dawa die Wahrheit erzählte.

»Bei der letzten Zählung soll es sechshundertachtundfünfzig Bordelle in der Hauptstadt gegeben haben, und dabei ist Lhasa bei Weitem keine Großstadt. Da gibt es hier sicher auch welche«, warf Manuela ein.

»Beeindruckendes und überraschendes Nischenwissen«, sagte Martin.

»Das gesamte Dorf steht nur unseretwegen hier, und nur für die paar hektischen warmen Monate.«

Eine chinesische Straßensperre am Ende des Barackendorfs hinderte sie an der Weiterfahrt, und schwer bewaffnete Militärs prüften ihre Papiere äußerst sorgfältig.

»Bis hierher kommen die Touristen, die sich den Mount Everest ansehen möchten, danach sind ausschließlich Personen mit Kletter-Genehmigung zugelassen«, erklärte Dawa.

Die offizielle Erlaubnis, den Berg zu besteigen, kostete mehr als zehntausend Dollar, wie Martin wusste. Dabei spielte es keine Rolle, ob man es auf den Gipfel schaffte, ob man zur großen Mehrheit zählte, die enttäuscht nach Hause fuhr, oder zu denjenigen, die nie mehr zurückkehrten.

Nachdem sich die Wachen davon überzeugt hatten, dass alles bezahlt und abgestempelt war, öffneten sie die Schranke. Martin winkte den Wachleuten zu, als sie passierten, aber die Männer verzogen keine Miene.

Der Schotterweg führte weiter über die Ebene, ehe er sich die Moränenhaufen weiter vorn hinaufschlängelte. Aufgeregt beugte Martin sich zwischen den Sitzen nach vorn, um besser sehen zu können. Er hatte davon gelesen, dass das Base Camp überlaufen und nichts als ein vom Wind geplagter, jämmerlich trister Ort sei. »So hatte ich mir es nicht unbedingt vorgestellt«, sagte er, als sie eine weitere riesige Ebene erreichten. Die vereinzelten Zeltgrüppchen konnten dem Eindruck überwältigender Leere nichts entgegensetzen. Das größte Zeltlager befand sich auf der linken Seite. Dort ragte eine große chinesische Flagge an einem Fahnenmast in die Höhe und wehte im Wind. »Hier sieht es aus wie auf den Fotos der Expeditionen in den 1920ern«, murmelte er leise.

Sie fuhren weiter durch das felsige Gelände und hielten am letzten Zeltlager, das direkt unterhalb der Moräne aufgeschlagen worden war. Ein andächtiges Gefühl überkam Martin, als er ausstieg und sich umsah. Das Everest Base Camp, 5150 Meter über dem Meer, ein Ort, über den er bereits als Kind gelesen hatte. Mehr als fünfzig Jahre lang der Schauplatz unzähliger Enttäuschungen und nur weniger Triumphe, seit 1921 bis weit in die 1970er-Jahre hinein.

»Merkwürdige Wahl für den Platz des Hauptlagers«, klang es hinter ihm von Mark. »Wir sind wohl die einzigen Menschen im ganzen Rongbuk-Tal, die nicht in den Genuss eines Blicks auf den Everest kommen, weil wir direkt an der Moräne lagern.«

»Ich glaube, das hat den Zweck, vor den Fallwinden geschützt zu sein, die den Rongbuk-Gletscher hinabfegen«, vermutete Martin.

Nachdem sie die übrigen Sherpas kurz begrüßt hatten, führte Dawa sie durch das Lager. Als Erstes statteten sie dem Küchenzelt einen Besuch ab, wo Dawa die Zeltwand zur Seite schlug, sodass sie einen Blick hineinwerfen konnten. Der Koch saß mit einem freundlichen Grinsen auf einem Berg aus Jutesäcken und breitete die Arme aus, als wolle er sein ganzes Reich umarmen. Es bestand aus einem selbst gebauten Steinofen, mehreren abgenutzten Kochern, Stapeln aus Töpfen und Schüsseln, einem enormen Essensvorrat und zwei weißen Plastikstühlen.

Schräg gegenüber der Küche stand das größte Zelt des Lagers. Dawa betrat es als Erster und winkte die anderen hinter sich hinein. Es war hoch genug, um darin zu stehen, und bot genügend Platz für das gesamte Team. An einer Wand stand ein großer Campingtisch mit einer bunten Kunststofftischdecke und vier Stühlen auf jeder Seite.

»Willkommen im Everest Café«, sagte Dawa und öffnete die Arme zu einer warmen Geste. Er deutete auf zwei kleinere Tische mit je einem Plastikstuhl am Ende des Zelts. »Das ist unsere Kommunikationszentrale. Im Lauf des Tages werden wir hier eine Stromleitung zu einem Dieselaggregat legen, sodass sämtliche elektronischen Geräte geladen werden können. Außerdem gibt es einen PC zur gemeinsamen Benutzung, der über Satellit funktioniert.«

Martin sah sich um, ehe er den anderen wieder nach draußen folgte. Durch den blauen Zeltstoff hindurch tauchte die Sonne das Innere in ein bläuliches Licht. Die Reihe großer, blauer Plastiktonnen mit weißen Deckeln an der hinteren Zeltwand verstärkten das Blau zusätzlich. Er ahnte bereits, dass sie in diesem Zelt unzählige Stunden verbringen würden.

Ihre Schlafzelte lagen rund um das Speisezelt verstreut. Sir Richard stellte sich breitbeinig zwischen die Zelte und legte die Hände auf den Rücken wie ein Feldwebel. »Manuela und Celine können sich je eines der beiden Zelte dort drüben aussuchen, ich schlafe in dem daneben«, bestimmte er und deutete auf ihre Schlafstätten. »Mark und Martin teilen sich das hinterste. Die anderen Zelte sind für die Sherpas und das Küchenpersonal.«

Martin schulterte seine beiden großen Reisetaschen und trug sie zu dem angewiesenen Zelt. Es war geräumig, sowohl im Vorzelt als auch im Schlafteil konnte er stehen. Er stellte die Taschen im Vorzelt ab, packte Isomatte und Schlafsack aus und bereitete sein Nachtlager. Anschließend stieg er aus den Schuhen und legte sich mit hinter dem Kopf verschränkten Armen auf den Schlafsack. »Zelten ist herrlich«, sagte er fröhlich.

»Aha«, erwiderte Mark, der vor seinem Gepäck kniete und darin wühlte.

Martin ging nicht näher darauf ein und genoss das Gefühl, einfach nur dazuliegen. Niemand erwartete etwas von ihm, er konnte sich entspannt zurücklehnen. Konnte schlafen, wann er wollte, für Essen war gesorgt, und niemand drängte ihn zu etwas.

»Mittagessen!«, brüllte Sir Richard von draußen.

»Wir sind nicht taub, Rickie!«, schrie Mark zurück.

Martin musste lachen. »Dann lass uns mal die hiesige Küche ausprobieren.«

Der Koch hatte frisches Brot gebacken, das sogar noch dampfte. Dazu gab es Hühnersuppe, gefolgt von Pizza und schließlich Obst zum Nachtisch.

»Verdammt, ich glaube, dieser Michelin-Kerl muss sich das hier mal ansehen«, brummte Mark zufrieden, als er sich nach dem Essen ausstreckte.

Sir Richard hatte den Platz am Kopfende des Tisches eingenommen und versuchte gar nicht erst, mit seiner Zufriedenheit hinter dem Berg zu halten. Wohlwollend breitete er die Arme aus. »Den Rest des Tages habt ihr frei. Das Beste, was ihr tun könnt, ist nichts.«

Später stieg Martin auf einen der Felsbrocken hinter dem Lager, von wo aus er die Nordwand des Everest lange in Augenschein nahm. Der Berg schien senkrecht in die Höhe zu ragen, aber an irgendeiner Stelle der Felswand gab es eine Route, eine Passage, über die es schon Hunderte von Menschen vor ihm bis nach oben geschafft hatten. Nur konnte er sie aus der großen Entfernung nicht erkennen. Während er sich damit abmühte, tief und langsam zu atmen, schloss er die Augen und stellte sich vor, wie es wohl sein würde, über den letzten scharfen Grat zu balancieren und schließlich den Gipfel zu erreichen. Es gelang ihm, ein Bild von sich selbst hervorzurufen, wie er triumphierend den Arm in die Höhe reckte, aber der Weg über den Grat blieb im Dunkeln. An seiner Schläfe pochte der Puls, als er die Augen wieder öffnete.

Auf dem Weg zurück lief er Dawa beinahe direkt in die Arme. »Die Felswand da oben sieht nicht gerade einfach aus«, scherzte er und schnitt eine Grimasse.

Dawa musterte ihn von Kopf bis Fuß. »Warum bist du eigentlich hier?«

»Ich bin im Auftrag meines Sponsors unterwegs. Sie planen, mit einem Auto auf den Gipfel zu fahren, und ich soll eine sichere Route ausfindig machen.«

Nicht einmal ein Lächeln entlockte er Dawa mit dem Witz. »Glaube niemandem, der behauptet, der Everest wäre einfach.«

»Das glaube ich keineswegs, ich fürchte, du hast mich missverstanden.«

Dawa schenkte ihm ein kurzes Nicken, ehe er weiterging. »Das ist gut.«

Martin setzte sich ruckartig auf und verharrte in dieser Position, während er um Luft rang. Er hatte das Gefühl, jeden Moment zu ersticken. Nur langsam beruhigte sich seine Atmung, und er achtete darauf, tief und ruhig ein- und auszuatmen. Als er sich wieder einigermaßen normal fühlte, legte er sich vorsichtig wieder hin. Mark hatte nichts von seiner Atemnot mitbekommen und schnarchte leicht.

Als Martin die Augen wieder zufielen, saß er plötzlich erneut in seinem Schlafsack und schnappte nach Luft. Diesmal blieb er länger sitzen, so lang, bis er in dieser Haltung einschlief und seitlich gegen die Zeltwand kippte. Wenige Sekunden später riss ihn dasselbe Erstickungsgefühl zum dritten Mal aus dem Schlaf, er griff sich mit beiden Händen an den Hals und verspürte den inneren Drang, laut zu schreien, doch ihm fehlte die Luft dazu. Mit hämmerndem Puls kroch er aus dem Schlafsack, stieg im Vorzelt in seine Schuhe und trat mit nichts anderem als einem dünnen Funktionsshirt und einer langen Unterhose bekleidet ins Freie unter den sternenübersäten Himmel. Es war kalt, aber windstill. Seine Stirnlampe lag noch neben dem Schlafsack im Zelt, doch durch den Vollmond war es fast taghell. Martin steuerte auf die beiden Latrinenzelte ein Stück abseits ihres Lagers zu. Die schmalen und hohen Zelte standen über einer etwa einen Meter tiefen Grube. Drinnen fand sich ein ganzer Stapel mit Toilettenpapierrollen. Nach einer halben Minute in der Hocke wurde ihm klar, dass er eigentlich gar nicht musste. Allein so dazusitzen, verursachte ihm Schwindel, seine Beine zitterten, und er musste abermals tief und ruhig atmen, bis der Anfall vorüberging.

Wieder im Freien konzentrierte er sich auf den klaren Nachthimmel und richtete seine Aufmerksamkeit auf den Mond. Die helle Scheibe stand kurz davor, vom Schatten der Erde bedeckt zu werden, ein äußerst seltenes Ereignis. Martins Blick war so sehr auf das Phänomen fokussiert, dass er leicht ins Schwanken geriet. Er wollte die anderen wecken, das durften sie sich auf keinen Fall entgehen lassen. Ein Auge noch immer auf den Mond geheftet und das andere auf den dunklen Boden, bahnte er sich stolpernd einen Weg zwischen mittelgroßen Felsen hindurch.

»Mark!«, flüsterte er laut, kroch ins Vorzelt und öffnete den Reißverschluss zur Schlafkabine. Erst nach mehreren Versuchen registrierte er, dass sich der Schlafsack bewegte. »Du musst rauskommen, Mark! Es gibt eine Mondfinsternis!«

»Glaub ich nicht«, murmelte Mark schlaftrunken und drehte sich auf die Seite.

Martin seufzte. Er suchte in den großen Reisetaschen nach seiner Kamera, bis ihm einfiel, dass er sie mit in den Schlafsack genommen hatte. Genervt zog er seine Schuhe aus und krabbelte ins Zelt. Dort beschloss er zu bleiben und nicht mehr an die Mondfinsternis zu denken, er hatte sie schließlich erlebt, und nur das zählte. Die restliche Nacht war eine Fortsetzung des Albtraums, den er bereits kannte. Jedes Mal, wenn er einschlief, hatte er das Gefühl zu ersticken, und er wachte schwer keuchend auf. Also unternahm er alles, um sich wach zu halten. Eine Weile gelang es ihm, mit der eingeschalteten Stirnlampe zu lesen, doch dann nickte er wieder ein. Mit demselben Ergebnis wie zuvor.

Irgendwann musste er trotzdem in den Schlaf gefallen sein, denn als er das nächste Mal aufwachte, saß Mark aufrecht neben ihm und nahm zwei Tassen Tee und Kekse entgegen, die ihm die Küchenjungen durch die Zeltöffnung reichten.

Martin stellte seinen Tee und den Keks neben sich ab und legte sich wieder hin.

Erst als Mark aus dem Zelt kroch und ihm ein »Frühstück!« über die Schulter zuraunte, schaffte er es, sich hochzustemmen, um einen Schluck zu trinken. Er schlüpfte in seine Kleidung und stapfte mit steifen und schmerzenden Gliedern nach draußen. Der nächtliche Sternenhimmel war niedrig stehenden Wolken gewichen, und ein beißender Wind zerrte an den Zelten.

Rund um den Esstisch ging es bei Weitem nicht so lebhaft zu wie am Vortag. Martin reichte die Schüssel mit dem klebrigen Haferbrei weiter und nahm sich stattdessen ein paar kalte Spiegeleier. Als er mühsam an einem Ei und einem zähen Stück Toastbrot kaute, fiel es ihm wieder ein. »Heute Nacht gab es eine Mondfinsternis«, berichtete er begeistert. »Es war magisch.«

»Das hast du geträumt«, sagte Mark abtuend.

Manuela und Sir Richard schüttelten die Köpfe, während Celine ihre Augenbrauen in die Höhe zog.

»Ich war draußen, wirklich ein fantastischer Anblick.«

»Unmöglich«, widersprach Sir Richard vom anderen Ende des Tischs. »Zu einer Mondfinsternis kommt es im Durchschnitt nur einmal pro Jahr, dieses Jahr überhaupt nicht. Wahrscheinlich hat der Sauerstoffmangel dir einen Streich gespielt. Du solltest es heute lieber ruhig angehen lassen. Was im Übrigen für euch alle gilt, wir haben gestern achthundert Höhenmeter überwunden.«

Alle lachten.

»Es war eine Mondfinsternis, verdammt.« Martin ließ sein Frühstück halb aufgegessen auf dem Teller liegen und verzog sich nach draußen zwischen die Zelte. Unruhig wippte er auf den Zehenspitzen auf und ab, als Dawa ihm entgegenkam. Er streckte seine Hand aus und brachte den Sherpa zum Stehenbleiben. »Haben deine Leute oder du die Mondfinsternis heute Nacht gesehen?«

Dawa überlegte. »Unsere Sherpas sind schon seit einer Woche hier.«

Martin versuchte, seine Veränderung über Dawas ausweichende Antwort herunterzuschlucken. »Müssen sich die Sherpas auch akklimatisieren, oder reicht es, dass ihr in dieser Höhe geboren werdet?«, fragte er stattdessen.

»Wir sind mit einer Gabe der Götter ausgestattet. Die Berge sind unser Zuhause.«

Zwar war auch das nicht die Art von Antwort, die Martin sich erhofft hatte, aber er bohrte nicht weiter nach. Wenn es einen Gott gab, dann am liebsten einen, der über diese Berge herrschte.

Ein Handy klingelte, und instinktiv tastete Martin die Taschen seiner Jacke ab, doch sein Telefon war es nicht. In dem Moment zückte Dawa sein Telefon und nahm ein Gespräch an. Martin sah ihn erstaunt an, gab es hier tatsächlich Empfang, im Schatten des Everest? Sein eigenes Telefon hatte er seit Tingri nicht mehr benutzt. Als er es einschaltete, trudelten mehr als dreißig Nachrichten ein, und er überflog sie rasch. Mendler und seine Kollegen wünschten ihm viel Erfolg, er löschte die Nachricht direkt. Ein Journalist aus Norwegen bat ihn, sich zu melden, um sich zu dem Gerücht zu äußern, er befinde sich auf dem Weg zum Everest.

»Scheiße, nein, auf keinen Fall«, murmelte er vor sich hin.

»Stimmt etwas nicht?«, erkundigte sich Dawa, nachdem er sein Telefonat beendet hatte.

»Nein, nein, alles in Ordnung«, sagte Martin.

Er scrollte weiter durch die ungelesenen Nachrichten. Die letzte stammte von seinem Vater, der offensichtlich davon ausging, dass es im Himalaya eine Mobilfunkverbindung gab. »Enttäusch uns nicht«, war alles, was er schrieb. Dieser verfluchte Sack. Martin musste es laut ausgesprochen haben, denn Dawa sah ihn erneut fragend an.

»Eine Nachricht von meinem Vater«, erklärte Martin. »Anscheinend glaubt er, ich wäre seinetwegen hier.«

Dawa verschränkte die Arme vor der Brust und betrachtete ihn. »Familie ist wichtig.«

»Ich verstehe nicht, wie es hier Empfang geben kann«, sagte Martin und seufzte.

Der Sherpa drehte sich zur Seite und deutete auf das Lager mit der großen chinesischen Flagge. Dahinter parkte ein gepanzertes Fahrzeug in Militärfarben, das mit langen Antennen ausgestattet war.

»Ist das ein Militärlager?« Dawa nickte. »Was machen die hier?«

»Sie behalten uns im Auge.«

»Das hier ist der höchste Geröllhaufen der Welt.« Sir Richard deutete auf den Bergrücken nördlich des Base Camps. »Er reicht bis auf über sechstausend Meter, und ihr steigt ihn so weit hinauf, wie ihr schafft.«

Martin putzte seine Sonnenbrille, während er die Route in Augenschein nahm. Steil, aber machbar, nach allem, was er sehen konnte.

»Du findest es also immer noch albern, am Berg Stöcke zu benutzen?«, fragte Celine.

»In Norwegen machen das nur die wenigsten.«

»Probier es.«

Sie reichte ihm ein Paar. Als sie mit dem Aufstieg begannen, entdeckte Martin schnell die Vorteile darin, dass die Stöcke justierbar waren. Wenn sie das steile Gelände im Zickzackkurs erklommen, konnte er immer einen langen und einen kurzen Stock nutzen. Er lächelte in sich hinein.

Wie so oft ging Celine voran, und Mark folgte als Nächster. Martin versuchte gar nicht erst, mit ihnen mitzuhalten. Für ihn bedeutete jeder Schritt eine ziemliche Anstrengung. Nach und nach würde sich sein Körper jedoch an die Höhe von über fünftausend Metern gewöhnen, sodass er sich schon bald wieder annähernd normal bewegen könnte. Allerdings nur annähernd, denn auf einer Höhe von 5500 Metern erhielt der menschliche Körper nur noch die Hälfte der Sauerstoffmenge wie auf Meeresniveau.

Er hielt an, als er Dawa erreichte, der die Everest-Nordwand durch sein Fernglas beobachtete.

»Lawinengefahr«, sagte der Sherpa, ohne ihn anzusehen.

»Wie kannst du das von hier aus erkennen?«

Dawa senkte das Fernglas und sprach weiter in Richtung des Bergs. »Ich war schon oft dort.«

»Sieht es schlimm aus?«

Doch Dawa zuckte nur mit den Schultern.

Bei ihrem nächsten Halt zeigte der Höhenmesser 5380 Meter an. Der mächtige Westgrat des Everest, den bisher nur wenige bestiegen hatten, lag direkt vor ihnen.

Mark hatte sich ein Stück abseits wie ein Sack Mehl fallen lassen, ausnahmsweise hielt er den Mund. Mit gequälter Miene beugte er sich plötzlich zur Seite, und Würgelaute drangen durch die Stille. »Scheiße«, schimpfte er leise, als er fertig war.

»Hoffentlich hat es sich gelohnt«, meinte Martin.

»Es ist wichtig, ganz vorne zu sein, der Erste zu sein«, stöhnte Mark.

»Nicht auf einer Akklimatisierungsrunde.«

»Immer.«

»Das, was dort drüben passiert, ist das Einzige, was zählt«, erwiderte Martin und deutete mit dem Kopf auf den Everest.

Mark übergab sich erneut. Der Geruch bereitete Martin Übelkeit, und er setzte sich weiter weg. Dann schloss er die Augen und ruhte sich aus, höher wollte er nicht gehen.

Er musste eingenickt sein, denn als Celine leicht gegen seinen Fuß trat, waren sie allein zwischen den Felsen. »Oder hattest du etwa vor, hier zu übernachten?«

Martin rappelte sich auf, ihm war ein wenig schwindelig. Als sie den Pfad erreichten, entdeckte er die anderen weit unten im Geröllfeld. Er machte einen großen Schritt, kam aber sofort in Atemnot. »Hast du viel für die Expedition trainiert?«, fragte er.

»Ich bin jeden Tag mit meinen Kunden im Gebirge unterwegs.«

»Im letzten halben Jahr habe ich vierzig Stunden die Woche trainiert. Und ich habe nicht gerade bei null angefangen. Aber im Großen und Ganzen habe ich jetzt zwölf Tage nur herumgelegen oder gesessen, und wenn wir uns bewegen, muss es so langsam wie möglich sein. So geht es noch die nächsten fünf, sechs Wochen. Ich bin gespannt, wie es um meine körperliche Form steht, wenn wir uns auf den Gipfel wagen wollen.«

»Das wird sich zeigen«, sagte Celine.

Zurück im Zelt fand er Mark in Embryonalstellung auf seinem Schlafsack liegend. Er riss ein Päckchen Kekse auf, das auf dem Boden lag, und bot Mark einen an. Der schüttelte jedoch nur schwach den Kopf.

»Eigentlich sollte es dir besser gehen, nachdem du siebenhundert Höhenmeter abgestiegen bist«, sagte Martin.

Mark drehte sich auf den Rücken. »Ja, es hilft schon. Stell dir mal vor, man könnte den Everest auf Skiern nach unten fahren. Das wäre einfacher und sicherer.«

»Das haben schon andere ausprobiert, mit recht unterschiedlichem Ausgang.«

»Bist du ein guter Skifahrer? Immerhin bist du ein Wikinger.«

»Nein, wirklich *gut* bin ich nicht darin.«

»Und ich dachte, ihr Wikinger wärt allesamt Skispezialisten.«

»Ich schlage mich recht wacker.«

»Hab ich's doch gewusst.«

Martin schloss die Augen. Er dachte zurück an sein Jurastudium, als an einem Frühlingstag zwei Kommilitonen, die er kaum kannte, in der Mensa auf ihn zugekommen waren.

Sie wussten, dass er viel Ski lief, und fragten, ob er sich vorstellen könne, einen Monat später gemeinsam mit ihnen Grönland zu durchqueren. Ihr dritter Mann war ausgefallen, da er sich den Arm gebrochen hatte. Noch heute konnte Martin nicht erklären, wieso er zu diesem Unterfangen Ja gesagt hatte. Eine Grönlanddurchquerung war nie sein Traum gewesen, obwohl er sich rein körperlich dazu in der Lage gefühlt hatte.

Beim obligatorischen wöchentlichen Sonntagsessen zu Hause in Tåsen hatte er, nicht ohne eine gewisse Anspannung und Erwartung, die Neuigkeit verkündet. Seine Mutter war hysterisch geworden, genau wie er es erwartet hatte. Sie arbeitete als Juristin fürs Universitätsklinikum, eine ideale Stelle für jemanden, der immer vom Allerschlimmsten ausging. Martins Vater kaute in aller Ruhe weiter auf dem Sonntagskotelett, bis seine Mutter ihren Ausbruch beendet hatte. »Martin, das ist nichts für dich«, sagte er nur.

Die erste Begegnung mit Grönland war ein Schock, auf den er mental nicht vorbereitet gewesen war. Aber schon nach einigen Tagen merkte er, dass es ihm tatsächlich gefiel. Das Leben im Zelt, die Routinen, die Anstrengung, die Kälte, die Stille, die unendliche Weite. Alles fühlte sich nach Abenteuer an. Außerdem fiel ihm bald auf, dass er besser in Form war als seine beiden Mitstreiter. Selbst einer der gefürchteten grönländischen Stürme, ein *piteraq*, der sie achtundvierzig Stunden lang in ihrem Zelt gefangen hielt, brachte ihn nicht aus der Fassung. Genau dieses Leben wollte er führen. Vier Monate später durchquerte er Grönland erneut, diesmal allerdings allein. Weil es eigentlich illegal war, musste er heimlich losziehen, dafür entdeckte er die große Freude, die es bedeutete, der *Erste* zu sein.

Der Rest war Geschichte. Er legte das Jura-Examen ab, arbeitete aber nie als Anwalt und würde wohl auch keinen Job in dieser Richtung mehr bekommen. Wahrscheinlich dachte sein Vater, er habe sein Leben verschwendet. Nur ein einziges Mal in all den Jahren hatte sein Vater etwas Lobendes von sich gegeben. Dafür hatte Martin zum zweiten Mal zum *Explorer of the Year* gekürt werden müssen.

Jetzt war er berühmt, jetzt durfte er sie »nicht enttäuschen«. Was für eine Doppelmoral.

Die Kekspackung krampfhaft umklammert schlief er auf der Seite liegend ein.

Ein brüllender Ochse, der direkt neben ihrem Zelt stehen musste, ließ ihn aus dem Schlaf hochschrecken. Er setzte sich im Schlafsack auf. Von draußen drangen lautes Stimmengewirr und der Lärm von muhenden Tieren herein. Martin streckte seine Beine ins Vorzelt, zog die Wanderschuhe und eine Fleecejacke an und stieg aus dem Zelt. Es dämmerte, und zwischen den Zelten drängten sich unzählige Yaks. Auch wenn sie noch nicht lange im Lager waren, musste Martin schon aufpassen, nicht in einen der saftigen Fladen zu treten. Auch Sir Richard und Dawa waren schon auf den Beinen, der Sherpa erteilte gerade einer größeren Gruppe Tibeter Anweisungen, von denen Martin annahm, dass es sich um die Besitzer der Tiere handelte.

Sir Richard kam auf ihn zu. »Wir verlegen die Ausrüstung nach oben ins Zwischenlager und dann weiter ins Advanced Base Camp«, erklärte er und deutete auf die Tiere. »Es sieht aus, als würde Napoleons Heer die Alpen überqueren.«

Sir Richard lachte herzhaft. »Man hat mir weisgemacht, es seien einhundertvierzehn Yaks. Jedenfalls ist das die Anzahl, für die sie bezahlt werden wollen. Da schwindet es dahin, unser Bargeld.«

»Haben wir denn keine Träger?«

»Es ist es ein weiter Weg bis ins Advanced Base Camp. Es liegt auf 6400 Metern. Außerdem ist es schlicht und ergreifend zu viel Material«, entgegnete der Brite mit ernster Miene. »Wenn du dich fragst, was die Yaks alles transportieren sollen, verrate ich dir gern, dass wir auf dieser Expedition fast sechzig Zelte dabeihaben.«

»Ich habe Grönland auf Skiern durchquert, mit nicht mehr als vierzehn Kilogramm Gepäck auf einem Schlitten. Inklusive Essen, Zelt, Schlafsack und Isomatte.«

»Willkommen im Himalaya. Das ist eine reine Logistikaufgabe. In jedem Lager brauchen wir Zelte für fünf Bergsteiger und ebenso viele Sherpas, plus Küchenpersonal. Insgesamt gibt es sechs Lagerplätze: das Base Camp, das Zwischenlager, das Advanced Base Camp und am Berg selbst die Camps 1, 2 und 3.«

»Wenigstens die Schlafsäcke könnten wir doch selbst mitnehmen.«

»Du hast keine Ahnung, wovon du sprichst, solange du es nicht selbst versucht hast. Da wir mehrmals zwischen den einzelnen Lagern wechseln werden und wir uns vielleicht nicht alle zur selben Zeit am selben Ort aufhalten, können wir die Zelte nicht jedes Mal auf- und abbauen und mitschleppen. Schlafsäcke und Isomatten genauso wenig. Allein für dich haben wir fünf Schlafsäcke. Da denke ich noch nicht mal an all die Lebensmittel für zwei Monate, Gas, Küchenausrüstung, Tische und Stühle für die niedrigeren Camps, mehrere Kilometer Seil und ein Dutzend Sauerstoffflaschen. Deshalb ist es so kostspielig, eine solche Tour zu organisieren.«

Inzwischen waren auch zwei Chinesen in ihr Lager gekommen, und als einer von ihnen Sir Richard zu sich winkte, stellte sich Dawa zu Martin.

»Wie ich sehe, haben die Chinesen auch den Yak-Verkehr übernommen«, sagte Martin.

»Sie kontrollieren alles, was Geld einbringt.«

»Was hältst du davon, dass die Yaks den Sherpas ihren Lebensunterhalt streitig machen?«, witzelte Martin, doch als er Dawas Gesichtsausdruck bemerkte, bereute er seinen Kommentar.

»Unser Volk hat schon vor Langem damit aufgehört, als menschliche Lasttiere zu arbeiten. Wir sind Bergsteiger. Wenn wir Expeditionen für Kunden aus dem Westen organisieren, heuern wir normalerweise Träger aus dem Flachland in Nepal an. Aber hier in Tibet bekommen wir nicht genug Leute.«

»Wie viele Sherpas haben den Everest schon bestiegen?«

Dawa starrte ins Leere. »Hunderte. Wir sind ein kleines Volk, nur ein paar Zehntausend, und wir stammen aus Gegenden ohne Straßen, ohne Elektrizität. Wir wurden zum Bergsteigen geboren.«

»Aber viele Sherpas verlieren ihr Leben auf Expeditionen«, merkte Martin an. »Mehr als die Hälfte aller, die am Everest umgekommen sind, sind Sherpas.«

»Jeder kennt jemanden, der dort gestorben ist.« Damit machte Dawa abrupt auf dem Absatz kehrt und ging davon. Martin sah ihm nach, bis er im Küchenzelt verschwand, er selbst machte sich auf den Weg ins Speisezelt.

Von den anderen war noch keiner aufgestanden, aber der große Tisch war bereits reich gedeckt. Es gab alles, was das Herz begehrte, Tee, Kaffee, Schokolade, eine riesige Auswahl an Fertiggerichten, Chips, Nüsse, Kekse und getrocknetes Rentierfleisch, das Martin mitgebracht hatte. Falls ihnen etwas ausging, mussten sie lediglich eine der gewaltigen blauen Plastiktonnen entlang der Wand öffnen. In einer befand sich nichts anderes als Schweizer Schokolade, eine andere war mit Erdnüssen gefüllt. Zwischen all den Schüsseln, Kisten, Tassen und Kannen lagen Bücher, Kreuzworträtselhefte in verschiedenen Sprachen, Sudokublöcke, ein Schachbrett und mehrere Kartenspiele. Es war ein Ort zum Zeittotschlagen.

Die Sonne knallte bereits auf das Zelt, als die anderen eintraten. Sir Richard wirkte blass und geschwächt, er ließ sich träge auf einem der Plastikstühle nieder. »Heute geht es an die Bergflanke auf der gegenüberliegenden Seite«, kündigte er an, nachdem er sich eine Tasse Tee eingeschenkt hatte.

»Vergiss es«, antworteten Mark und Manuela im Chor.

»Mir ist das gleich, ich habe ohnehin keine Lust, das Kindermädchen zu spielen. Außerdem seid ihr nicht meinetwegen hier«, gab Sir Richard zurück.

»Oh, da bin ich mir nicht so sicher«, meinte Mark.

»Immer mit der Ruhe«, beschwichtigte Martin die Gemüter. »Wir tun, was du sagst. Gönn uns vorher nur eine kleine Pause zum Verdauen.« Er hielt einen Kartenstapel in die Höhe. »*Anyone for Bridge*?«

Bis auf Sir Richard schüttelten alle die Köpfe.

»Dann eben ein einfacheres Spiel«, schlug Martin vor.

»Gebildete Menschen sollten Bridge eigentlich beherrschen.« Sir Richard klang ein wenig enttäuscht.

Stattdessen spielten sie eine Partie Whist, die alle todernst nahmen, sehr zu Martins Freude. »Wer von euch ein Einzelkind ist oder zumindest das älteste Kind, hebt kurz die Hand«, sagte Martin in die Runde.

Verdattert schauten die anderen ihn an.

»Älteste«, meldete sich Manuela als Erste.

»Ich auch«, sagte Celine und hob ebenfalls die Hand.

Auch Sir Richard nickte zustimmend.

»Bin der Erstgeborene.« Mark grinste.

»Fehlst nur noch du«, wandte Manuela sich an Martin.

»Einzelkind«, verkündete er, und alle lachten.

»Worauf willst du hinaus?«, fragte Sir Richard.

»Forscher glauben, dass Einzelkinder oder die ältesten Geschwister größere Chancen haben, erfolgreich zu sein. Wahrscheinlich weil sie in ihrer Kindheit mehr Aufmerksamkeit und Förderung erfahren. Außerdem neigen diese Menschen viel stärker zu Konkurrenzverhalten. Scheint auf uns jedenfalls zuzutreffen.«

»Hört sich an, als hätten sich das unsere amerikanischen Freunde ausgedacht, sie forschen ja an allerhand Unsinn«, kommentierte Sir Richard Martins Ausführung spöttisch.

»Hey, Rickie! Gib nicht uns die Schuld für deinen ganzen Frust. Ich finde, die Theorie klingt ziemlich plausibel.«

Martin lehnte sich zurück. In diesem Moment betrat Dawa das Gemeinschafts- und Speisezelt und setzte sich auf einen der Jutesäcke mit Essen, die entlang der Zeltwand aufgestapelt lagen. Er beobachtete die Gruppe mit ausdrucksloser Miene, ehe er sich räusperte und alle sich zu ihm umdrehten. »Am Eisbruch auf der Südseite ist vor wenigen Stunden eine Lawine abgegangen, direkt über dem dortigen Basislager. Eine Gruppe, die Material von dort nach oben ins Lager 1 der Südroute transportierte, wurde von einem Eisblock getroffen. Drei Sherpas sind tot.«

»Waren Leute aus deinem Dorf dabei?«, fragte Sir Richard, der unvermittelt vom Stuhl aufgestanden war und sich nun an der Lehne abstützen musste.

Dawa nickte. Dann verließ er die Gruppe, ohne noch etwas zu sagen, und die Stille hing schwer in der Luft.

»Dawa kommt aus einem Dorf, das mehrere Tagesmärsche von der nächsten Straße entfernt liegt«, erklärte Sir Richard. »Dort leben nur vierhundertfünfzig Menschen, aber fünfzig von ihnen waren bereits auf dem Gipfel des Everest. Sie sind gefragte Guides für Expeditionen im gesamten Himalaya-Gebiet, das heißt, wenn ein Unglück geschieht, sind sie immer gefährlich nah dran.«

Martin fühlte sich unwohl, er wechselte einen Blick mit Celine. Zuletzt hielt er es nicht mehr aus stillzusitzen. »Ich schaue auf Explorers Web nach, ob sie die Namen der toten

Sherpas veröffentlicht haben«, sagte er und setzte sich an den Computer.

»Sinnlos«, kommentierte Mark. »Die heißen doch eh alle gleich.«

Martin überhörte die Bemerkung und versuchte, den Computer zum Laufen zu bringen, was ihm trotz wiederholten Drückens auf den Startknopf nicht gelingen wollte. Dann verstand er, wo das Problem lag. »Wo ist denn das Stromkabel für den PC?«, fragte er.

Ratlos breitete Sir Richard die Arme aus. »Du wirst es suchen müssen.«

Eine halbe Stunde später hatten Martin und Mark das gesamte Zelt auf den Kopf gestellt und sämtliche Kisten durchsucht, die im Freien standen. Sie hatten nur ein einziges Kabel gefunden, und das passte nicht.

»Ist das dein Ernst, Rickie?! Du hast es nicht mal hinbekommen, das richtige Stromkabel mitzunehmen?« Mark klang beinahe cholerisch. »Das heißt, wir haben in den nächsten zwei Monaten keine Kommunikationsmöglichkeit.«

Sir Richards Blick flackerte nervös umher, und er kratzte sich am Kinn.

»Wir können uns sicher ein Kabel von einer der anderen Expeditionen leihen«, schlug Manuela vor, und Celine meinte nur, dass es Expeditionen auch vor Erfindung des Internets auf den Gipfel geschafft hätten.

»Und wie sollen wir bitte schön den täglichen Wetterbericht erfahren? Davon sind wir nämlich abhängig. Kannst du mir das erklären, Rickie?«, fragte Mark.

Der Expeditionsleiter schaute sie reihum an. »Wir haben ein Satellitentelefon. Damit können wir die nötigen Informationen einholen.«

»Außerdem haben wir unsere eigene Meteorologin im Team«, erinnerte Martin die anderen und deutete auf Manuela.

»Ich werde mit der Wetterstation sprechen«, sagte sie.

»Du bist doch bloß ein hübsches Gesicht fürs Fernsehen«, sagte Mark abschätzig und breitete frustriert die Arme aus.

In dieser Nacht schneite es stark, am nächsten Morgen lagen dreißig Zentimeter Neuschnee, und es fielen immer noch schwere, nasse Flocken vom Himmel, die fast handtellergroß waren.

Dawa stand vor seinem Zelt und unterhielt sich mit zwei Sherpas, als Martin sich auf den Weg zum Frühstück machte. Seit der kurzen Begrüßung am Nachmittag ihrer Ankunft hatte er die anderen Sherpas kaum zu Gesicht bekommen. *Eine Gelegenheit, sie ein wenig näher kennenzulernen*, dachte er und ging auf sie zu. Er wusste nicht einmal mehr, wie sie hießen. Als er näher kam, zogen die beiden sich jedoch zurück und ließen Dawa allein stehen.

»Mistwetter«, fluchte Martin.

»Gefährlich.«

»Schmilzt bestimmt wieder.«

»Hier unten schon, aber nicht auf dem Berg. Entweder wird der Schnee nach unten geweht, oder er kommt als Lawine ins Tal. Wir hoffen auf viel Wind.«

»Habt ihr über die aktuelle Gefahrenlage gesprochen?«, fragte Martin und bewegte seinen Kopf in Richtung der beiden Sherpas.

»Das tun alle.«

Am Frühstückstisch wartete Martin, bis sich die anderen eingefunden hatten. »Dawa meint, das Schneewetter erhöht das Risiko um ein Vielfaches«, sagte er.

»Der gefährlichste Berg der Welt wird also noch gefährlicher«, sagte Mark.

»Quatsch.« Sir Richard hob beschwichtigend die Hände. »Der Everest ist nicht der gefährlichste Berg der Welt.«

»Hör mal zu, du Adelsmann. Der Everest ist der Berg, an dem mit Abstand die meisten Menschen umkommen. Im Schnitt zehn bis zwölf Tote pro Saison, und das schon seit Jahrzehnten.«

»Falsch. Am Mont Blanc sterben die meisten Menschen«, berichtigte Celine. »Trotzdem hält ihn keiner für den gefährlichsten Berg der Welt.«

»Der K2 wird nicht ohne Grund ›*killer mountain*‹ genannt«, sagte Martin. »Nur wenige schaffen es nach oben, und noch weniger kommen lebend wieder herunter.«

»Exakt«, stimmte Celine zu. »Ich habe gelesen, der Nanga Parbat sei der schwierigste Achttausender. Im Verhältnis zur Anzahl derjenigen, die sich an einen Aufstieg wagen, kommen dort die meisten Kletterer ums Leben. Die relativen Zahlen sind doch die einzige Statistik, nach der man das bewerten kann.«

Martin erhob Einspruch. »Aber diese Todeszahlen schließen den Vorfall mit ein, bei dem Taliban im Basislager des Nanga Parbat aufgetaucht sind und elf Bergsteiger mit Nackenschüssen hingerichtet haben. Das war ein reiner Terrorakt und hatte mit dem Berg an sich gar nichts zu tun. So etwas ist genauso wahrscheinlich wie ein Erdbeben am Everest.«

Jetzt fielen sich alle gegenseitig ins Wort, bis Martin wieder für Ruhe sorgte, indem er beide Arme in die Luft streckte. »Es gibt eine Liste, auf der die vierzehn Achttausender der Welt nach Gefährlichkeit sortiert sind. Sie stützt sich auf die Anzahl der Todesfälle im Verhältnis zur Zahl derer, die es auf den Gipfel schaffen. Was denkt ihr, welcher Berg der gefährlichste ist?«

Es hagelte Antworten von allen Seiten, aber Martin schüttelte den Kopf. »Nein, nein, nein. Mit einer Todesrate von vierzig Prozent in Relation zu erfolgreichen Besteigungen ist die Annapurna der gefährlichste Berg der Welt. Danach kommen der Kangchendzönga und der K2. Der Everest rangiert im Mittelfeld, also können wir sagen, bei unserer Expedition besteht eine mittlere Lebensgefahr.«

»Mittlere Lebensgefahr, das ist gut«, schnaubte Manuela.

»Es ist natürlich leicht, sich auf Statistiken zu berufen, wenn man sie nicht überprüfen kann. Rickie, kannst du kein Stromkabel besorgen, damit wir wieder Zugang zum Internet haben? Wie schwer kann das sein? Trotz allem hat jeder von uns ein Vermögen für diese Tour gezahlt«, meckerte Mark.

»Beruhige dich«, erwiderte Sir Richard und ließ sein Frühstück so gut wie unangetastet stehen.

»Wieso streiten wir uns eigentlich darüber, was am gefährlichsten ist? Das ist doch sinnlos«, sagte Manuela.

»Für ein Fernsehpüppchen ist es vielleicht recht nützlich, daran erinnert zu werden, dass es dort oben tatsächlich lebensgefährlich ist«, meinte Mark.

Manuela drehte sich genervt weg, und auch Martin klinkte sich aus und widmete sich stattdessen einem Sudoku-Rätsel. Obwohl sie gerade erst gefrühstückt hatten, griff er die ganze Zeit weiter zu und gönnte sich zweihundert Gramm von der Schweizer Milchschokolade, eine große Packung Kekse und eine halbe Dose Cashewkerne. Als später das Mittagessen serviert wurde, war ihm übel. Er ertrug den Anblick der Fleischstücke auf klebrigem Reis nicht und ging nach draußen. Es fiel noch immer dichter Schnee, und Martin sah sich ratlos um. Sich mit aufgeblähtem Bauch ins Zelt zu legen, war kein verlockender Gedanke, also beschloss er, dem Lager der benachbarten Expedition einen Besuch abzustatten. Ihre Zelte waren im Schneetreiben noch gerade so zu erahnen. Martin stellte die Kapuze hoch, um sich vor dem Wind zu schützen, der den Rongbuk-Gletscher hinabwehte. Auf halbem Weg kam ihm Sir Richard entgegen.

»Man könnte glatt denken, der Monsun hätte schon eingesetzt«, sagte Martin zu ihm.

Sir Richard hob den Blick in Richtung der riesigen Schneeflocken und schüttelte den Kopf. »Ich komme gerade von einem Treffen mit den anderen Expeditionsleitern. Es gab nur Streit. Das Wetter macht es auch nicht besser.«

»Worüber kann man sich hier denn streiten?«

»Um Prestige und Geld. Irgendjemand muss die lästige Aufgabe übernehmen, die Fixseile vom vorgeschobenen Basislager bis hoch zum Gipfel zu legen, das muss jedes Jahr neu gemacht werden. Wir reden von viereinhalb Kilometern Seil, die mehr als eine Tonne wiegen, wenn man die Verankerungen mitzählt. Ab achttausend Meter und höher ist das der reinste Knochenjob.«

»Aber haben wir dafür nicht die Sherpas?«, meinte Martin.

Sir Richard kam in Wallung. »Natürlich ist das ein Job für die Sherpas, aber kein Expeditionsleiter will seine besten Männer dafür einsetzen. Wer die Seile bis an den Gipfel legt, hat seinen Teil für die Saison geleistet, für die weitere Expedition ist man dann nicht mehr zu gebrauchen. Niemand steigt in so kurzer Zeit zwei Mal auf den Gipfel des Everest, nicht einmal ein Sherpa.«

Langsam wurde Martin klar, worin das Problem bestand. Wobei seine Meinung dazu eindeutig war. »Mir ist es lieber, wenn es die Besten sind, die die Sicherungen befestigen, von denen wir abhängig sind.«

»Ganz genau«, sagte Sir Richard und stach einen Zeigefinger gegen Martins Brust. »Alle wollen eine sichere Route haben, aber niemand will etwas dazu beitragen. Also riskieren wir, dass sich Leute darum kümmern, die unqualifiziert sind. Wenn sechs Mann an ein und derselben Sicherung hängen, sollte die eben nicht in lockerem Schnee sitzen. Verdammte Amateure.« Er unterstrich seinen letzten Punkt, indem er die Kapuze so festzurrte, dass sie das gesamte Gesicht bedeckte. Dann wandte er sich ab und ging davon.

Martin kniete im Vorzelt und schaute nach draußen. Kopfschüttelnd kroch er zurück in den Schlafsack und seufzte tief.

»Ich gehe davon aus, dass es immer noch schneit?«, fragte Mark aus seinem Schlafsack.

»Den zweiten Tag in Folge.«

»Ist jemand draußen?«

»Die haben alle aufgegeben, glaube ich.«

Mark öffnete den Reißverschluss und setzte sich auf. »Ich liege seit vierzehn Stunden hier rum, jetzt muss bald mal irgendwas passieren.«

Gemeinsam gingen sie ins Freie und maßen die Schneetiefe, die bereits annähernd bei einem Meter fünfzig lag. Rund um ihr Zelt war der Schnee beiseite geräumt, und die aufgetürmten Massen überragten die Zeltspitze.

»Wer war das?«, fragte Mark und zeigte auf die Schneehaufen.

»Ich habe mich um unser Zelt gekümmert, die Sherpas um die anderen. Ansonsten wären die Zeltstangen unter der Last des nassen Schnees eingeknickt wie Streichhölzer.«

»Während ich geschlafen habe?«

»Du bekommst sicher auch noch die Gelegenheit, Schnee zu schippen. Es schneit ununterbrochen.«

Die Sherpas hatten einen schmalen Fußpfad zum Speisezelt freigeräumt, in dem Sir Richard wie eine einsame Majestät thronte.

»Wie lange soll das Wetter so bleiben?«, fragte Mark, als er das Zelt betrat.

Sir Richard breitete die Arme aus und zuckte mit den Schultern.

»Hätten wir Zugriff auf die Wettervorhersagen, hätten wir es gewusst«, sagte Mark anklagend.

»Dieses Wetter war nicht angekündigt.«

»Natürlich war es das. Und wir sind wahrscheinlich die einzige Expedition der Neuzeit, die ohne Internetzugang auskommen muss.« Mark nahm den Laptop vom Tisch und hielt ihn in die Luft. »Ich besorge uns jetzt Strom.«

»Du wirst Skier brauchen«, sagte Martin.

Mark brummte etwas Unverständliches, ehe er sich den Laptop unter die Jacke stopfte und nach draußen in die Kälte verschwand.

Als Mark zurückkam, war er schweißgebadet. Mit einem Knallen pfefferte er den Laptop auf den Tisch, was Sir Richard unwillkürlich zusammenfahren ließ. »Scheißteil!«, schimpfte er. »Keiner hat ein Kabel, das zu diesem Modell passt. Sie haben mir geraten, ein neues Kabel aus Kathmandu zu ordern. Hätten wir Internetempfang, wäre das kein Problem.«

»Wie hast du es zu den anderen geschafft?«, fragte Sir Richard.

»Ich habe ein wenig Einsatz für die Sache gezeigt, das solltest du dir merken. Und das hier habe ich auch bekommen.« Mark legte ein Blatt Papier auf den Tisch. »Ein Ausdruck der täglichen Wettervorhersagen, die die französische Expedition erhält.«

»Meteo«, murmelte Sir Richard. »Dieselbe Schweizer Firma, mit der wir einen Vertrag haben.«

»Nett, dass du das erwähnst«, erwiderte Mark. Dann deutete er auf ein Säulendiagramm, das sich auf die gesamte kommende Woche bezog. Die Höhe der Säulen gab die Niederschlagsmenge an. »Wie ihr hier seht, ist für die nächsten Tage Schnee vorausgesagt.«

»Ich möchte daran erinnern, dass hier eine waschechte Meteorologin sitzt«, sagte Martin und schob den Ausdruck zu Manuela hinüber, die das Papier eine Weile studierte.

»Er hat recht. Das sieht nicht besonders gut aus.«

»Was heißt das genau?«, fragte Martin.

»Das kann ich nicht sagen, weil ich nicht weiß, nach welchen Kriterien sie arbeiten. Konzentrieren sie sich auf die schlimmsten möglichen Szenarien? Sind sie eher optimistisch? Es wäre einfacher zu beurteilen, wenn ich mit ihnen sprechen hätte können.«

»Wie können die Leute von Meteo eigentlich von der Schweiz aus eine Wettermeldung für einen bestimmten Punkt im Himalaya für so viele Tage im Voraus abgeben?«, wunderte sich Martin.

»Rechenleistung«, sagte Mark.

»Das können sie nicht«, entgegnete Manuela.

»Das können sie nicht«, äffte Mark sie nach.

Manuela verdrehte die Augen. »Sie können das Wetter für hier nicht besonders genau vorhersagen, lediglich große Bewegungen und langfristige Tendenzen erkennen, sodass wir in der Lage sind, mögliche Katastrophen zu vermeiden«, erläuterte Manuela.

»Wochenlangen Schneefall in einer dafür unüblichen Zeit sollten sie aber vorhersagen können«, sagte Martin.

»Alle Meteorologen irren sich mal.«

»In diesem Fall packen wir besser zusammen und treten die Heimreise an«, sagte Sir Richard.

Rund um den Tisch wurde es mucksmäuschenstill.

»Nach Hause fahren?«, fragte Manuela. »Ist das dein Ernst? Das ist keine Alternative.«

»Genauso wenig ist es eine Alternative, sich nach einem solchen Schneefall hoch auf den Berg zu wagen. Der Grund, warum niemand zwischen Juni und September auf den Everest steigt, ist der viele Schnee, den der Monsun auf den Hängen ablädt. Die Lawinengefahr ist extrem, genauer gesagt, sie liegt bei einhundert Prozent, Lawinen sind garantiert.«

»Eine Expedition, die es nicht weiter als bis ins Base Camp geschafft hat. Mit dem Auto. Ein verdammter historischer Tiefpunkt, wenn ihr mich fragt«, meinte Mark.

Martin machte sich mit dem Gefühl der Enttäuschung vertraut, dass das ganze Vorhaben ein Fiasko werden könnte. Gleichzeitig kämpfte diese Enttäuschung gegen eine Erleichterung an, die er nicht wahrhaben wollte und zu verdrängen versuchte.

»Martin kann das Geld gleich an seinen Sponsor zurücküberweisen, aus der neuen Werbekampagne wird wohl nichts«, ätzte Mark weiter, doch Martin ging nicht darauf ein.

»Ich rede mit den Meteorologen aus der Schweiz«, sagte Manuela. »Vielleicht bringt das etwas mehr Klarheit.«

Einen nach dem anderen sah Sir Richard sie an. »Niemand muss hier irgendetwas tun. Das Einzige, was wir sicher wissen, ist, dass große Schneemengen Lawinen bedeuten. Ich opfere nicht das Leben der Sherpas, um irgendjemandes persönliche Ambitionen zu erfüllen.«

»Keiner von uns ist fähig, Lawinen besser einzuschätzen als ich«, behauptete Celine großspurig. »Immerhin verfüge ich über eine mehrjährige Ausbildung und eine noch längere Erfahrung. Wir treffen eine Entscheidung, wenn wir die Verhältnisse genau kennen.«

»Ich ahne einen weiteren Sponsor, der zufriedengestellt werden möchte«, mutmaßte Mark und blickte Celine in die Augen.

»Ich habe von meinen Fähigkeiten gesprochen«, erwiderte Celine, errötete aber leicht dabei, als ob sie sich ertappt fühlte.

»Dann liege ich also richtig«, sagte Mark. »Lass mich raten, wer könnte eine französische Bergziege sponsern? Möglicherweise ein Modeunternehmen, ohne die ganze Funktionskleidung bist du ja recht hübsch anzusehen. Ein Autohersteller wie bei unserem Martin ist es eher nicht, für einen französischen Wagen habe ich noch nie eine coole Werbung gesehen. Wein passt auch nicht, aber vielleicht Käse, also der Landesverband der Käseproduzenten?«

»Ich tippe auf die familieneigene Käserei«, sagte Martin und wandte sich zu Celine um. Er war froh über alles, das die Aufmerksamkeit weg von ihm lenkte.

»Meine Eltern stellen zwar den Mont-Blanc-Brie her, aber von ihnen würde ich nie auch nur einen einzigen Euro bekommen. Aus vielen Gründen.«

»Wer ist dann dein Geldgeber?«, bohrte Mark weiter nach.

Celines Wangen wurden noch röter. »Mein Freund«, antwortete sie.

»*Climbing for love*. Das ist ja noch besser. Entweder ist er reich oder sehr verschossen, im besten Fall beides. Hört sich fast an wie ein Antrag, nur dass du einen Berg bekommen hast und keinen Ring.«

Inzwischen war Celines Gesicht tiefrot.

»Warum ist er selbst nicht mitgekommen? Du hast ihn doch im Gebirge kennengelernt?«, fragte Manuela.

»Ja, er kann klettern.«

»Ein reicher Verlobter, der noch dazu klettern kann, sollte dich nicht allein herschicken«, meinte die Italienerin.

»Er ist Banker, er hat keine Zeit«, sagte Celine knapp.

»Das ist verständlich«, sagte Martin und wandte sich dann an Mark. »Allerdings ist mir nicht klar, wie du der Wall Street zwei Monate fernbleiben kannst, wo du doch zig Millionen Dollar im Jahr verdienst. Aber das geht uns ja nichts an.«

»Dafür gibt es eine einfache Erklärung. Ich wurde gefeuert«, antwortete Mark, und mit einem Mal interessierte sich keiner mehr für Celine. »Hab einen Kollegen in einem Nachtclub niedergeschlagen, weil er meine Freundin auf der Tanzfläche begrapscht hat. Unter ihrem Kleid.«

»Für so etwas wird man bei Goldman Sachs doch nicht rausgeworfen«, sagte Martin.

»Wenn das Opfer ein Seniorpartner ist und anschließend zwei Monate im Koma liegt, schon.« Mark fühlte sich sichtlich unwohl, während er sprach. »Vorläufig bin ich nur suspendiert, wie sie es nennen, also kann ich wieder zurückkommen. Jedenfalls vielleicht, aber dem inneren Kreis werde ich wohl nie angehören, so wie man es mir versprochen hat. Derart die Besinnung zu verlieren, kostet mich hundert Millionen Dollar pro Jahr.«

»Dann sorgen wir besser dafür, dich nicht zu provozieren«, meinte Celine. »Das klingt ja lebensgefährlich.«

Martin krabbelte ins Vorzelt, zog den Reißverschluss auf und blickte in einen wolkenfreien Himmel. »Manuela hatte recht. Sie können das Wetter für hier wirklich nicht genau vorhersagen«, sagte er zu sich selbst. Er zog seine Trekkinghose und die Fleecejacke an, stieg in die Wanderschuhe und trat ins Freie. Das gesamte Base Camp lag weiß und still im zauberhaften Morgenlicht. Noch war die Sonne nicht über die umliegenden Bergspitzen geklettert. Die kleinsten Zelte ragten gerade so aus den Schneemassen heraus.

Im Speisezelt fand er Sir Richard, der vor einem Stapel mit Papieren saß, die nach Buchführung aussahen.

»Was sagt dein Sponsor dazu?«, fragte der Brite mit einer ausschweifenden Handbewegung über das Lager.

»Höhere Gewalt, unglückliche Umstände«, antwortete Martin.

»Wenn wir unsere Zelte jetzt abbrechen, musst du nächstes Jahr zurückkommen.«

Nächstes Jahr habe ich keinen Sponsorenvertrag mehr, dachte Martin. Ausreden über historische Schneemassen würde man nicht akzeptieren.

»Unerfreuliche Zwischenfälle wie dieser können den Anfang des Niedergangs bedeuten, ich habe das schon oft erlebt«, fuhr Sir Richard fort. »Selbst eine lebende Legende wie Martin Moltzau ist anfällig für Katastrophen. Die meisten werden sich darüber amüsieren, dass es mit dir bergab geht.«

»Danke für die Umsicht. Für dich spielt es schließlich keine Rolle. Wir haben bezahlt, und das Geld bekommen wir nicht zurück.«

»Was lässt dich glauben, dass ich Katastrophen besser wegstecke als du? Wer wird nächstes Jahr schon mit einem Expeditionsleiter hierherfahren, der es nicht weiter als bis ins Base Camp geschafft hat? In ein paar Jahren bist du selbst ein Guide, dann wirst du es verstehen.«

Martin hatte den Mund bereits zum Protest geöffnet, schloss ihn aber wieder, als Mark ins Zelt trat. »Wie geht es jetzt weiter, Rickie? Das fragen wir uns übrigens alle.«

»Dieses Schneewetter ist verrückt. Wir schaffen es nirgendwohin, wenn so viel Schnee liegt.« Sir Richard lehnte sich auf dem Plastikstuhl zurück und verschränkte die Hände im Nacken. »Ich habe mich heute Morgen per Funk mit der Nachbarexpedition ausgetauscht, keiner ist bereit, den Weg bis ins vorgeschobene Basislager auf sich zu nehmen. Wir werden abwarten müssen.«

»Und wie lange?«

»Ich habe keinen Schimmer. Die ganze Sache ist vollkommen verrückt.«

Martin hielt es nicht aus, untätig im Zelt zu sitzen und Trübsal zu blasen, also ging er nach draußen. Inzwischen hatte die Sonne das Lager erreicht, und es war warm genug, um im T-Shirt herumzulaufen. Es schien, als sei der Schnee bereits ein wenig eingesunken, und Martin maß mit der Hüfte nach. Ungefähr zehn Zentimeter innerhalb der kurzen Zeit. Möglicherweise schmolz der Schnee schnell. Er kehrte zurück ins Speisezelt. Während seiner Abwesenheit hatte sich auch Manuela bei den anderen beiden eingefunden.

»Der Schnee wird in ein paar Tagen weg sein«, sagte er.

»Ich wusste gar nicht, dass Gott ein Norweger ist«, sagte Mark spöttisch.

»Wenn wir in Norwegen von etwas Ahnung haben, dann von Schnee«, erwiderte Martin.

»Alter Schwede, King Snow höchstpersönlich erweist uns die Ehre. Lasst uns hören, was Seine Majestät zu verkünden hat.« Mark stand auf und verbeugte sich theatralisch vor Martin.

Manuela sah von dem Buch auf, in dem sie las. »Setz dich wieder hin, du Clown. Martin hat natürlich recht. Die Verhältnisse liegen günstig, dass alles schnell wieder abschmilzt. Die Erde auf dem Boden ist nicht gefroren, und die Sonne scheint kräftig von oben. Morgen um diese Uhrzeit wird der meiste Schnee verschwunden sein.«

»Unmöglich«, sagte Sir Richard.

»Was für eine Bande«, murmelte Martin und begab sich wieder ins Freie, diesmal ohne Jacke. Er sah sich um, ihm blieben nur zwei Alternativen. Entweder ein Besuch beim Koch, oder er legte sich wieder ins Zelt. Alles andere schloss das Waten durch feuchten Neuschnee ein, und das stand gar nicht zur Debatte.

Manuela kam aus dem Speisezelt und warf ihm einen fragenden Blick zu.

»Statten wir der Küche einen Besuch ab«, schlug Martin vor und hielt ihr die Zeltöffnung auf.

Im Küchenzelt bereitete der Koch gerade das Frühstück zu: Spiegeleier, Toast und Haferbrei. Außerdem machte es den Anschein, als wolle er die Stimmung mit ein paar Pfannkuchen heben. Zwei Sherpas saßen ebenfalls im Zelt, sprangen aber auf und überließen den Gästen die beiden einzigen Plastikstühle. Sie raunten dem Koch etwas zu, dann verließen sie das Zelt.

»Englisch spricht er wohl nicht«, sagte Manuela und schaute zu Martin, der den Kopf schüttelte.

Sie sahen dem Mann bei der Arbeit zu. Selbst mit begrenzten Ressourcen ging er rasch zu Werke. Manuela kratzte sich an der Narbe an ihrer Schläfe.

»Juckt eine Narbe noch, die so alt ist?«, wollte Martin wissen.

»Phantomjucken.«

»Wie hast du sie bekommen?«

»Mein Vater hat mich mit einem Weinglas geschlagen.«

»Hoffentlich tut es ihm leid.«

»Er ist tot.« Manuela schnellte so abrupt auf, dass der Stuhl hintenüber kippte. Sie deutete auf die Narbe. »Ich habe sie bekommen, als er starb.« Dann verschwand sie aus dem Zelt.

»Morgen beginnt die richtige Expedition.« Sir Richards Gesicht bestand aus einem einzigen Grinsen, als er sich breitbeinig im Speisezelt aufbaute und die Hände in die Hüften stemmte. »Aufgrund der deutlich besseren Wetterlage werden wir zu unserem nächsten Ziel aufbrechen: das vorgeschobene Basislager, das Advanced Base Camp. Bis dorthin dauert es zwei Tage, wir werden ein bis zwei Tage bleiben und brauchen anschließend einen Tag für den Abstieg zurück hierher. Rechnet damit, dass wir fünf Tage unterwegs sind.« Zum Abschluss rieb er die Hände aneinander, drehte sich um und verließ das Zelt.

Mark streckte eine geballte Faust in die Luft.

»Ich glaube, sie haben vergessen, dass sie sich gestern noch über euch lustig gemacht haben«, flüsterte Celine Martin zu. Zwei Drittel des Schnees im Lager waren bereits geschmolzen.

Sir Richard streckte seinen Kopf erneut ins Zelt. »Falls ihr nicht wisst, womit ihr den Tag verbringen sollt: Die Lamas werden uns vor dem Mittagessen segnen. Plant genügend Zeit ein.«

Nach dem Frühstück setzte sich Martin an ein kompliziertes Kreuzworträtsel. Nun, da die Entscheidung über den Aufbruch gefallen war, zog sich der Tag noch langsamer und quälender dahin als zuvor. Er zwang sich dazu, die Dose mit den Erdnüssen auf dem Esstisch zur Seite zu stellen. Alle beschäftigten sich selbst: Manuela und Celine lasen, während Mark auf einen Zeichenblock kritzelte. Ab und zu warf er den Kugelschreiber wirbelnd in die Luft, fing ihn wieder auf und malte weiter.

»Martin, hast du Kinder?«, fragte Mark auf einmal.

»Nein.«

»Warum nicht?«

Martin legte den Bleistift auf das Rätselheft und seufzte tief. »Was soll ich darauf denn antworten?« Er griff wieder zum Stift, konnte sich aber nicht mehr konzentrieren. Er schüttete Pulverkaffee in eine Tasse, goss heißes Wasser aus der Kanne darüber und rührte mit dem Bleistift um, bis sich die letzten Körner aufgelöst hatten. Mark beobachtete ihn dabei.

»Bist du verheiratet?«

»Was soll das denn jetzt?«

»So schwer ist es doch nicht, die Frage zu beantworten?« Unruhig wackelte Mark im Sitzen mit seinem rechten Bein.

»Herrgott, Mark, du bist schlimmer als ein Tratschweib. Nein, ich bin nicht verheiratet, war es nicht und werde es auch nie sein«, sagte Martin und wandte sich demonstrativ wieder seinem Rätsel zu.

Einen Moment später betrat Sir Richard das Zelt und setzte sich Mark schräg gegenüber.

»Du hast keine Kinder«, sagte der dem Briten auf den Kopf zu.

Martin sah, dass Manuela es nicht rechtzeitig schaffte, ein Lächeln hinter ihrem Buch zu verstecken.

»Es hat einfach nie gepasst«, sagte Sir Richard und schaute etwas ahnungslos in die Runde.

Martin erinnerte sich daran, Bilder von ihm auf Premieren und roten Teppichen gesehen zu haben, auf denen er stets allein war. Vielleicht hatte es nie eine Mrs Lawrence gegeben, vielleicht hatte er sich nie danach gesehnt.

»Ich möchte einmal Kinder haben«, schob Celine ein.

»Du hast deinen Traumprinzen ja bereits gefunden«, kommentierte Mark.

»Mit kleinen Kindern kann man aber keine Bergführerin sein«, merkte Manuela an, die ihr Buch zugeklappt hatte.

»Wieso denn nicht?«

»Es geht einfach nicht.«

Celine lachte. »Für meine männlichen Kollegen funktioniert es ganz prima.«

»Kinder hast du definitiv auch nicht«, richtete Mark sich jetzt an Manuela. »Eine schwangere Wetterdame im Fernsehen kann ich mir nicht vorstellen. Schon gar nicht in Italien.«

»Ich werde auch keine Kinder kriegen.«

»Klar kriegst du welche«, widersprach Mark.

Manuelas Augen verengten sich, doch dann lächelte sie. »Du weißt es sicher am besten.«

»Warte noch ein paar Jährchen, dann meldet sich die biologische Uhr, und du bekommst Panik. Ist bei allen Frauen so.«

Mit derselben Ruhe wie zuvor und einer leisen, melodischen Stimme sagte sie: »Für Spatzenhirne wie dich, und ihr seid auf dieser Welt nun mal leider in der Überzahl, liegt es natürlich außerhalb des geistigen Fassungsvermögens, dass sich jemand dazu entschließt, keine Kinder haben zu wollen, und mit dieser Entscheidung sehr zufrieden ist. Und, um das gleich vorwegzunehmen, ich bin nicht lesbisch.«

»Lesben bekommen auch Kinder«, sagte Mark.

Genervt lehnte Martin sich zurück, seufzte leise und starrte an die Decke. Höchste Zeit, das Base Camp zu verlassen.

»Zwei Stunden voller unverständlicher Gebete, die uns irgendein tibetischer Mönch vorbrabbelt, und dafür bezahle ich auch noch«, murrte Mark.

»In den Pausen eine Handvoll Reis in die Luft zu werfen, hat aber Spaß gemacht«, wandte Martin ein.

Sie lagen auf den Schlafsäcken, während die Sonne von außen auf die Zeltwand knallte, sodass es im Inneren fast dreißig Grad waren. Martin schlüpfte aus seinem langen Unterhemd, aber selbst mit nacktem Oberkörper schwitzte er noch.

»Immerhin gab es zum Abschluss ein Bier. Vielleicht sollte ich doch Buddhist werden, oder was auch immer die hier oben sind«, meinte Mark.

Grinsend wischte sich Martin den Schweiß mit dem Handrücken aus der Stirn.

»Das erinnert mich an meine Kindheit. Jeden Sommer wurde ich zu Verwandten in die Prärie von Kansas geschickt, um dort auf dem Hof mitzuarbeiten. Seit ich sieben war. Im Gedächtnis ist mir nur die Hitze geblieben. Und dass alle fanden, der Stadtjunge sei zu nichts nütze.«

»An Hitze kann ich mich nicht erinnern«, sagte Martin.

»Was ist deine prägendste Kindheitserinnerung?«

Martin brauchte nicht lange nachzudenken. »Mein Vater hat mich an den Füßen von der Kante des Skisprungturms in Oslo gehalten. Es ging fünfzig Meter nach unten. Er lachte immer, wenn er davon erzählte, weil ich anscheinend gebrüllt habe wie am Spieß.«

»Warum hat er das getan?«

»Er wollte mich sicher abhärten. Deshalb hat er mich an Weihnachten auch ins Eiswasser im See hinter unserem Haus getaucht.«

»Funktioniert hat es immerhin, das muss man ihm lassen.«

Funktioniert? Martin warf Mark einen bösen Blick zu, der die Hände hinter dem Kopf verschränkt hatte und an die Zeltdecke starrte. Sie schwiegen lange und hörten entfernte Stimmen, die sich Anweisungen zuriefen. Vermutlich die Sherpas, die nach der Zeremonie aufräumten.

»Wen würdest du nehmen? Manuela oder Celine?«, fragte Mark plötzlich.

Martin lachte. »Wieso fragst du?«

»Antworte einfach.«

»Ich passe.«

»Jetzt komm schon.«

»Manuela, wenn ich unbedingt eine Antwort geben muss«, sagte Martin nach einigem Überlegen.

»Dachte ich mir's doch. Ihr Wikinger seid an Blondinen ja gewöhnt.«

»Dann bleibt Celine für dich, und es gibt keine Konkurrenz.«

»Ich habe keine Angst vor Konkurrenz.«

Martin wurde ernst. »Ich finde, du solltest deine Instinkte überdenken. Im Gebirge ist es notwendig, zusammenzuarbeiten. Wir sind ein Team.«

Mark nahm den Blick nicht von der Zeltdecke über sich. »Ich bin hier, um den Gipfel zu erreichen. Das Team bedeutet mir nichts.«

»Genug geredet«, sagte Sir Richard. »Spart euch den Atem, wir gehen los.«

Martin schulterte seinen Tagesrucksack und hob die Wanderstöcke vom Boden auf. Er war froh, dem Basislager nun endlich für eine Weile zu entkommen.

In einer Reihe hintereinander gehend folgten sie dem östlichen Rongbuk-Gletscher, meistens zwischen dem Gletscher und der Bergseite, gelegentlich auch dicht an der Moräne. Nach zwei Stunden langsamen Marschs bog die Route jäh nach links ab und führte steil bergauf. Je höher sie stiegen, desto mehr Schnee lag. Andere Bergsteiger vor ihnen hatten bereits einen Pfad getreten, der in der grellen Sonne allerdings strahlend glänzte und spiegelglatt war. An den steilsten Stellen mussten sie Stufen in den Schnee hauen, um weiter hinaufzukommen. Nach der steilen Einmündung flachte das Tal wieder etwas ab, und der Pfad schlängelte sich aufwärts durch das weiß funkelnde Gelände. Zum Mittag aßen sie hart gekochte Eier, trockenes Brot und Wurst. Martin trank sogar eine ganze Thermoskanne Tee.

Auf beiden Seiten des Tals reichten die Gipfel bis über siebentausend Meter. Celine war verzaubert von der Umgebung und kaum in der Lage, ihre Kamera herunterzunehmen. Ständig kramte sie in ihrem Rucksack, um das Objektiv zu wechseln. Probehalber hob Martin den Rucksack an, er wog mindestens fünf Kilo. »Du kannst keinen ganzen Fotoladen mit dir herumschleppen«, sagte er. »Du musst dich für ein Gehäuse und eine Linse entscheiden.«

»Sagt wer?«

»Die Vernunft.«

Lachend tätschelte Celine ihren Rucksack. »Den hier habe ich bei allen Klettertouren dabei, ich bin so daran gewöhnt, dass ich ihn nicht einmal mehr spüre.«

»Diese Tour ist anders.«

»Entspann dich, ich trage ihn ja selbst.«

Martin seufzte und schloss die Augen. Er hatte nicht vor, auch nur das kleinste bisschen für sie auf über siebentausend Meter zu tragen.

Schon aus weiter Entfernung sahen sie die roten, gelben und grünen Zelte des Zwischenlagers, die einen deutlichen Kontrast zur ansonsten vorrangig weißen Umgebung bildeten.

»Warum gehen wir heute nicht den ganzen Weg bis zum Advanced Base Camp?«, wollte Mark wissen.

»Zu weit. Siebzehn Kilometer durch Geröllhaufen, und 1300 Höhenmeter.« Sir Richard beließ es bei der knappen Antwort.

Vor einem der Zelte entdeckte Martin die Reisetasche, die er am Vortag gepackt hatte. Darin befanden sich die Kletterausrüstung und eine Menge zusätzlicher Kleider. Das meiste davon würden sie im vorgeschobenen Basislager zurücklassen, ehe sie in einigen Tagen wieder herabstiegen. »Ziemlich ungewohnt, an einem fertig aufgebauten Lager anzukommen«, meinte er.

»Wo sind die Sherpas, die das erledigt haben?«, fragte Mark.

»Sind wohl schon weiter zum Advanced Base Camp«, antwortete Sir Richard.

Im Speisezelt gab es weder Tische oder Stühle noch einen Ofen, also aßen sie entweder im Liegen auf ihren Isomatten oder auf den Schlafsäcken sitzend. Martin kaute lange auf einem Stück Fleisch herum, das er einfach nicht hinunterbekam und schließlich wieder auf den Teller spuckte.

»Yak«, sagte Sir Richard.

»Das erklärt alles«, murmelte Martin.

Nach der kurzen schweigsamen Mahlzeit hatte niemand Lust, noch in der Kälte und der Finsternis sitzen zu bleiben. Es war erst halb acht, als Martin in den Schlafsack kroch. In dem engen Zweimannzelt lag er Schulter an Schulter mit Mark, sodass sich keiner von ihnen bewegen konnte, ohne gegen den anderen zu stoßen. Mark nuschelte ein leises »Gute Nacht«, während Martin noch an die Zeltdecke neunzig Zentimeter über seinem Gesicht starrte. Das sich anbahnende Ziehen in seinem Hinterkopf erinnerte ihn an die Höhe, in der sie sich jetzt befanden: auf 5750 Meter.

Als er aufwachte, saß in seinem Hinterkopf ein schwerer, dumpfer Schmerz. Kaum hatte er sich im Schlafsack aufgesetzt, stieg die Übelkeit in ihm auf. Er atmete lange, tiefe Züge in den Bauch, bis der Druck im Hinterkopf ein wenig nachließ. Oft waren die Höhenbeschwerden morgens am schlimmsten, denn im Schlaf wurde die Atmung kurz und flach, also das genaue Gegenteil dessen, was nötig war, um das Gehirn mit ausreichend Sauerstoff zu versorgen.

Draußen blendete die Sonne so sehr, dass er sich die Hand vor die Augen halten musste. Er hatte keine Lust, noch einmal im Zelt nach der Sonnenbrille zu suchen, also schützte er sich weiterhin mit den Händen vor der Sonne, während er durch die Geröllhalde zum Speisezelt stapfte.

Er setzte sich zu den anderen und machte eine abwehrende Geste in Richtung des Küchenjungen, der ihm die Platte mit den kalten Spiegeleiern hinhielt, und reichte auch die Schüssel mit dem Haferbrei weiter. Stattdessen leerte er zwei große Becher mit Tee.

»Heute wird ein langer Tag«, kündigte Sir Richard an.

Sobald sie die Anhöhe verlassen hatten, auf der sich das Zwischenlager befand, fühlte Martin sich überraschend fit. Seine Kopfschmerzen waren verschwunden. Sie überquerten ein schäumendes Rinnsal mit Schmelzwasser und setzten ihren Weg die Moräne hinauf auf der anderen Seite des Bachlaufs fort. Fast der gesamte Schnee des Unwetters vor drei Tagen war inzwischen weggetaut.

Martin lief hinter Celine, die den steilen Anstieg mit leichten Schritten bewältigte. Oben angekommen drehte er sich um und sah, dass die anderen erst die Hälfte der Steigung hinter sich hatten. Auf der Moräne wurde der Weg wieder flacher, hier folgte er einem Bergrücken tiefer ins Tal hinein. Martin beschloss, bei Celine zu bleiben. Schweigend liefen sie weiter, und Martin fixierte Celines rote Jacke mit den Augen, fest entschlossen, sie nicht zu verlieren. Trotz allem waren sie nicht schneller unterwegs als ein altes Ehepaar auf einem Sonntagsspaziergang durch den Park. Sie näherten sich der Marke von sechstausend Metern. Nach einer Stunde hielt Celine an und stürzte eine halbe Flasche Wasser hinunter. Martin gelang dieses Kunststück nicht, er musste die Flüssigkeit Schluck für Schluck in sich hineinzwingen. Kein gutes Zeichen. Er blickte sich nach hinten um, der Rest ihrer Gruppe lag weit zurück.

»Sauerstoffmangel?«, fragte Celine und deutete mit dem Kopf auf das Wasser, das er nicht fertigbrachte, leer zu trinken. Martin glaubte, die Spur eines Grinsens zu erkennen. Er nickte nur. Seinen Atem brauchte er für andere Dinge als zum Reden.

»Tatsächlich enthält die Luft hier oben genauso viel Sauerstoff wie auf Meeresniveau, nämlich einundzwanzig Prozent.

Es liegt am Luftdruck, der um mehr als die Hälfte verringert ist«, fachsimpelte Celine.

»Schon in Ordnung, hab alles unter Kontrolle«, gab Martin zurück.

»Unterschätz die Höhe nicht.«

Celine wartete nicht auf eine Antwort, verstaute die Wasserflasche in einer Tasche an der Außenseite ihres Rucksacks und schwang ihn auf den Rücken. Sie kamen nun spürbar schneller voran. Links von ihnen ragten mächtige Eispfeiler in allen denkbaren Formen aus dem Gletscher empor, teilweise bis zu zwanzig Meter hoch. Martin trottete langsam weiter, als Celine die Kamera aus dem Rucksack hervorzog. Erst als sie ihn auf einer kleinen Anhöhe mit einer guten Aussicht wieder einholte, drehte er sich um. Von den anderen war nichts mehr zu sehen. Der Höhenmesser zeigte 6150 Meter an, seit dem Frühstück hatten sie also vierhundert Höhenmeter zurückgelegt.

Sie machten eine Pause und setzten sich jeder auf einen schneefreien Stein. Sie aßen, ohne ein Wort miteinander zu wechseln. Martin hatte Schwierigkeiten, das hart gekochte Ei hinunterzubekommen, und auch trinken konnte er nach wie vor nur in winzigen Schlucken, während Celine alles in langen Zügen runterkippte.

Ein zunehmender dumpfer Schmerz setzte sich in seinem Nacken fest und breitete sich über den Hinterkopf aus. Den Kopf zu heben und nach vorn zu schauen, verursachte die schlimmsten Schmerzen, am angenehmsten war es, den Blick einfach auf die Schuhe zu richten. Als sie über einen weiteren Schmelzwasserbach stiegen und der Pfad auf der anderen Seite wieder steil nach oben führte, musste er Celine davonziehen lassen. Er konnte nicht mehr mithalten, und ihr Rücken vor ihm wurde immer kleiner. Martin fiel es auf einmal schwer, das Gleichgewicht zu halten, mehrmals musste er die Stöcke zu Hilfe nehmen. Irgendwann ließ er sich auf einem Stein nieder und japste nach Luft. Er wusste, dass er trinken musste, aber er schaffte es nicht. Für einen Moment zog er in Erwägung, auf dem Stein zu warten, bis die anderen kamen, aber das konnte ewig dauern. Wie weit es noch bis zum Advanced Based Camp war, ahnte er nicht. Diejenigen, die erzählt hatten, der Weg vom Zwischenlager ins ABC erschiene beim ersten Mal unendlich, behielten recht.

In seinem Hinterkopf pochte es, als er sich wieder auf die Beine rappelte. Vornübergebeugt und mit langsamen Schritten ging er weiter. Ständig musste er sich auf die Wanderstöcke stützen und Kräfte sammeln. Niemand sonst war zu sehen, weder vor noch hinter ihm. Plötzlich fiel ihm auf, dass sie den ganzen Tag noch keinem anderen Menschen begegnet waren. Hatte nicht irgendwer behauptet, man stünde am Everest nur Schlange?

Er umrundete einen Schutthaufen und stolperte beinahe über Celines ausgestreckte Beine. Sie lag rücklings auf dem Schotterboden, den Rucksack unter sich, und schaute in die Wolken. Als sie Martins Gesichtsausdruck bemerkte, sprang sie mit einer unverschämten Leichtigkeit auf. »Probleme?«

Martin nickte und fasste sich an Hinterkopf und Nacken.

»Du gehst voran«, bestimmte Celine und zeigte ihm die Richtung.

Er nahm seine Kräfte zusammen und ging zügig bergab auf ein kleines Rinnsal zu. Nach fünfzig Metern hing er an seinen Stöcken und übergab sich. Celine schwenkte eine Wasserflasche vor seinem Gesicht, doch er schlug sie mit der Hand weg.

»So schlimm?«, fragte sie.

Trotzdem liefen sie weiter, Martin an der Spitze. Sein Nacken schmerzte so sehr, dass er den Blick nicht mehr von den Stiefelspitzen abwenden konnte. Immer wieder schluckte er, um sich nicht zu übergeben. Nach und nach verlor er jegliches Zeitgefühl. Als er bemerkte, dass Celine an seinem Rucksack zog, fuhr er erschrocken zusammen. Nur langsam drehte er sich um und versuchte, den Blick so weit zu heben, um ihr ins Gesicht zu schauen.

»Sieh mal.« Celine deutete nach vorn.

Vorsichtig bewegte Martin den Kopf, bis er nach vorn und weiter nach oben sehen konnte. Der Pfad hatte eine Biegung nach rechts gemacht, was ihnen nun freie Sicht auf den Changtse bot, den »kleinen« Nachbarberg, der über den legendären Nordsattel mit dem Everest verbunden war. Obwohl er mit seinen 7543 Metern außerhalb des Himalaya der mit Abstand höchste Berg der Welt gewesen wäre, maß dem Changtse in dieser Umgebung niemand eine besondere Bedeutung zu. Über ihnen türmte sich der Qomolangma auf, wie der Everest bei den Tibetern hieß, bis zur Nordwand konnten es nicht mehr als drei oder vier Kilometer sein. Auch wenn es ein überwältigender Anblick war, hatte Martin keine Kraft mehr, den Kopf oben zu halten. Mit starr auf den Boden gerichtetem Blick stapfte er weiter. Der Pfad stieg steil an und führte im Zickzack bergauf.

Martin fuhr zusammen, als er plötzlich auf beiden Seiten von helfenden Händen gestützt wurde. Der Anzahl der Füße nach mussten es mehrere Leute sein, vielleicht vier. Er hielt an und schüttelte seine Helfer ab, er war verdammt noch mal kein Schwächling. Es waren ihre eigenen Leute, jedenfalls glaubte er das, denn es war nicht immer leicht, die Sherpas auseinanderzuhalten. Einer der Männer zog an seinem Arm und deutete nach oben. Martin zwang sich, den Kopf zu heben, um etwas zu erkennen. Etwa hundert Höhenmeter über ihnen und in nicht mehr weiter Entfernung entdeckte er eine Vielzahl an Zelten.

»ABC«, sagte der Mann, der auf das Lager zeigte.

Ein Hauch von Motivation regte sich in Martin. Er richtete sich ein wenig auf, atmete tief ein und machte einige Schritte aufwärts. Es war, als schnüre ihm jemand die Luft ab. Rund um ihn bestand der Boden aus nichts als Schutt und Matsch, ansonsten hätte er sich sofort hingelegt. Er spürte, dass er schwankte. Zwei Sherpas blieben an Martins Seite, während Celine auf dem sich bergauf windenden Pfad außer Sicht verschwand. Die beiden Helfer waren bereit, ihn aufzufangen, falls er umstürzte. Seine Motivation sank auf den Nullpunkt, und er setzte nur noch ein Bein vor das andere, weil ihm nichts anderes übrig blieb. Als hinter ihm die Stimmen von Sir Richard und Manuela erklangen, verspürte er einen Funken neuer Energie, aber auch der war schnell verflogen. Er hing an den Wanderstöcken, war kaum in der Lage, den Kopf so zu drehen, dass er die Steigung hinabblicken konnte, die die anderen gemeinsam erklommen.

Alle versammelten sich um ihn, als sie ihn eingeholt hatten.

»Was für eine Erscheinung, der Everest«, sagte Manuela.

»Shit, habt ihr ein Tempo vorgelegt«, staunte Mark. »Ausgerechnet du, der die ganze Zeit davon redet, auch ja immer schön langsam zu gehen.«

Martin starrte auf seine Schuhe und scheuchte die anderen mit einer schlappen Handbewegung weiter. Sie verstanden den Wink. Von der Umgebung nahm er nichts mehr wahr, bis irgendjemand ihn zu einem niedrigen Zweimannzelt führte. Er kniete sich vor den Eingang, öffnete mit letzter Kraft den Reißverschluss, kroch auf allen vieren hinein und legte sich der Länge nach hin. Ein wunderbar genialer Helfer hatte seine Luftmatratze bereits aufgeblasen und den Schlafsack ausgerollt. Er blieb auf dem Bauch liegen, die Stiefel noch im Freien. So lag er da, bis er ausreichend Kräfte gesammelt hatte, um sich auf den Ellbogen ganz ins Zeltinnere zu schieben. Er schluckte und schluckte, während er an dem Reißverschluss der Zeltöffnung zerrte. Er klemmte fest. Diese letzte Anstrengung brachte das Fass zum Überlaufen. Mit erstaunlicher Wucht spritzte eine überraschend große Menge seiner letzten spärlichen Mahlzeiten an die Zeltwand. Martin hatte keine Reserven mehr, um die Matten aus der braunen Flüssigkeit zu ziehen, die sich langsam auf dem Zeltboden ausbreitete, er legte sich einfach wieder hin.

In dem engen Zelt wurde der Gestank bald unerträglich, und vollkommen verblüfft über sich selbst gelang es ihm, rückwärts ins Freie zu krabbeln, auf die Beine zu kommen und auf das, was er für das Küchenzelt hielt, zuzutaumeln. Der Koch und sein Gehilfe starrten ihn verdutzt an.

»Lappen«, brachte er heraus.

Er stand vor seinem Schlafzelt, während der tibetische Küchenjunge die Sauerei mit einem schmutzigen Handtuch aufwischte. Als er in voller Montur in den Schlafsack kroch, war der Gestank genauso bestialisch wie davor. *Mark wird mich dafür hassen*, dachte er noch, ehe er einschlief.

Er wachte allein im Zelt auf. Vorsichtig drehte er den Kopf zur Seite, der Schlafsack sah benutzt aus. Anscheinend hatte Mark den Gestank ertragen. Seine Uhr zeigte halb neun an, vermutlich saßen die anderen bereits beim Frühstück.

Sein Hinterkopf tat genauso weh wie am Vorabend, aber wenigstens war ihm nicht mehr übel. Wie es um das Schwindelgefühl stand, konnte er nicht einschätzen, solange er noch lag. Er hatte drei der häufigsten Symptome der Höhenkrankheit gezeigt: Kopfschmerzen, Übelkeit und Schwindel. Martin blieb bis weit in den Vormittag hinein im Schlafsack. Er atmete ruhig und sachte, und der Druck in seinem Hinterkopf nahm langsam ab. Eine Weile streckte er den Kopf durch die Zeltöffnung und schaute ins Freie. Direkt vor ihm ragte jäh der Eisbruch in die Höhe, den sie hinaufklettern mussten, um auf den Nordsattel zu kommen, wo sich Camp 1 befand. Camp 2 und das auf 8300 Metern gelegene Camp 3 waren nicht auszumachen, dafür aber der Gipfel, der zweieinhalb Kilometer über ihm thronte.

Getrieben von Rastlosigkeit und Hunger stand er schließlich irgendwann mitten am Tag auf. Die Luft war messerscharf, sogar in der Sonne, im Schatten herrschten garantiert Minusgrade. Zum ersten Mal warf er einen Blick auf das Lager, doch das Advanced Base Camp war im Grunde nur eine Geröllhalde. Ihre Zelte standen inmitten der Moräne dicht am Gletscher, während einige der wenigen anderen Expeditionen ihre Lager im Geröllfeld etwas oberhalb von ihnen aufgeschlagen hatten.

Der Rest der Expeditionstruppe saß im Speisezelt, alle trugen dicke Daunenjacken und -hosen. Im Zelt war es kälter als draußen, denn es lag im Schatten unter einer Eiswand. Sir Richard und Manuela lasen, Mark legte Patiencen, und Celine säuberte ihre Steigeisen.

Als Erster hob Mark den Blick. »Alter Schwede, er ist zurück«, rief er breit grinsend.

Martin erwiderte die Begrüßung mit einem matten Lächeln.

»Komm schon, setz dich«, sagte Mark und bot ihm den Klappstuhl neben sich an.

Martin versuchte sich mit einer Behändigkeit auf den Stuhl gleiten zu lassen, nach der ihm überhaupt nicht zumute war. Etwas verpasst hatte er sicher nicht. Seit ihrer Ankunft hatten sie gegessen, geschlafen und im Zelt herumgesessen.

»Gut, dass es dir besser geht«, wandte Sir Richard sich an Martin und schlug sein Buch zu. In der bauschigen Daunenjacke wirkte sein Gesicht noch magerer. »Ansonsten hätten wir dich nach unten schicken müssen. Die wirklich gefährlichen Auswirkungen der Höhe machen sich frühestens nach sechsunddreißig Stunden bemerkbar.«

Martin streckte einen Daumen nach oben.

»Wer hat Lust auf eine kleine Tour durch das Lager und auf den Gletscher, der unter den Nordsattel führt?«, fragte Mark in die Runde.

»Ohne mich. Ich werde mich von diesem Tisch so schnell nicht mehr wegbewegen«, sagte Martin.

»Ursprünglich sah unser Plan vor, auf dieser Tour den Nordsattel zu besteigen und eventuell dort oben zu übernachten«, erklärte Sir Richard. »Aber bei der aktuellen Lawinengefahr kommt so etwas nicht infrage. Unsere Sherpas suchen nach einer sicheren Route, viel Hoffnung besteht allerdings nicht.«

»Nach oben wollte ich ja gar nicht, nur bis unter die Wand, um von dort einen Blick darauf zu werfen«, ruderte Mark zurück.

Verständnislos schüttelte Celine den Kopf. »Du hast viel zu wenig Ahnung davon, wie gefährlich das ist. Eine Lawine kann Geschwindigkeiten von über hundert Stundenkilometern erreichen und aus einer Masse von mehreren Hunderttausend Kubikmetern Schnee bestehen. Alles, was sich diesen Massen in den Weg stellt, wird erbarmungslos zermalmt. Statistisch gesehen ist ein Gefälle von achtunddreißig Grad am gefährlichsten. Das entspricht ungefähr der Neigung des Eisbruchs am Nordsattel.«

»Trotz allem gehen nur selten Lawinen ab.«

»Selten ist nicht das Gleiche wie unwahrscheinlich.«

»Ich ergebe mich«, sagte Mark.

Auf dem Tisch lag eine abgegriffene Taschenbuchausgabe von Jon Krakauers altem Klassiker *In eisige Höhen* über die schrecklichen Tage im Mai 1996, als in der Nähe des Everestgipfels acht Menschen starben, darunter zwei der weltbesten Bergsteiger.

»Wie ich sehe, steht hier jemand auf alte Katastrophen und Tragödien«, bemerkte Martin und zeigte auf das Buch.

»Jemand hat es mir empfohlen, aber ich bereue es, dass ich es überhaupt angefangen habe«, gab Manuela zu. »Es ist nicht gerade erbaulich, davon zu lesen, wie andere Bergsteiger Risiken falsch eingeschätzt haben und es drauf ankommen ließen. Sogar die Sturmwarnung des Wetterdienstes, den sie für viel Geld angeheuert hatten, haben sie ignoriert.«

»Nur aus Fehlern lernt man. Ich hätte niemandem vertraut, der behauptet, immer alles richtig gemacht zu haben. Was denkst du dazu, Martin?«, fragte Sir Richard.

»Das Glück ist mit den gut Vorbereiteten. Man erhält das Ergebnis, das man verdient.«

»An welchen Expeditionen hast du schon teilgenommen?«, fragte Manuela.

Jetzt tu nicht so, als wüsstest du das nicht, dachte Martin. »Im Großen und Ganzen war ich nur auf Skiern unterwegs«, gab er sich bescheiden.

»Er war unter anderem am Nord- und am Südpol, in Rekordzeit. Und allein«, beantwortete Sir Richard die Frage.

»Ich glaube, du musst uns ein bisschen mehr darüber berichten«, bat ihn Celine.

Jetzt sahen ihn alle an. Diese Situation war Martin vertraut. Wenn er vor einem Publikum stand, das gespannt auf seinen Vortrag wartete, lief es genauso ab. Nach der Einführung betrat er die Bühne, alle Augen waren auf ihn gerichtet, es herrschte absolute Stille.

»Manches davon war reiner Wahnsinn und regelrecht idiotisch. Ich habe beispielsweise eine Sibirien-Durchquerung gemacht, von der finnisch-russischen Grenze bis an die Beringstraße, insgesamt sechstausend Kilometer.«

»Was hat dich dazu gebracht?«, wollte Manuela wissen.

»Der Fluch des ewigen Abenteurers. Man muss sich immer wieder selbst übertreffen, immer etwas Neues ausprobieren«, mischte sich Sir Richard ein.

»Ich wollte es auf eigene Faust durchziehen, ohne Hilfsmittel, ohne Lasttiere. Auf Skiern und zu Fuß. Start war Ende Februar, bei vierzig Grad minus und vier Stunden Tageslicht. Ich bin den Winter und den Frühling hindurchgewandert, bis das Tauwetter Ende Mai die sibirische Steppe in einen Teppich aus kleinen Seen und Tümpeln verwandelt hat, der kaum zu überwinden war. Anderthalb Monate lang dachte ich, das Leben könnte gar nicht schlimmer werden, da kamen in den ersten Julitagen die Mücken dazu. Erst da wurde es wirklich unerträglich.«

»Waren die Mücken wirklich das Schlimmste?« Manuela klang skeptisch.

»Man muss es erlebt haben. Fast hätte ich vor Freude geweint, als Ende August der erste Bodenfrost einsetzte.«

»Wie viele Tage hat es gedauert?«

»Zweihundertfünf.«

»Du hast doch nicht etwa Lebensmittel für fast ein ganzes Jahr mitgeschleppt?«

»Ich habe zwei Bären geschossen, vier Hasen, einen Wolf und ein paar Rentiere. Abgesehen davon habe ich mich in kleineren Siedlungen mit Konserven und Trockennahrung versorgt. Gourmetküche gab es nur selten.«

»*Fuck*«, rutschte es Mark heraus. »So etwas hätte ich nicht für möglich gehalten.«

»Ich auch nicht«, sagte Martin.

»Diese Auffassung teilten auch die meisten anderen Experten. Deshalb wurde er zum *Explorer of the Year* gekürt. Zum zweiten Mal. Aber das ist inzwischen schon eine Weile her, Martin«, setzte Sir Richard nach.

»Wie die Zeit vergeht«, erwiderte Martin und versuchte, sich ein Lächeln abzuringen. Wie lange war es eigentlich her, dass der alternde Adelskerl irgendwas zustande gebracht hatte, abgesehen von ein paar schwachen Büchern über längst vergessene Taten?

Im selben Moment hörten sie ein tiefes Dröhnen, gefolgt von einem immer lauter werdenden Donnern.

Celine reagierte als Erste. »Lawine!«, brüllte sie und sprang so schnell auf, dass ihr Stuhl nach hinten geschleudert wurde.

Celines kurze Lawinenkunde schoss Martin durch den Kopf, als er mühsam über ihren umgestürzten Stuhl stieg, um aus dem Zelt zu kommen. Draußen standen Dawa, der Koch und der Küchengehilfe mit dem Blick starr auf den Nordsattel gerichtet. Eine gewaltige Schneewolke stieg zum blauen Himmel empor und rollte den Gletscher hinab auf das Lager zu. Martin rechnete rasch nach. Als sie das Tosen der Lawine gehört hatten, waren bereits mehrere Sekunden vergangen, seit sie ausgelöst worden war, und sie kam mit über hundert Stundenkilometern auf sie zugerast. Wie viel Zeit blieb ihnen, bis sie das Lager erreichte? Sein Instinkt schrie »Lauf!«, aber er hatte noch nie von jemandem gehört, der es geschafft hätte, einer Lawine davonzulaufen. Alle standen regungslos da und starrten auf die Schneewolke, die immer weiter in die Höhe und die Breite wuchs.

Dreißig Sekunden später war alles vorbei, die Lawine kam an einer Stelle auf dem Gletscher über ihnen zum Stillstand. Dawa regte sich als Erster wieder und verschwand im Küchenzelt, wo sie ihn einen Funkspruch absetzen hörten. Sir Richard und Martin stellten sich in den Zelteingang und hörten mit. Mehrfach versuchte Dawa, Kontakt aufzunehmen, erhielt aber keine Antwort. Er saß auf der Stuhlkante, und sein linker Fuß tippelte nervös hin und her.

Sir Richard wirkte ebenfalls angespannt. »Alle unsere Leute sind dort oben«, sagte er. »Mitten im Lawinengebiet. Sherpas mehrerer Expeditionen waren dabei, gemeinsam nach einer sicheren Route vom Gletscher auf den Nordsattel zu suchen.«

Dawa setzte seine Kontaktversuche per Funk fort. Obwohl Martin kein Wort verstand, nahm er die Verzweiflung in der Stimme des Sherpas deutlich wahr. Ihn beschlich die düstere Vorahnung, dass alles vorbei war und sie in zwei Tagen Leichen ins Base Camp transportieren und anschließend die Heimreise antreten würden.

Vor Schreck war jegliche Farbe aus Dawas Gesicht gewichen, es war jetzt fast grau. »Könnt ihr sie weiter anfunken?«, bat er sie. »Ich muss da hoch.«

»Wir kommen mit«, sagte Sir Richard.

»Ohne akklimatisiert zu sein, könnt ihr dort oben nichts ausrichten«, stellte Dawa klar.

Im Funkgerät knackte es, und blitzschnell zog Dawa ein Headset auf. Sie hörten nicht, was gesagt wurde, Dawa nickte lediglich. »Wir kommen«, sagte er zum Schluss. Dann wandte er sich um. »Das war die amerikanische Expedition. Sie haben eine bessere Übersicht über das Gelände als wir. Die Lawine ist wohl gigantisch gewesen, angeblich hundert Meter breit, und sie ist beinahe vom höchsten Punkt des Nordsattels abgegangen. Mehr konnten sie mir nicht sagen.«

Plötzlich stand Celine zwischen ihnen, über ihrer Schulter hingen Rucksack, Spaten und Seile. Dawa hob den Blick und nickte ihr zu. Dann stand er auf und deutete auf das Funkgerät. »Es ist auf die richtige Frequenz eingestellt, ihr müsst nur zuhören«, wies er sie an und folgte Celine.

Martin fühlte sich wahnsinnig nutzlos in seiner dicken Daunenjacke. Bei seiner schlechten Verfassung wäre der Schnee abgeschmolzen, bevor er es überhaupt in die Nähe des Lawinengebiets geschafft hätte. Also nahm er auf dem Stuhl vor dem Funkgerät Platz und setzte das Headset auf. Vermutlich nutzten alle Expeditionen dieselbe Funkfrequenz, eine Stimme sprach Japanisch oder Chinesisch, danach fragte jemand in schlechtem Englisch alle auf der Frequenz nach dem aktuellen Status. Martin hatte nichts zu sagen.

Nach einer Weile kehrten auch Sir Richard, Mark und Manuela wieder in das enge Zelt zurück, und Martin stöpselte das Headset aus, damit alle den Funkverkehr mitverfolgen konnten. Eine Stimme bat darum, so viele Helfer wie möglich nach oben zu schicken, um dort nach Überlebenden zu suchen. Im Zelt rutschten sie tiefer in ihre Stühle, hielten die Hände in den Jackentaschen und starrten ins Leere.

»Niemand überlebt so eine Lawine«, sagte Mark, ohne jemanden direkt anzusehen.

»Doch. Manche überleben so etwas«, entgegnete Sir Richard.

Niemand widersprach ihm, obwohl sie alle wussten, dass die Chancen für mögliche Überlebende mit jeder Minute weiter sanken. Sie hatten keine Suchhunde, die ihnen halfen, und bald wurde es dunkel.

»Wir müssen einen Hubschrauber anfordern«, folgerte Martin.

»Es gibt keine Helikopter in der Nähe. Die Chinesen weigern sich, einen eigenen Hubschrauber im Base Camp zu stationieren. Der nächste steht in Kathmandu, aber es ist äußerst fraglich, ob die Chinesen ihn die Grenze passieren lassen würden«, wandte Sir Richard ein.

»Außerdem kann ein normaler Hubschrauber nicht hierherfliegen. Über 6500 Meter haben die Rotoren nicht mehr genug Auftrieb«, setzte Mark hinzu.

Eine tränenerstickte Stimme durchschnitt das Rauschen des Funkgeräts. »Es sind unsere Leute, unsere Leute wurden getroffen!«

Sie lehnten sich auf den klapprigen Stühlen nach vorn, um besser zu hören. »Das ist nicht Dawa«, stellte Manuela fest. »Es ist ein Franzose, nur Franzosen haben einen solchen Akzent, wenn sie Englisch reden. Und eine französische Expedition hat ihr Lager am weitesten über uns aufgeschlagen.«

»Dann hat es niemanden von unseren Leuten erwischt«, sagte Sir Richard erleichtert.

Martin hingegen verspürte einen kleinen, herben Stich der Enttäuschung, und ihm wurde klar, dass er sich schon beinahe damit abgefunden hatte, dass die Expedition vorbei war.

Per Funk verlangte eine Stimme, Sir Richard zu sprechen. Der Expeditionsleiter beugte sich vor und drückte auf die Sprechtaste. »Kommen.«

»Alle unsere Sherpas sind wohlauf«, meldete eine verzerrte Stimme, die Dawa gehören musste. »Mindestens sieben wurden von der Lawine mitgerissen. Wir bleiben hier und suchen nach Überlebenden.«

Als Dawa und Celine zurück ins Lager kamen, war es stockdunkel. Sie fanden die anderen Expeditionsteilnehmer schweigend um den Tisch im Speisezelt sitzen.

»Die Lawine hat sich fast am höchsten Punkt, direkt unterhalb des Nordsattels, gelöst und ist dort entlanggerollt, wo die Route in den meisten Saisons verläuft. Genau an der Stelle arbeitete ein Team aus sieben Leuten, sie hatten keine Chance zu entkommen. Alle waren Sherpas.« Dawa stand breitbeinig am Tischende und hatte die Arme vor der Brust verschränkt, sein Gesichtsausdruck war unergründlich. »Zwei von ihnen wurden nach weniger als einer halben Stunde lebendig gefunden, aber sie sind schwer verletzt. Vor Einbruch der Dunkelheit haben sie vier weitere tot aus dem Schnee gegraben. Den letzten haben sie nicht gefunden.«

»Wo sind unsere Leute?«, fragte Manuela. Ihr Gesicht war leichenblass.

»Sie haben die Suche nach einer brauchbaren Route abgebrochen, es war ihnen zu gefährlich. Beinahe hätte die Lawine sie bei ihrem Rückweg über den Gletscher mitgerissen.«

Keiner stellte weitere Fragen, sie saßen einfach nur da und starrten in die Luft. Dawa blieb noch einen Moment stehen, drehte sich dann aber um und ging.

»Immer trifft es die Sherpas«, sagte Martin halblaut.

»Fünf Tote hier, plus die drei, die vom Eisblock auf der Südseite getroffen wurden. Acht Tote bis jetzt, und es hat sich noch nicht einmal jemand an einen Aufstieg gewagt«, hielt Mark fest.

»Es könnte die schlimmste Saison aller Zeiten werden«, sagte Sir Richard.

»Setzen wir unsere Expedition trotzdem fort?«, fragte Mark.

Seine Frage blieb im Raum stehen.

»Unsere Expedition ist nicht betroffen«, sagte Manuela.

»Ein Toter, fünf Tote, acht«, hörte Martin sich selbst sagen. »Wie Stalin schon sagte: Der Tod eines Einzelnen ist eine Tragödie, eine Million Tote sind eine Statistik.« Er war sich nicht sicher, ob er es sarkastisch gemeint hatte, allerdings ließ sich niemand davon provozieren.

»Ich habe absolutes Verständnis dafür, wenn jemand einen Rückzieher machen möchte«, erklärte Sir Richard.

»Es sollte jedem klar gewesen sein, dass diese Tour Gefahren birgt. Wen das überrascht, sollte besser abreisen«, fand Manuela.

»Ganz deiner Meinung«, stimmte Celine zu. »Bergsteigen und Tod gehören zusammen.«

»Du bist wieder auf dem Damm«, meinte Manuela, als sie und Martin die Rucksäcke im Base Camp abstellten. Während die Tour hinauf ins Advanced Base Camp zwei volle Tage in Anspruch genommen hatte, waren sie in nur sieben Stunden wieder nach unten gestiegen. Auf dem letzten Stück hatte Martin sich Zeit gelassen.

»Beim nächsten Mal mache ich denselben Fehler nicht noch einmal«, sagte er.

»Was denkst du, wie oft wir den Weg nach oben noch absolvieren müssen?«, fragte Manuela. »Und wann ist es denn realistisch, dass wir auf dem Gipfel stehen?«

Martin dachte nach. Sie lagen hinter dem Zeitplan, weil es bisher nicht möglich gewesen war, auf den Nordsattel und über eine Höhe von siebentausend Metern zu kommen. Was das für die weitere Expedition bedeutete, wusste er nicht. »Das musst du Sir Richard fragen oder vielleicht lieber Dawa. Was das angeht, kennt sich keiner besser aus.«

»Ich habe ihn schon gefühlte hundert Mal gefragt, er antwortet immer dasselbe.«

Martin lachte. »Der allwissende Lamakalender, ja. Wie auch immer, bis dahin wird noch einige Zeit vergehen.«

»Warum muss es denn nur so lang dauern?«, nölte Manuela.

»Wir sind oben, wenn wir oben sind«, antwortete er. »Es eilt ja nicht.«

»Doch«, widersprach sie. »Es eilt.«

In diesem Moment streckte Mark seinen Oberkörper aus dem Küchenzelt, eine Hand triumphierend in die Luft gereckt.

»Wir haben wieder Kontakt zur Außenwelt!«, jubelte er. »Unser Teufelskerl von Koch hat ein Ladekabel für den Laptop beschafft. Immerhin einer, der hier Verantwortung übernimmt.«

Mark war bereits damit zugange, das Gerät zu verkabeln, als Martin und Manuela das Speisezelt betraten. In der Ecke saß Sir Richard und trug eine mürrische Miene zur Schau, er wirkte abgekämpft und sah ein wenig grau aus.

»Von der Initiative unseres Kochs, Rickie, könntest du dir ruhig eine Scheibe abschneiden, dann würde es uns allen hier um einiges besser gehen.«

»Mark, es reicht«, ermahnte ihn Manuela.

»Der Koch hat das Kabel von der amerikanischen Expedition geborgt, ohne sie zu fragen. Morgen früh muss es wieder zurückgebracht werden, also nutzt den Moment«, sagte Sir Richard.

Mark saß laut grunzend vor dem Bildschirm, und Martin zwang sich, nicht nachzufragen, worüber er sich so ereiferte. Stattdessen legte er Patiencen und stopfte Erdnüsse in sich hinein. Sein Appetit war zurück.

»Ja, ist es denn die Möglichkeit«, staunte Mark, während er sich zu den anderen umdrehte und auf Martin deutete. »Er ist wirklich ein Held. Nach der verrückten Sibiriensache, die er uns erzählt hat, ist er tatsächlich vom Nordpol bis an den Südpol gereist. Von einem Pol zum anderen, auf gerader Linie, mit Skiern, dem Fahrrad, einem Kajak und einem Segelboot.«

»Du verschwendest deine Computerzeit mit mir?«, fragte Martin und verdrehte leicht die Augen. »Leg dir ein Leben zu, Mann.«

Mark winkte ab. »Die Weltpresse berichtet außerdem über die Lawine, sie ist der Hauptaufmacher in der *New York Times*, obwohl es nur Sherpas waren.«

Als Martin an der Reihe war, sich hinter den Laptop zu setzen, öffnete er sein E-Mail-Konto nur widerwillig. Einhundertvierundsiebzig ungelesene Nachrichten warteten auf ihn, es hatte schlicht keinen Sinn, zu versuchen, sie durchzulesen.

Dennoch weckte eine Mail seine Aufmerksamkeit, sie kam von Franz Mendler. »Wir legen uns hier mächtig ins Zeug, sieh dir den Anhang an«, schrieb er. Der Inhalt der angehängten Datei war noch schlimmer, als Martin sich hätte träumen lassen. Die Marketingabteilung seines Sponsors hatte eine Werbekampagne erstellt, die auf seinem bevorstehenden Erfolg basierte. In einem Motiv hatten sie ihn per Fotomontage auf den Gipfel des Everest gestellt, und zwar so gekonnt, dass das Bild täuschend echt wirkte. »Der größte Abenteurer der Welt ist noch größer geworden«, lautete der Schriftzug. Es gab zahlreiche weitere Varianten, in mehreren Sprachen. Alle waren schlecht, fürchterlich schlecht, aber das gefakte Gipfelfoto war am schlimmsten. Was dachten sich Mendler und der Rest seines Teams nur dabei? Glaubten sie, es sei ein Spaziergang? *So ein Mist!*

Er musste aus Versehen laut geflucht haben, denn sowohl Manuela als auch Mark schauten ihn fragend an.

»Nichts«, murmelte Martin ausweichend, schloss das E-Mail-Programm und checkte die Nachrichtenlage. Zu Hause in Norwegen gab es nichts als Trivialitäten zu vermelden: Die Fußballklubs am Tabellenende feuerten ihre Trainer, ein Hochwasser drohte, und der Sommer würde anscheinend ein kalter werden. Hatte zumindest ein Hellseher gegenüber der Zeitung behauptet. Missmutig gab Martin den Computer wieder frei, lange bevor seine Zeit um war.

Manuela übernahm seinen Platz. Er beobachtete sie, wie sie sich über den Laptopbildschirm beugte. Nervös fummelte sie mit einer Hand an ihrem langen, dunklen Pferdeschwanz und zwirbelte die Haare um einen Finger. Ihr Oberkörper verdeckte die Sicht auf den Bildschirm. Plötzlich drehte sie sich mit aufgerissenen Augen um. »Auf der Südseite, in Nepal, ist so gut wie kein Schnee gefallen. Ich habe auf den Homepages der Expeditionen nachgesehen.«

»Gut für sie«, kommentierte Sir Richard lapidar, ohne von seinem Buch aufzusehen.

»Das bedeutet, sie sind uns womöglich mehrere Tage voraus.« Manuela klang fast entsetzt.

»Das spielt doch keine Rolle«, entgegnete Sir Richard. »Das hier ist kein Wettbewerb. Meinetwegen könnten sie sich auf einem anderen Planeten befinden.«

»Aber wir können sie auf dem Gipfel treffen, oder nicht?«

»Doch, sicher. Wenn die Wetterverhältnisse gut genug für einen Gipfelaufstieg sind, dann gilt das fast immer für beide Seiten des Bergs. Es ist relativ normal, dass sich Bergsteiger der Nord- und der Südroute auf dem Gipfel treffen, aber die Stimmung ist dann immer sehr besonders.«

Manuela schien in die Ferne zu blicken und zwirbelte erneut ihren Zopf, ehe sie sich wieder dem Computerbildschirm zuwandte und mit zwei Fingern auf die Tastatur einhämmerte. »Willst du anfangen, Achttausender zu sammeln, Martin?«, fragte sie mit dem Rücken zu ihm.

»Hä?«, war alles, was er herausbrachte. Er und Achttausender sammeln? Auf der Welt existierten vierzehn Berge, die höher als achttausend Meter waren, und sie lagen alle im Himalaya. Mit der Besteigung aller vierzehn Gipfel war ein enormes Prestige verbunden, denn nur wenigen Menschen war dieses Kunststück bisher gelungen. Martin hatte nicht einmal mit dem Gedanken gespielt, ein Teil dieser erlesenen Gesellschaft zu werden.

»Ich gebe lediglich die aktuellsten Neuigkeiten in der Expeditionswelt wieder.«

»Du machst Witze, oder?«, fragte Martin.

»Auf Explorers Web, die dich zwei Mal zum Abenteurer des Jahres gewählt haben, steht, dass du dich gerade am Everest befindest und dass dies der Start deiner neuen Bergkarriere ist. Sie verweisen auf nicht näher genannte Quellen, die behaupten, der Everest sei nur der Anfang. Angeblich planst du, alle vierzehn Achttausender in Angriff zu nehmen. Als erster Mensch überhaupt in absteigender Reihenfolge, vom höchsten bis zum niedrigsten.«

Martin versuchte die Fassung zu bewahren, schließlich wusste er, dass ihn alle ansahen. Innerlich wollte er laut aufschreien. »Ihr glaubt mir ohnehin nicht, wenn ich es leugne«, konstatierte er und hoffte, ein Lächeln zustande zu bringen.

»Nein«, antwortete Sir Richard. »Nicht, wenn man bedenkt, dass du einer der Helden dieser Internetseite bist und dass ihr einen guten Kontakt zueinander pflegt. Zweifellos wirst du einer der größten Abenteurer aller Zeiten werden, wenn man deine anderen Erfolge hinzunimmt.«

Martin unterdrückte den Impuls, zu erzählen, dass er in seinem Leben nur zweimal mit den Leuten hinter der Seite Explorers Web gesprochen hatte, und zwar am Telefon. Wer diese Leute waren, ahnte er nicht. Irgendjemand musste die Geschichte mit den Achttausendern erfunden haben, jemand, dem daran lag, dass er als der Größte dastand. Bei der erstbesten Gelegenheit würde er jemandem von Mendlers Team die Faust ins Gesicht rammen. Aber es wäre ein lächerliches Unterfangen, die Geschichte zu dementieren, das würde die anderen in ihrem Glauben an die Wahrheit dieses Vorhabens nur bestärken. Und für einen kurzen

Moment ertappte er sich bei dem Wunsch, dass es die Wahrheit wäre.

»Für jemanden, der die Höhe nicht mag, sind alle Achttausender ein mehr als gewagtes Ziel«, flüsterte Celine ihm zu.

So leise er konnte, schälte Martin sich aus dem Schlafsack, stieg in seine Wanderschuhe und glitt aus dem Zelt. Der Mond hing groß und weißgelb über den Gipfeln im Osten.

Angespannt näherte er sich dem Speisezelt und lauschte. Wenn noch jemand im Zelt saß, dann vermutlich nur einer. Martin holte Luft und trat ein. Niemand da. Erleichtert setzte er sich und klappte den Laptop auf. Der Gedanke, dass all die anderen mehr über ihn wussten als er über sie, hatte ihn wach gehalten. Zu Hause hatte er sich nur halbherzig im Internet über die anderen Expeditionsteilnehmer informiert. Es fiel ihm schwer, Interesse an Menschen zu finden, denen er noch nie zuvor begegnet war.

Als Erstes suchte er nach Manuela, und er musste feststellen, dass sie in Italien wohl so etwas wie eine Berühmtheit war. Unzählige Bilder von Premieren, Fernsehsendungen und Modeschauen tauchten auf. Fast immer war sie in Begleitung irgendeines gleichaltrigen Dandys, aber nie zweimal mit demselben. Da er kein Italienisch verstand, begrenzte er die Suchergebnisse auf englischsprachige, machte sich aber keine allzu großen Hoffnungen. Doch schon der erste Treffer ließ ihn vom Stuhl aufspringen. »Das ist nicht zu fassen, verdammt«, murmelte er, während er las. Manuela Franchesi hatte eine andere Wetterdame des italienischen Fernsehens zu einem Wettrennen herausgefordert. Es ging darum, wer von ihnen als Erste den Gipfel des Mount Everest erreichte. Laut der britischen Zeitung *Independent* hatte Manuela die Herausforderung live im Fernsehen ausgesprochen, zur besten Sendezeit. Das hatte ein regelrechtes Mediengewitter in

Italien ausgelöst und das Land in zwei Lager gespalten. Beide Wetteransagerinnen hatten über hunderttausend Follower in den sozialen Medien. Jetzt, da sich beide im Basislager am Everest befanden, wurden jeden Tag unzählige Posts auf ihren Seiten verfasst. Martin hegte nicht den geringsten Zweifel daran, wo sich Manuelas Rivalin gerade aufhielt. Er war froh, dass sie auf ihrer jeweils eigenen Seite des Bergs waren.

Celine stellte den direkten Gegensatz zu Manuela dar. Ihr Leben als Bergführerin war, wie er wusste, ausführlich dokumentiert, sowohl von der Firma, für die sie arbeitete, als auch von ihren Klienten. Es war ein himmelweiter Unterschied zu Manuelas Catwalk-Leben. Martin stieß auf einen englischen Artikel über Celine Blanc, die die Eiger-Nordwand allein bestiegen hatte. Im Winter. Eine unfassbare Leistung, die fast schon unmöglich erschien. Hatte nicht diese Felswand der Bekleidungsmarke North Face ihren Namen verliehen?

Eine Suchmaschine mit Marks Namen zu füttern, nützte nichts, außerdem wusste Martin bereits mehr über seinen Zeltkameraden, als ihm lieb war.

Bei Sir Richard verhielt es sich da ganz anders. Auch sein Name lieferte mehrere Tausend Treffer, die sich alle auf die richtige Person zu beziehen schienen. Die Suchergebnisse über den Expeditionsleiter waren so systematisch positiv und wohlwollend, dass Martin der Verdacht beschlich, Sir Richard bezahle jemanden dafür. Der Mann musste auch eine andere Seite haben. Er kombinierte den Namen mit den Schlagworten Kritik, Führung, Wirtschaft und Feinde, ohne nennenswerte Ergebnisse zu erzielen. Ebenso erfolglos probierte er unzählige weitere Suchbegriffe aus, bis er auf die Idee kam, »Konkurs« einzugeben. Eine kurze Zeitungsmeldung, eher eine digitale Randnotiz eines britischen Blatts, dessen Namen er noch nie gehört hatte, berichtete über Sir Richard im

Zusammenhang mit Highmount Castle in Essex, einem vierhundert Jahre alten Schloss, das »seit mehreren Generationen von Konkursen geprägt« sei.

Eine Suche nach ebenjenem Schloss brachte Martin dazu, sich eifrig nach vorn zu beugen. Sir Richard war der Gutsbesitzer, und das war also das besagte Anwesen. Auf dem Bild wirkte Highmount Castle beeindruckend, ein klassisches Schloss aus dem 18. Jahrhundert, mit einem groß angelegten Garten vor dem Hauptgebäude, inklusive Wasserfontäne. Martin vermutete, dass es aus der Nähe betrachtet womöglich nicht ganz so beeindruckend aussah. Highmount Castle hatte sich siebzehn Generationen im Besitz der Familie Lawrence befunden, ehe der Anwalt John Lawrence Privatinsolvenz anmelden musste. Dem Geburtsjahr zufolge handelte es sich sehr wahrscheinlich um Sir Richards Vater.

Eine weitere Internetseite lüftete den Schleier um Sir Richards Familie ein weiteres Stück. John Lawrence hatte nicht nur Bankrott gemacht, obendrein war er für das Unterschlagen von Geldwerten seiner Klienten zu zwölf Jahren Gefängnis verurteilt worden. Zwischen den Zeilen las Martin von einem verzweifelten Kampf der Familie, das Anwesen zu retten. Das Schloss wurde bei einer Zwangsversteigerung an eine Hotelkette verkauft, die ihre Pläne, das Gebäude zu einem Tagungshotel umzubauen, allerdings aufgeben musste, da die Kosten zu explodieren drohten. Als dann Sir Richard Lawrence den Zuschlag für das Anwesen erhielt und es zurück in Familienbesitz brachte, hatte das Schloss mehrere Jahre lang leer gestanden. Martin vermutete, dass es sicher ein großer Augenblick für Sir Richard gewesen war – bis die ökonomische Realität ihn eingeholt hatte.

Damit wandte Martin sich von den wirtschaftlichen Sorgen seines Expeditionsleiters ab und suchte weiter. Ein John

Martin sprach in einem Leserkommentar im *The Guardian* von Sir Richard als »Sir Scharlatan«:

Das beste Beispiel für diesen willkürlichen Umgang mit Adelstiteln dürfte der sogenannte Abenteurer Richard Lawrence abgeben. Sein ganzes Leben hat sich Lawrence von unserem Drang ernährt, konstruierte Heldengeschichten zu lesen, die intelligente Menschen sich nicht einmal auszudenken imstande wären oder aber nur völlig sinnlos finden. Unter dem durchschaubaren Deckmantel von »guten Taten« hat er sein unersättliches Ego immer weiter aufgeblasen, und die britische Nation hat dieses Schauspiel nicht nur bereitwillig akzeptiert, sondern sogar mit öffentlichen Geldern unterstützt.

Wenn dieser plumpe und vollständig von sich selbst eingenommene Mann nun von der Queen in den Adelsstand erhoben werden soll, muss irgendjemand protestieren. Wer einen Blick hinter die Fassade wirft, wer die Erzählungen dieses Mannes über seine erfundenen erlebten Gefahren liest, wird erkennen, dass bei all diesen angeblichen Expeditionen offenbar nur eine einzige Person zugegen gewesen ist, nämlich Richard Lawrence selbst. Die übrigen Expeditionsteilnehmer sind in seinem Leben kaum mehr als Statisten, deren einziger Zweck darin zu bestehen scheint, unseren Mann noch weiter in den Vordergrund zu rücken.

Lediglich bei einer einzigen Gelegenheit hat Mister Lawrence einen Funken Anstand und Selbstkenntnis bewiesen, wahrscheinlich weil alles andere zu absurd gewesen wäre. Es geht um seine Expedition zum Dach der Welt, von der wir im Nachhinein nur recht wenig erfahren haben. Kein Buch, kein Film, keine Vortragstournee. Wer an dieser Expedition teilgenommen hat, muss schockiert darüber sein, dass dieser Mann ab Mai dieses Jahres mit »Sir« angeredet werden soll.

Martins Herzschlag raste, seine Handflächen waren nass vor Schweiß. Was war auf Sir Richards letzter Everest-Expedition passiert?

»Was machst du hier mitten in der Nacht?«

Martin fuhr auf dem Stuhl herum. In der Zeltöffnung stand Sir Richard und sah ihn mit erhobenen Augenbrauen an, ehe er sich auf ihn zubewegte.

Sir Richard wiederholte seine Frage, und Martin musste schlucken. »Ich konnte nicht schlafen«, sagte er und versuchte gleichzeitig, seinen Oberkörper vor den Computerbildschirm zu schieben.

»Sieht eher so aus, als hätte ich dich auf frischer Tat ertappt«, entgegnete der Expeditionsleiter. »Ich konnte auch nicht schlafen, deshalb wollte ich die Zeit nutzen, um ein paar Mails zu verschicken.« Sir Richard nahm sich einen Stuhl vom Tisch und stellte ihn neben Martin, der den Laptop noch immer verdeckte, indem er sich unnatürlich weit zur Seite beugte. Hinter seinem Rücken leuchteten zehn offene Tabs im Browser, die sich alle um den Mann direkt neben ihm drehten.

Martin setzte sein breitestes Lächeln auf. »Könnte ich dich vielleicht um einen Kaffee bitten, wenn wir schon zu so später Stunde gemeinsam hier sitzen«, sagte er.

»Ein Kaffee, kommt sofort, stets zu Diensten«, antwortete Sir Richard und ging zu dem Tisch, auf dem die Thermoskannen mit heißem Wasser standen.

Hastig drehte Martin sich um und versuchte, den Browser ganz zu schließen. Ein Fenster ploppte auf und fragte »Schließen und beenden?«, aber Martin klickte in seiner Aufregung mehrmals neben das Ja-Feld.

»Was ist es denn, was ich nicht sehen soll?«, fragte Sir Richard beiläufig, während er heißes Wasser über den Pulverkaffee goss.

»Ein Porno«, kam es prompt von Martin.

Der Brite lachte. »Bist du mitten in der Nacht aufgestanden, um dir ein Schmuddelfilmchen anzusehen? Nun gut, tagsüber ist das tatsächlich etwas problematisch, das sehe ich ein. Gut, dass ich nicht später ins Zelt gekommen bin.«

Martin spürte, wie sein Gesicht rot anlief. Zum Glück war das die einzig natürliche Reaktion in dieser Situation. »Ich glaube, ich überlasse dir die Arena«, sagte er und stand auf, als er die Kaffeetasse entgegennahm. Endlich gelang es ihm, den Browser mit der linken Hand zu schließen.

»Etwas Gesellschaft fände ich nett«, meinte Sir Richard und setzte sich vor den Laptop. »Du kannst mir ja ein paar Tipps für gute Seiten geben. Einsame Wölfe wie wir müssen schließlich zusammenhalten.«

Also nahm Martin am Esstisch Platz, er konnte ohnehin nicht zurück ins Zelt und sich wieder hinlegen, denn er hatte vergessen, den Browserverlauf zu löschen. Wenn Sir Richard auch nur ein minimales Verständnis von Technik hatte, wäre es ein Leichtes für ihn, herauszufinden, dass Martin weitaus stärker an negativen Informationen über seinen Expeditionsleiter interessiert war als an Pornos.

Keiner von ihnen sagte etwas, während Martin sich mit einem Kartenspiel beschäftigte. Er freute sich, dass es schon nach sechs Uhr war. Sich jetzt schlafen zu legen, wäre unnatürlich. Besonders für jemanden, der angeblich nicht schlafen konnte. Eine halbe Stunde später fiel es Martin immer schwerer, sich wach zu halten. Mehrere Male nickte er ein, und beim letzten Mal fiel ihm der Kartenstapel aus der Hand. »Solltest du nicht schlafen gehen?«, fragte Sir Richard.

»Ich lege mich nach dem Frühstück hin«, antwortete Martin.

»Du musst nicht auf mich aufpassen. Ich habe nicht vor, mir die Pornoseiten anzusehen.«

Martin presste ein Lachen hervor. Inzwischen war er bei der vierten Tasse Kaffee angelangt. Krampfhaft versuchte er, sich auf das Kartenspiel zu fokussieren. Eigentlich müsste die Angst ihn am Einschlafen hindern, aber er merkte, dass es nicht funktionierte.

Vielleicht war er kurz weggenickt, denn plötzlich saß Celine direkt vor ihm. Nach und nach trudelten auch die anderen ein. Sir Richard begrüßte sie alle, wich aber nicht von seinem Platz am Computer. Die Rettung kam aus einer unerwarteten Richtung, als der Koch das Zelt betrat und auf das Netzkabel des Laptops deutete.

»Ah, ja, das Diebesgut muss zurückgegeben werden«, erinnerte sich Sir Richard und grinste, ehe er den Stecker zog und dem Koch das Kabel reichte. »Will sonst noch jemand an den Computer, bevor der Akku leer ist?«

Manuela stand rasch auf, und Sir Richard machte ihr Platz. Erleichtert schnellte auch Martin auf und griff auf dem Weg ins Freie nach seiner Jacke.

»Willst du nichts frühstücken? Es ist gleich fertig«, rief ihm Sir Richard überrascht nach.

Doch Martin drehte sich nicht einmal um und ging schnurstracks auf sein Zelt zu.

Über die Eingangstür des Bretterverschlags hatte jemand den Namen »Africa Pub« gepinselt. *Absurder geht's nicht*, dachte Martin, ehe er Mark ins Innere folgte. Immerhin die Raumtemperatur erreichte afrikanisches Niveau, das musste man den Pubbetreibern lassen. Sie befeuerten ein Ungetüm von Ofen mit so viel Yakmist, dass das Harz aus den Holzbrettern quoll. Überraschenderweise spendierte Sir Richard eine Runde Bier für alle, während sie sich bis auf die T-Shirts auszogen. Martin protestierte nicht und nahm das Bier entgegen, obwohl er auf Expeditionen ansonsten eigentlich nie trank. Er nippte an der Flasche und lauschte den Gesprächen der anderen. Ihnen war allen nach einer Luftveränderung gewesen, und vom Basislager aus war es nur ein Spaziergang von einer knappen Stunde bis ins Barackendorf, das sie vor zwei Wochen durchquert hatten.

Ein junges amerikanisches Ehepaar, das auf einer Rucksacktour unterwegs war, um den Everest zu bestaunen, waren die einzigen Gäste neben ihnen. Martin musste innerlich grinsen, als er mitbekam, wie frustriert die beiden Amerikaner darüber waren, nicht an den chinesischen Wachen am Dorfausgang vorbeizukommen. So nah dran am Everest und doch so weit davon entfernt. Als den jungen Eheleuten dämmerte, dass sie von den Expeditionsteilnehmern ein wenig mehr über das Leben »da oben« erfahren konnten, setzten sie sich zu ihnen an den Tisch.

Der junge Mann hieß Jake, und Martin begriff schon bald, dass er über den Everest mehr als nur ein bisschen Bescheid wusste. Jake schnappte sich zwei Bierflaschen und ließ sie gegeneinander klirren, um die Aufmerksamkeit der Runde zu gewinnen. »Wer war der Erste auf dem Gipfel des Everest?«, fragte er, scheinbar wie ein neugieriger Tourist.

»Sir Edmund Hillary und Tenzing Norgay, im Mai 1953«, antwortete Mark prompt. Erwartungsvoll ließ Jake den Blick über die Gesichter der anderen am Tisch wandern.

»Das weiß niemand«, entgegnete Manuela.

»Aber viele haben eine klare Meinung dazu«, ergänzte Sir Richard. Er kippelte mit dem Stuhl nach hinten und wirkte müde und uninteressiert.

»Wer glaubt, dass es jemand anderes als Hillary und Norgay war, hebt kurz die Hand«, forderte Jake sie auf.

Und los geht die Diskussion, dachte Martin, während er darüber nachsann, wie er selbst zu dem Rätsel stand, das so viele Menschen seit bald hundert Jahren beschäftigte. Bei ihrer dritten Expedition zum Everest, 1924, hatten die Briten allmählich genügend Erfahrungen gesammelt, um den Gipfel tatsächlich erreichen zu können. Zwei Bergsteiger, der routinierte George Mallory und der junge Sandy Irvine, wurden auf 8400 Metern gesichtet, offenbar auf dem Weg zum Gipfel. Kurz darauf hüllten sich Wolken um die beiden, und sie wurden nie wieder gesehen. Waren sie auf dem Weg nach oben ums Leben gekommen, oder starben sie beim Abstieg, nach einem Besuch auf dem Gipfel? Das war die große Frage.

Martin beschloss, seine Hand nicht zu heben.

»Für diese Diskussion habe ich keinen Nerv«, stöhnte Sir Richard auf. »Seit dreißig Jahren höre ich sie in jedem Base Camp. Immer gibt es irgendeinen Fanatiker, der glaubt, die Antwort auf etwas parat zu haben, das für alle Zeiten ein ungelöstes Rätsel bleiben wird.«

Martin lauschte der Diskussion nur mit halbem Ohr. Er sah, dass Sir Richard die Augen geschlossen und beide Hände um seine Bierflasche gelegt hatte. Urplötzlich riss der Brite die Augen auf und leerte die Flasche in wenigen langen Zügen. Dann stand er unvermittelt auf, und das Gespräch erstarb. Alle starrten ihn an. »Wollen wir uns nicht gleich darüber streiten, ob der Mount Everest nun 8850 oder 8848 Meter hoch ist? Selbst darüber ist man sich uneins.«

»Der Berg ist ohne jeden Zweifel 8850 Meter hoch«, behauptete Jake. »Das haben die Amerikaner 1999 exakt nachgemessen.«

»Während sich die späteren Messungen Chinas und Nepals einig sind, dass die Höhe bei 8848 Metern liegt«, erwiderte Martin.

Jake erhob seine Stimme. »*National Geographic* sagt, es sind genau 8850 Meter.«

»Am besten macht ihr die ganze Nacht einfach so weiter«, schlug Sir Richard mit einer ironischen Verneigung in die Runde vor und verließ den Pub mit gebeugtem Rücken durch die niedrige Tür.

»Er hat vermutlich recht«, murmelte Mark. »Bestellen wir lieber noch ein Bier.«

Die immer lauter werdende Gruppe zog weiter in die »Himalaya Bar«, dann ins »Hollywood Heaven«, und von dort wankten sie schließlich ins »Paris by Night«, wo sie die einzigen Gäste waren. Jake und seine schweigsame hübsche Frau waren immer noch mit dabei, offensichtlich wurde Jake nicht müde, nach Details über das Expeditionsleben zu fragen.

Mark orderte in einem beeindruckenden Tempo Bier nach, niemand war in der Lage, sich zu drücken. Ein Tablett nach dem anderen mit frisch gefüllten Plastikbechern wurde an den Tisch getragen. Martin achtete darauf, stets ein Glas in der Hand zu halten, aber er tat nicht mehr, als daran zu nippen. Trotzdem wurde seine Zunge immer schwerer, und er bemerkte, dass er sich um einiges umständlicher ausdrückte als sonst. Lag es etwa an der Höhe?

Irgendwann stellte der wenig vertrauenerweckende Inhaber der Bar ein ganzes Tablett mit Gläsern zwischen sie, in denen ein durchsichtiger Branntwein schwamm, von dem der Mann hartnäckig behauptete, es handele sich dabei um Wodka. Als der Schnaps serviert wurde, strichen auch Manuela und Celine die Segel, nur Martin, Mark, Jake und seine Frau blieben sitzen.

»Ich kenne einen Regisseur aus Hollywood, der auf der Suche nach einem Drehbuch über das Rätsel am Everest ist«, nuschelte Jake. »Ich habe vor, es zu schreiben.«

»In Hollywood kenne ich jeden«, fiel Mark ihm ins Wort.

»Er behauptet, er kann einen großen Kinofilm finanzieren.«

»Das heißt, eigentlich kennen die eher mich«, kicherte Mark.

Martin verdrehte die Augen und sah zu Jakes Frau, die sich ebenfalls zu langweilen schien.

»Meine Freundin sollte die Hauptrolle in deinem Film bekommen«, faselte Mark weiter. »Also, falls sie nicht zu hübsch ist. Models im Himalaya sind nicht glaubwürdig, da passt jemand wie deine Frau besser.«

Jakes Gesicht lief rot an, und er starrte Mark mit zornigem Blick an. Dann setzte er plötzlich zu einem lauten Kichern an. Martin fand noch die Zeit, daran zu denken, dass das Geräusch eine perfekte Imitation von Marks Lachen war, ehe sich sein Expeditionskamerad mit explosiver Kraft quer über den schmalen Tisch warf und Jake zu Boden riss. Obwohl seine Beine noch auf der Tischplatte lagen, gelang es ihm, Jake nach unten zu drücken und ihm einen heftigen Faustschlag ins Gesicht zu verpassen, bevor Martin reagierte. Er packte den Arm, mit dem Mark zu einem weiteren Schlag ausholte, und zerrte ihn nach hinten. Sein Einschreiten war so schlecht koordiniert, dass er rückwärts stolperte und stürzte und Mark zum Teil auf sich zog, als dessen Beine von der Tischplatte glitten. Mark versuchte, sich mit Gewalt zu befreien, aber Martin hielt den Arm, den er zu fassen bekommen hatte, krampfhaft umklammert. Am Rand registrierte er, dass eine Frau hysterisch schrie, bis ihm klar wurde, dass es Jakes Ehefrau war.

Martins nächster Gedanke war, dass sie verschwinden mussten. Er rief es Mark ins Ohr, der endlich aufhörte, Widerstand zu leisten. Stattdessen rollte er sich auf die Seite und kam auf die Knie. In seinem Blick loderte noch immer Zorn. Martin musste sich anstrengen, um zwischen umgestoßenen Stühlen und Tischbeinen aufzustehen. Als er wieder stand, schaute er zu Jake, der noch am Boden lag. Seine Frau versperrte die Sicht auf seinen Kopf, aber das Blut am Boden sprach Bände. Martin packte Mark im Nacken und schleifte ihn mit sich aus der Tür.

Die spärliche Beleuchtung aus den Schuppen zu beiden Seiten der dunklen Schotterstraße warf schwache Lichtstreifen auf sie. Martin warf einen Blick die Straße hinauf und dann auch hinunter, konnte sich aber für keine Richtung entscheiden. Aus der Bar drangen laute Rufe, und er fasste Mark am Arm. Gemeinsam torkelten sie die Straße entlang und schafften es sogar, eine Art Spurt hinzulegen. Martin führte sie in den letzten Verschlag auf der linken Straßenseite. In der Ecke des Lokals verstummte eine Gruppe Tibeter, als die beiden Riesen den niedrigen Raum betraten. Obwohl der Ofen glühte, trugen die Männer ihre gesamte Bekleidung.

Martin sah sich um, irgendwas an dem Lokal erschien ihm eigenartig. Dennoch nahm er auf einem der grob gezimmerten Holzstühle Platz und zog Mark auf den Stuhl neben sich.

»Zwei Bier«, bellte Mark einem ältlichen Tibeter zu, der hinter einem Vorhang auftauchte, und hielt zwei Finger in die Luft. Der Alte nickte und verschwand wieder.

Martin protestierte nicht, dieses Bier brauchte er jetzt. Er hatte seit dem Frühstück nichts mehr gegessen, also griff er nach der schmierigen und in Plastik eingeschweißten Karte, auf der er die hier angebotenen Speisen vermutete. Es war zwar eine Karte, wenn auch nicht ganz die Sorte, die er erwartet hatte. Er hielt sie vorsichtig zwischen Daumen und Zeigefinger und ließ sie vor Marks Gesicht hin und her schwingen. »Willkommen im höchstgelegenen Bordell der Welt.«

Mark schien sich ein wenig beruhigt zu haben. »Hier werden sie wahrscheinlich nicht als Erstes nach mir suchen«, sagte er. »Tut mir leid, was gerade passiert ist, ich hatte einen Blackout.«

Der Wirt stellte zwei große chinesische Bier vor sie. Mark zückte einen seiner wenigen Zwanzigdollarscheine und legte zischend einen Zeigefinger vor die Lippen, ehe er ihn dem alten Mann gab. Blitzschnell war der Geldschein verschwunden.

»Er ahnt wohl kaum, dass er den Mund halten soll, weil du ein Stück die Straße hinauf einen Touristen verdroschen hast«, meinte Martin.

»Spielt keine Rolle, solange es funktioniert«, entgegnete Mark. »Ich hoffe, unser Geld reicht, um eine Weile hier sitzen zu bleiben.«

Mark blinzelte und ächzte laut. »Stell den Ofen aus«, brummte er.

»Du darfst gern meine Zeltseite haben, sie liegt direkt in der Sonne«, sagte Martin.

Ein weiteres Stöhnen ertönte aus Marks Richtung, ehe der Amerikaner den Reißverschluss seines Schlafsacks öffnete und herauskroch. Für eine Weile blieb er auf der Seite liegen. »Was passiert, wenn Jake mich anzeigt?«, fragte er.

»Bei wem soll er dich denn anzeigen?«

»Dreihundert Meter entfernt befindet sich ein chinesisches Militärlager, schon vergessen?«

Daran hatte Martin zwar auch schon gedacht, aber er sah keinen Grund, die Dinge schwärzer zu malen als nötig. »Ich bezweifle, dass sie sich darum scheren, wenn ein betrunkener Amerikaner einen anderen betrunkenen Amerikaner in einer selbst zusammengezimmerten tibetischen Bar niederschlägt.«

»Schön und gut, aber was ist, wenn doch?«

»Samthandschuhe gehören hier eher nicht zur Uniformausrüstung, fürchte ich«, sagte Martin. »Wenn es für die Chinesen aus politischer Sicht das Richtige ist, dich festzunehmen, dann werden sie es tun, mit Gewalt und vor den Augen aller anderen, wenn sie das wollen.«

»Ich bin amerikanischer Staatsbürger«, protestierte Mark.

»Dann solltest du sie unbedingt daran erinnern. Anschließend kannst du noch verlangen, mit deinem Anwalt zu telefonieren. Mit etwas Glück sind es nicht dieselben Offiziere, die du auf dem Hinweg angebrüllt hast. Du weißt schon, die, die uns überwachen sollten.«

Für Sarkasmus war Mark nicht in der richtigen Stimmung, und er drehte sich wieder auf den Rücken. »In jedem Fall darf Sir Richard nichts davon erfahren.«

»Mein Mund ist fest verschlossen, ich werde schweigen wie ein Grab«, versprach Martin.

Sie besiegelten die Abmachung mit einem kurzen, aber festen Handschlag, ehe Martin sich aufsetzte. »Wenn ich nicht sofort aus dem Zelt komme, bringt mich diese Mischung aus Kater, Hitze und Flüssigkeitsmangel noch um.« Er hielt sich den Kopf. »Ich kapiere nicht, wieso es mir so schlecht geht, ich habe fast nichts getrunken.«

»Das liegt wahrscheinlich am Wodka, den ich dir ins Bier geschüttet habe, als du nicht hingesehen hast«, meinte Mark.

Verärgert sah Martin zu seinem zusammengekauerten Zeltkameraden. »Warum hast du das getan?« Er wartete nicht auf eine Antwort, sondern kroch zur Zeltöffnung, kniete sich hin, streckte den Kopf ins Freie und sog gierig die frische Luft in seine Lungen. Hinter sich vernahm er Geräusche, die nahelegten, dass Mark es eilig hatte, aus dem Zelt zu kommen. Martin ließ ihn vorbei, dann zog er ein neues T-Shirt aus seiner Tasche, schlüpfte in Trekkinghose und Schuhe und eilte hinüber ins Speisezelt.

Ohne ein Wort ließ Martin sich auf einen Stuhl plumpsen. Mit zitternden Händen füllte er einen Becher mit heißem Wasser und trank ihn, so schnell er konnte. Nach zwei weiteren Bechern tauchte Mark auf – nun in erheblich besserer Verfassung als vor einigen Minuten.

»Damit wären wir also endlich vollzählig«, konstatierte Sir Richard und nickte in die Runde. Er wirkte viel energiegeladener und motivierter als in den letzten Tagen. »Unser Plan ist, dass wir übermorgen erneut zum ABC aufsteigen und auf dem Weg dorthin wie beim letzten Mal im Zwischenlager übernachten. Nach einer Nacht im ABC geht es weiter hinauf auf den Nordsattel, wo wir eine weitere Nacht verbringen werden. Je nach Wetterlage und körperlicher Verfassung steigen wir über den Nordgrat weiter nach oben, eventuell sogar bis auf eine Höhe von 7500 Metern, bevor wir wieder bis ganz nach unten ins Basislager zurückkehren. Wir werden etwa fünf bis sechs Tage unterwegs sein. Gibt es Fragen?«

Niemand sagte etwas. Martin hatte ohnehin nicht vorgehabt, sich in die Pläne bezüglich der Akklimatisierung einzumischen.

»Hervorragend«, fuhr Sir Richard fort. »Wenn wir hierher zurück ins Base Camp kommen, werden wir uns einige Tage ausruhen, bevor wir für den eigentlichen Gipfelversuch bereit sind.«

»Wie weit ist denn das Anbringen der Fixseile zum Nordsattel und zum Gipfel vorangeschritten?«, wollte Mark wissen.

Sir Richard richtete einen fragenden Blick an Dawa.

»Bis jetzt ist noch nichts erledigt«, antwortete der Sherpa.

Mit ungläubiger Miene schaute Mark abwechselnd Dawa und Sir Richard an. »Warum nicht?«

Sir Richard wippte mit den Füßen auf und ab, während er sich mit der rechten Hand am Hals kratzte. »Wir haben ein Problem. Das heißt, nicht nur wir, sondern alle Expeditionen hier.« Eine kleine Pause entstand. »Die Sherpas streiken.«

»Wie bitte?! Die können doch verdammt noch mal nicht streiken!«, rief Mark. »Wir haben sie dafür bezahlt, ihren Job zu machen.«

Genau deshalb können sie ja streiken, dachte Martin.

»Sie halten die Zustände am Berg für unverantwortlich, aber im Endeffekt sind sie es wohl leid, all die schwere und gefährliche Arbeit zu verrichten, ohne dafür zusätzlich entlohnt zu werden«, erklärte Sir Richard und warf Dawa einen nach Bestätigung heischenden Blick zu. Der Sherpa sah in eine andere Richtung. »Die französische Expedition reist ab, da all ihre Sherpas durch die Lawine umgekommen sind«, fuhr Sir Richard fort. »Uns stehen also neue und harte Verhandlungen darüber bevor, wer sich um die gefährlichsten Vorarbeiten bis zum Gipfel kümmert. Wenn wir überhaupt jemanden davon überzeugen können, es zu tun.«

»Sie werden doch bezahlt«, wiederholte Mark, diesmal etwas kleinlauter.

Langsam begriffen sie, was die Situation bedeutete. Ohne Sherpas hatten sie nicht die geringste Chance. Ihre Expedition war in keiner Weise dazu aufgestellt, auf eigene Faust zurechtzukommen, das hätte mehrere absolute Top-Bergsteiger erfordert. Abgesehen davon war es eine Frage der Sicherheit. Martin hätte sich für eine andere Expedition entschieden, wenn nicht Sir Richard jedem Teilnehmer einen »persönlichen Sherpa« zugesichert hätte. Erschreckend viele der Toten am Everest befanden sich in der Nähe des Gipfels, und zwar allein.

»Wir haben keine Unterstützung durch Sherpas, und wir haben keinen Wetterdienst. Was genau machen wir eigentlich hier?«, fragte Martin und sah dabei Sir Richard an.

»Ich habe Wettervorhersagen«, meldete sich Mark und hielt zwei Blätter mit bunten Diagrammen und Kurven in die Luft. »Die Franzosen haben sie mir gestern gegeben. Aber da sie nach Hause fahren, sind es die letzten Wetterdaten, die wir bekommen werden.« Er legte die Ausdrucke auf den Tisch. Auf einem Blatt waren Niederschläge und Temperaturen angegeben, das zweite Papier bestand aus einem unübersichtlichen Wirrwarr aus verschiedenfarbigen Kurven.

»Das dort sind unterschiedliche Simulationen der Windverhältnisse in Gipfelnähe«, erläuterte Manuela und deutete auf das Blatt.

»Welche Kurve ist die richtige, die mit dem stärksten oder die mit dem schwächsten Wind?«, fragte Martin.

»Such dir die aus, die dir am besten gefällt.«

»Braucht man eigentlich eine Ausbildung, um das Wetter im italienischen Fernsehen anzusagen? Oder stellen sie dort ganz andere Anforderungen?« Mark klang hämisch.

»Die Ausbildung ist ungefähr so lang wie die, um Kleinanleger an der Wall Street um ihr Geld zu bringen«, gab sie zurück.

»Hört auf damit, alle beide«, stauchte Sir Richard sie zusammen.

Für eine Weile besahen sie sich die Wettervorhersagen in Stille.

»So oder so sieht es danach aus, als gäbe es in ein paar Tagen ziemlich viel Wind«, merkte Celine an und deutete auf eine der Kurven. »Genau dann, wenn wir auf siebentausend Meter steigen. Und außerdem soll es schneien«, ergänzte sie und zeigte auf einen grünen Balken, der auf dem ersten Blatt die Niederschlagsmenge angab.

Martin nahm die beiden Ausdrucke, drehte sich um und reichte sie Dawa. Der Sherpa warf nur einen flüchtigen Blick darauf, ehe er sie zurückgab. »Hübsch«, war sein Kommentar.

»Seht sie euch gut an«, forderte Martin die anderen auf. »Ab morgen gilt der Lamakalender.«

»Schluss mit dem Unsinn«, schimpfte Sir Richard. »Wir haben ein Satellitentelefon, wie ich schon mehrfach erwähnt habe. Ihr führt euch auf wie im Kindergarten.«

So einfach wollte Martin ihren Expeditionsleiter nicht davonkommen lassen. »Wir sollten unsere Sherpas treffen und uns gegenseitig ein wenig besser kennenlernen. Immerhin werden wir am selben Seil hängen, auf Leben und Tod. Am ersten Tag habe ich ihnen kurz Hallo gesagt, seitdem habe ich kaum einen von ihnen zu Gesicht bekommen. Vielleicht können wir sie ja doch dazu bewegen, den Streik abzublasen?« Sein Blick war immer noch auf Sir Richard gerichtet.

Zu seiner Überraschung nickte der Brite nach einem kurzen Moment. »Wir könnten ein gemeinsames Abendessen organisieren«, erklärte er sich bereit. »Kümmerst du dich darum?«, sagte er an Dawa gewandt, der das Kunststück fertigbrachte, zustimmend zu nicken, während sein Körper das exakte Gegenteil ausdrückte.

»Was für ein Scheißtag«, fluchte Celine vor sich hin. Sie saß vor ihren beiden Kameragehäusen und ging die Bilder durch. Draußen blies ein kleiner Sandsturm, starke Fallwinde wehten den Rongbuk-Gletscher hinab und wirbelten dabei Sandkörner auf, die auf der Haut brannten.

»Sag so etwas nicht«, mahnte Mark. »Heute ist ein großer Tag für mich. Seit unserem Start in Kathmandu sind genau drei Wochen vergangen, und ich habe beschlossen, meine Unterhose zu wechseln.«

»Zwecklos«, meinte Martin. »Du kannst in den nächsten acht Wochen trotzdem nicht duschen.«

»Du unterschätzt das Gefühl, etwas Sauberes am Leib zu tragen. Die alte Buchse werde ich ein Stück abseits vom Lager vergraben, sie ist meine Gabe an die Götter.«

»Du Ekel. Wieso benutzt ihr keine Papierunterwäsche so wie wir? Eine pro Tag, sie verbrauchen fast keinen Platz«, sagte Manuela.

»Ich sehe hier immer noch keine Dusche«, entgegnete Martin.

»Du hast doch nicht etwa vor, acht Wochen lang dieselbe Unterhose zu tragen?«

»Ich habe schon acht Monate lang dieselbe Unterwäsche getragen«, erwiderte Martin. »Was glaubst du denn, wie sich deine Haare nach acht Wochen ohne Shampoo anfühlen werden?«

»Ich zerschlage den ersten Spiegel, den ich sehe«, sagte Manuela.

»Ich kann dich trösten. Die Natur ist klüger, als du denkst. In den ersten drei Wochen werden die Haare immer fettiger, aber danach versteht der Körper, dass Seife und Wasser aus sind, und er kümmert sich selbst darum. Nach ungefähr drei weiteren Wochen sind deine Haare wieder vollkommen trocken. Shampoo und Conditioner sind keine natürlichen Bestandteile unserer grundlegenden Biologie.«

Manuela sah Martin mit schmalen Augen an. »Du verarschst mich, oder?«

»Wer es noch ein paar Wochen aushält, wird es herausfinden.« Martin lehnte sich auf dem Stuhl zurück und grinste.

Sir Richard trat ein. Er blieb in der Zeltmitte stehen und räusperte sich. »Es wird kein Abendessen mit den Sherpas geben. Dawa hat sie ins Advanced Base Camp vorgeschickt, damit sie die Fixseile bis zum Nordsattel legen können, bevor wir in zwei Tagen dort ankommen.«

Erneut fiel Martin auf, wie oft der Brite grau, abgekämpft und schwach wirkte, nur um im nächsten Augenblick wieder den starken Mann auszustrahlen.

»Ich dachte, sie streiken«, wunderte sich Mark. »Aber für die Gemeinschaft arbeiten sie trotzdem?«

»Es ist der Abschnitt ab dem Nordsattel, für den niemand Verantwortung übernehmen will. Bis zum Sattel verlegen sie die Seile in der Lawinenbahn. Dort ist es sicher, da es seit dem Lawinenabgang nicht mehr nennenswert geschneit hat«, erklärte Sir Richard.

»Das ist kein Zufall, sie wollen einfach nichts mit uns zu tun haben«, warf Martin ein. Sir Richard streckte beide Hände zu einer beschwichtigenden Geste aus, aber Martin dachte gar nicht daran, seinen Mund zu halten. »Ich kenne nicht die Namen unserer Sherpas, abgesehen davon, dass ich ihnen kaum begegnet bin. Wenn ich sie auf dem Weg nach oben treffe, würde ich sie nicht einmal wiedererkennen. So reduziert man nach meiner Erfahrung keine Risiken. Ich bin es gewohnt, dass man sich kennt, was eine Grundvoraussetzung für gegenseitiges Vertrauen ist.« Martin gestikulierte wild und breitete die Arme aus.

»Ihr könnt den Sherpas vertrauen«, versuchte Sir Richard zu beruhigen. Wieder stemmte er die Hände in die Hüften und straffte seinen Rücken.

Als wäre er ein kleiner Schuljunge, hob Mark die Hand, um anzuzeigen, dass er etwas sagen wollte. Es war so übertrieben, dass Martin grinsen musste. Mark bat sonst nie um das Wort, er ergriff es einfach. Dass er sich meldete, war lediglich ein Mittel, um die Aufmerksamkeit auf sich zu lenken. »Haben wir Lebensläufe zu unseren Sherpas?«

»Was hast du damit vor?«, fragte Sir Richard.

»Prüfen, ob ich auch das bekomme, wofür ich bezahlt habe«, antwortete Mark. »Ausschließlich Sherpas, die schon einmal den Everest bestiegen haben. Ich will einen Guide und niemanden, der vorhat, sich daran zu bereichern, es auf den Gipfel zu schaffen.«

Sir Richard nickte, und ein leichtes Lächeln umspielte seine Lippen. »Ich werde sehen, was sich machen lässt.«

Martin musterte die Wand aus Eis und Schnee unterhalb des Nordsattels, während sie sich ihr langsam näherten. Der Höhenunterschied zwischen ihrer Position auf dem Gletscher und dem Lager oben auf dem Nordsattel betrug fünfhundert Meter. Fünfhundert steile Meter aus Eis und Schnee.

Auf dem Weg zur eigentlichen Kletterpartie passierten sie die Lawinenreste aus der Vorwoche. Es waren unfassbare Schneemengen gewesen.

Die beiden vorangegangenen Tage, an denen sie vom Basis- übers Zwischenlager zum vorgeschobenen Basislager gezogen waren, stellten einen persönlichen Triumph für Martin dar. Zwei Tage lang hatte er sich ganz hinten gehalten, mehr Trinkpausen als die anderen eingelegt und nicht mehr gesprochen als absolut notwendig. Und so war er bei seiner zweiten Ankunft im Advanced Base Camp schließlich ein völlig anderer Mensch als beim ersten Mal. Nicht dass er sich besonders fit gefühlt hätte, es war noch immer eine gewaltige Anstrengung, aber ihm war nicht übel, sein Kopf drohte nicht zu zerplatzen, und er musste sich auch nicht sofort ins Zelt legen und schlafen.

Jetzt erreichten sie das untere Ende der Wand vor dem Nordsattel. Wie eine Schlange wand sich das gelb-grüne Seil gen Himmel, und Martin besah sich die Aufstiegsroute. Das letzte Stück schien senkrecht nach oben zu führen, darüber ragte eine Schneewechte über den Abgrund.

»Jetzt geht die Expedition los«, dröhnte Mark, als er sich ins Seil einhängte.

»Jetzt beginnen die Gefahren«, mahnte Sir Richard.

Mit raschen, geübten Handgriffen befestigte Manuela Steigklemme und Karabiner am Seil, wie Martin auffiel.

»Du bist schon oft geklettert, oder?«, sagte er.

»Oft genug.«

Martin tat sich mit seiner eigenen Ausrüstung schwerer, und er musste sich bei Celine abschauen, wie man das Seil richtig hielt. Manche der anderen wollten ihre Eispickel benutzen, mit Ausnahme von Dawa und Celine. Er selbst beschloss, den Eispickel vorerst an seinem Rucksack hängen zu lassen. Obwohl sein Instinkt ihm dazu riet, als Letzter zu gehen, ergriff er die Initiative und setzte sich an die erste Position.

Die Route verlief in der Mitte der Rinne, die die Lawine hinterlassen hatte, der Schnee dort war zwar fest, aber nicht vereist. Mit den Steigeisen hatte er einen sicheren Halt im Boden, und er zog sich mit der rechten Hand an der Steigklemme nach oben. Für ihn war die Steigklemme eine simple und absolut geniale Erfindung, die in derselben Liga spielte wie der Käsehobel und die Büroklammer. Man konnte die Klemme widerstandslos am Seil nach vorn schieben, aber nicht wieder zurückgleiten lassen. Richtiges Bergsteigen mochte das vielleicht nicht sein, aber wen kümmerte das schon? Da die Steigklemme am Klettergurt befestigt war, spielte es keine Rolle, ob er die Klemme losließ, er konnte ohnehin nicht nach unten rutschen. Und selbst wenn alles schiefging, könnte der zusätzliche Karabiner, der über ein separates Seil mit seinem Klettergurt und dem Aufstiegsseil verbunden war, nie weiter hinabgleiten als ein paar Meter bis zum nächsten Sicherungspunkt.

An der Spitze des ersten steilen Abschnitts erreichte er die erste Sicherung, einen tief in Schnee und Eis getriebenen Metallanker. Martin war besonders vorsichtig, als er den

Karabiner löste und hinter der Sicherung wieder einhängte, ehe er dasselbe mit der Steigklemme tat. Elementar wichtig war dabei, zu keinem Zeitpunkt ungesichert zu sein. Schon viele Bergsteiger hatten Unachtsamkeiten bei solch selbstverständlichen Dingen mit ihrem Leben bezahlt.

Zum ersten Mal drehte Martin sich um. Mark hielt sich direkt hinter ihm, die anderen waren weiter entfernt, zwischen ihnen hatten sich einige Lücken gebildet.

»Alles in Ordnung?«, fragte Mark, auf dessen Gesicht kein Grinsen mehr saß. Nach der kurzen Frage hing er schlaff im Seil und starrte auf seine Schuhe.

Erstaunlicherweise war tatsächlich alles in Ordnung. Allerdings war es noch höllisch weit bis nach oben. Um die beiden Gedanken auszusprechen, fehlte ihm die Luft. Also nickte er nur.

Schweigend warteten sie dort, bis Celine sie einholte. »Sir Richard verlangt, dass wir den Aufstieg in maximal fünf Stunden schaffen. Falls nicht, sind wir körperlich nicht in der Lage für einen Gipfelversuch.«

»Nicht beim ersten Mal«, keuchte Mark. »Ich denke, beim nächsten Versuch bekommen wir es hin.«

Martin hörte schon nicht mehr, was Celine darauf erwiderte, denn er drehte sich um und nahm den nächsten Seilabschnitt in Angriff. Er war nicht so steil wie der vorige, trotzdem hatte er nicht den Eindruck, dass er schneller vorankam. Lange schlug er sich mit einer simplen Kopfrechnung herum: Fünfhundert Höhenmeter in fünf Stunden entsprachen hundert Meter in der Stunde. Das waren etwas mehr als anderthalb Höhenmeter pro Minute. Innerhalb von einer Minute eineinhalb Meter nach oben zu steigen, erschien ihm kein allzu großes Problem darzustellen. Wie um sein Rechenergebnis zu bestätigen, machte er einige lange Schritte und zog sich am Seil empor, mindestens drei Meter in wenigen Sekunden. Sofort begann es in seinen Schläfen zu pochen, sein Puls raste, er schnappte nach Luft. Übelkeit stieg in ihm auf. »Du Idiot«, schimpfte er mit sich selbst.

Klüger durch den Schaden setzte er den weiteren Aufstieg im Schneckentempo fort. Das Gelände wechselte dabei zwischen steil und extrem steil. Direkt unterhalb des Sattels erwartete ihn dann eine fünfzig Meter hohe Wand, die gefühlt noch steiler nach oben ragte als die restliche Strecke. In der Wand gab es einige flache, aber vereiste Trittstufen, die jemand mit Steigeisen hineingetreten hatte. Martin war so sehr darauf konzentriert, nicht abzurutschen, dass er die Luft anhielt, was seinen Puls noch weiter in die Höhe trieb. Er blieb lange stehen, bis Puls und Atmung sich wieder normalisiert hatten, dann griff er erneut zum Seil und der Steigklemme. Er schob die Klemme einen halben Meter nach oben, packte sie mit beiden Händen und zog sich hoch.

Nachdem er den obersten Sicherungspunkt passiert hatte, lag er japsend im Schnee, zum Teil wegen des Sauerstoffmangels, teils vor Erleichterung. Es verging viel Zeit, ehe Mark eintraf. Und Martin schämte sich ein wenig darüber, dass ihn dieser Umstand so freute.

Mark legte sich neben ihn in den Schnee. »Sind wir oben?«

Martin deutete auf einen festgetrampelten und leicht ansteigenden Pfad zwischen großen Eishaufen, die aus dem Gletscher emporragten. Nur wenige Meter entfernt verlief quer zum Pfad eine tiefe Gletscherspalte, über die die Sherpas eine Aluminiumleiter gelegt hatten.

Auch Celine kletterte über die Kante und ließ sich neben sie fallen. Zum ersten Mal schien sie ein wenig erschöpft. Martin überprüfte den Höhenmesser sicher zum hundertsten Mal, seit sie den Aufstieg begonnen hatten.

»7020 Meter«, stellte er fest.

Sowohl Mark als auch Celine lachten zufrieden auf.

Sie warteten nicht auf den Rest ihrer Gruppe, und Martin übernahm erneut die Führung. An der Spalte hielten sie an. Sie war nur fünf Meter breit, dafür verschlug es Martin den Atem, als er sah, wie tief sie reichte. In ihm zog sich alles zusammen. Kurz unter ihnen verengte sich die Spalte zwar, sie war dort höchstens zwei Meter breit, aber ein Ende in der Tiefe war nicht in Sicht. Es drang lediglich ein schwarz-blaues Licht nach oben.

Mit je einer Hand nahm Martin die beiden Seile, die über die Leiter führten, und vermied es, nach unten zu sehen. Er war kurz davor, auf allen vieren über die Leiter zu krabbeln, nahm dann aber seinen Mut zusammen und balancierte vorsichtig über die improvisierte Brücke. Es war schwieriger, als er gedacht hatte, mit Steigeisen an den Schuhen eine Leiter zu überqueren, aber irgendwie schaffte er es auf die andere Seite.

Sie gingen weiter, bis sie den höchsten Punkt des Sattels erreichten, wo eine kleine Ansammlung aus hellgelben Zelten auftauchte, allerdings war niemand zu sehen. Etwas ratlos blieben sie stehen und sahen sich um.

»Hallo!«, rief Martin probehalber.

Aus dem nächstgelegenen Zelt kam ein Sherpa gekrochen, in der einen Hand hielt er eine Thermoskanne, in der anderen mehrere Plastikbecher mit Henkel. Martin und die beiden anderen liefen auf den Sherpa zu, während der für sie heißen Tee in die Becher schenkte.

»Kalt hier.« Martin schüttelte sich, worauf Mark ihn verständnislos anblickte. Martin hatte geglaubt, dass die Anstrengung des Aufstiegs für genügend Wärme sorgen würde, doch dafür hatten sie sich zu langsam bewegt. Er schätzte die

Temperatur auf minus fünfundzwanzig Grad, und er trug außer einem dünnen Funktionsshirt und einer Gore-Tex-Jacke nichts am Leib. Eilig holte er die Daunenjacke aus dem Rucksack und zog sie über.

Einigermaßen gewärmt durch die Jacke und den Tee hob er den Blick und betrachtete die Umgebung. Weit unter ihnen entdeckte er das Advanced Base Camp, dessen Zelte in der Moräne des weißen Gletschers wie kleine bunte Farbkleckse wirkten. Rechts von ihnen ging der Grat in den immer steiler ansteigenden Nordostrücken des Bergs über. Ganz oben thronte schließlich der Gipfel, um den sich der Jetstream zog. »Was für ein mächtiger Anblick«, staunte er.

Celine nickte. »Dass wir das erleben dürfen.«

Noch immer fehlten Manuela, Sir Richard und Dawa.

»Ich habe Sir Richard direkt vor dem steilsten Abschnitt überholt«, erzählte Celine. »Ich glaube, er hatte Probleme.«

Sie hatten sich bereits eine ganze Weile unterhalten, als die Fehlenden zu guter Letzt eintrafen. Manuela grinste und winkte ihnen zu, während Sir Richard mit schweren Schritten zwischen ihr und Dawa ging. Auf dem flachen Stück bis zum Lager musste er zweimal anhalten.

»Stimmt etwas nicht?«, fragte Mark, als sie bei ihnen ankamen.

»Der Magen«, antwortete Sir Richard knapp und schob sich an ihm vorbei.

»Wir haben etwas mehr als fünf Stunden gebraucht. So ein Pech, von uns wird es wohl keiner auf den Gipfel schaffen«, rief Mark ihm hinterher.

Sir Richards Gang sprach Bände. Martin begriff, dass der Brite zu entkräftet war, um etwas darauf zu erwidern. Ein Sherpa geleitete den Expeditionsleiter zu einem der Zelte, in das Sir Richard ohne ein weiteres Wort hineinkroch und verschwand.

»Da ist er noch mal glimpflich davongekommen, der hochnäsige Dödel«, meinte Mark und zwinkerte Martin zu.

»Lässt du deine Schuhe draußen stehen?«, fragte Mark verwundert.

»Das sind Outdoor-Stiefel, keine Pantoffeln«, erwiderte Martin. »Es ist besser, sie stehen bei minus dreißig Grad im Freien als im Zelt mit den Dämpfen vom Kocher. Da werden die Schuhe innen feucht und sind morgen dann voller Eis. Glaub mir, mit diesen Dingen kenne ich mich aus.«

»Ich wollte sie mit in den Schlafsack packen«, sagte Mark. »Hat mir ein Freund geraten.«

Martin lachte. »Noch schlimmer. Wenn du diesen Fehler machst, bevor wir auf den Gipfel steigen, kommst du ohne Zehen nach Hause.«

Darauf nahm Mark seine Schuhe und stellte sie neben Martins vor das Zelt.

Ehrlicherweise hätte ich noch erwähnen können, dass sie auch deshalb draußen stehen, weil ich keine Lust habe, die Steigeisen wieder abzunehmen, dachte Martin. Nach der Mühe, die es ihn gekostet hatte, die Steigeisen ordentlich an seinen Höhenbergschuhen zu befestigen, kam es nicht infrage, sie wieder abzunehmen, nur um die Schuhe mit ins Zelt nehmen zu können.

Durch Schlafsäcke, Isomatten, Rucksäcke, Jacken und Kletterausrüstung war es in dem kleinen Zelt ziemlich eng, sodass Martin in der Zeltöffnung saß. Den Schlafsack hatte er bis zum Bauch gezogen, darüber trug er die dicke Daunenjacke. Er hatte seinen eigenen Gaskocher hervorgeholt und schmolz gerade etwas Schnee zum Kochen und zum Trinken. »Hier oben brennt das Gas schlecht, weil der Druck bei der

Kälte sinkt. Aber zum Glück kenne ich einen Trick«, erklärte er und stellte die Gaskartusche in den Topf mit dem Schnee. Als das geschmolzene Wasser warm wurde, stieg auch der Druck in der Gaskartusche, und die Flamme des Brenners wuchs an. »Das nenne ich einen effektiven Kreislauf.«

Ganze drei Liter Wasser hatten sie so bereits geschmolzen, als Dawa mit zwei Thermoskannen voll heißem Wasser auftauchte. Er warf einen verdutzten Blick auf den Gaskocher und schaute dann auf die Kannen in seiner Hand.

»Ich kümmere mich gern selbst um meine Dinge«, sagte Martin.

»Das Essen kommt gleich«, kündigte Dawa an und stellte die Kannen in ihr Zelt.

»Ich habe Essen für uns da, nutz die Zeit lieber für etwas anderes«, erwiderte Martin und sah Dawa dabei in die Augen. Er glaubte, ein wenig Anerkennung darin aufblitzen zu sehen, ehe der Sherpa-Anführer nickte und wieder verschwand.

Mark schien es nichts auszumachen, dass man ihm heißes Wasser ans Zelt brachte, er füllte einen großen Becher und trank gierig davon. Martin sah ein, dass es unter diesen Umständen keinen Zweck hatte, aus reinem Trotz weiter Schnee zu schmelzen.

Er winkte Mark heran. »Setz dich zu mir, dann essen wir etwas«, sagte er und rückte ein Stück zur Seite, um Mark Platz zu machen, während er gleichzeitig versuchte, die Schlafmatte unter sich mitzuziehen. »Scheiße!« Er hatte den Topf vom Gaskocher gestoßen, sodass das heiße Wasser über den Zeltboden lief. Sie hatten nichts, womit sie das Wasser hätten aufwischen können, und bewegen konnten sie sich auch nicht.

»Wenn wir die Schlafsäcke auf den Isomatten halten, gefriert das Wasser auf dem Boden schnell zu Eis«, sagte Martin.

Mark entgegnete nichts, sondern grinste bloß. Aus einer der Thermoskannen, die Dawa ihnen gebracht hatte, goss Martin heißes Wasser in den nun leeren Topf und zog zwei Packungen gefriergetrocknete Nahrung aus seinem Rucksack. Das Wasser näherte sich schnell dem Siedepunkt. »Meine Geheimwaffe, wenn es hart auf hart kommt.« Martin hielt die Portionsbeutel in die Höhe. Er reichte Mark Nudeln mit Bolognesesoße, für sich selbst hatte er einen Rindfleischeintopf gewählt. Das Wasser brodelte inzwischen, und der Dampf war so dicht, dass sie sich kaum noch sehen konnten.

»Jetzt verstehe ich, was du damit gemeint hast, dass die Schuhe feucht werden«, bemerkte Mark.

»Sobald wir den Kocher ausschalten, wird der Dampf an der Zeltdecke gefrieren. Und wenn wir morgen früh wieder Wasser kochen, regnet es hier drinnen.«

Sie öffneten die Essensbeutel, und Martin goss heißes Wasser hinein. Da Mark keinen Löffel hatte, kramte Martin im obersten Fach seines Rucksacks. Er wusste, dass er irgendwo einen Ersatzlöffel aus Plastik hatte. War er eigentlich der Einzige, der Erfahrung mit Expeditionen hatte? »Gut umrühren, Beutel wieder verschließen und den Inhalt fünf Minuten ziehen lassen«, wies er Mark an.

Schweigend und jeder mit einer warmen Mahlzeit auf dem Schoß warteten sie. Inzwischen hatte die Dämmerung eingesetzt, und sie schalteten ihre Stirnlampen ein.

»Ich weiß, wieso Manuela so besessen von der Frage ist, wann wir auf dem Gipfel stehen können«, erzählte Martin. »Sie hat eine andere italienische Fernsehmeteorologin während einer Livesendung zu einem Wettrennen herausgefordert.«

Mark lehnte sich schmunzelnd zurück, während Martin das Wenige berichtete, das er über die Geschichte wusste.

»Welche der beiden ist hübscher?«, fragte Mark.

»Es ist eine knappe Kiste «, meinte Martin.

»Arme Manuela. Da hilft es nichts, Zweite zu werden. Vielleicht nicht einmal, wenn sie Erste wird. Die Schönsten gewinnen sowieso immer.«

»Manuela ist keine Verliererin.«

»Denk an meine Worte, Martin.«

Inzwischen war ihr Essen fertig, Martin öffnete sein Fertiggericht und probierte einen ersten Löffel. Sie aßen direkt aus den Beuteln, ohne ein Wort miteinander zu wechseln. Obwohl sie an einem der höchsten Orte der Welt lagerten, hatte Martin einen erstaunlichen Appetit.

Als Mark aufgegessen hatte, faltete er den Plastikbeutel ordentlich zusammen und lehnte sich zurück. »Gestern habe ich von der amerikanischen Expedition etwas gehört, das nichts Gutes verheißt«, erzählte er. »Auf der nepalesischen Seite hat eine Gruppe Sherpas letzte Woche drei westliche Bergsteiger angegriffen, oberhalb des berüchtigten Eisbruchs, auf über sechstausend Metern. Alle drei waren wohl geschätzt und bekannt. Offenbar hat der Mob sie umringt und wollte sie zu Tode steinigen, als zum Glück einige andere Bergsteiger intervenierten und freies Geleit für die drei aushandelten.«

Martin zweifelte Marks Informationen nicht an, der Amerikaner hatte ein unglaubliches Geschick dafür, mit allen möglichen Leuten ins Gespräch zu kommen. »Sie hatten sicher einen guten Grund dazu.«

»Es hieß, die drei wollten eine neue Route klettern und seien aufgestiegen, während gleichzeitig mehrere Sherpas an der Normalroute unterhalb von ihnen arbeiteten. Offenbar kam es zu gefährlichen Stein- und Eisschlägen, die tödlich hätten ausgehen können, aber den europäischen Kerlen schien das egal gewesen zu sein.«

Wie Martin die Lage einschätzte, war dieses Ereignis an sich wohl kaum drastisch genug, um die Sherpas zu so einem radikalen Verhalten zu bringen, vermutlich war es eher die angestaute Frustration aus zwei oder drei Jahrzehnten, die sich dort Bahn gebrochen hatte. Allein dieses Jahr waren bereits acht Sherpas ums Leben gekommen.

»Ich habe weder Sir Richard noch Dawa etwas davon erzählt, also behältst du es besser für dich«, ermahnte ihn Mark.

»Vergiss es, die Sherpas wissen darüber längst Bescheid. Jetzt haben wir wenigstens eine Ahnung, warum sie streiken.«

»Wir haben ein Sherpaproblem, und wir müssen es lösen«, meinte Mark. »Die Sherpas sind Nepals neue Oberschicht. Mit dem Geld, das sie mit uns verdienen, kaufen sie Hotels, Geschäfte und Restaurants in Kathmandu. Ihre Kinder werden Ärzte und Anwälte. Ihr neues Selbstbewusstsein ist einer der zentralen Gründe dafür, dass sie einen solchen Aufstand wagen.«

»An einem der gefährlichsten Orte der Welt will ich nicht auf jemanden angewiesen sein, der mich hasst.«

»Hast du eine Wahl?«, fragte Mark und knipste die Stirnlampe aus.

»Wie versprochen gibt es Regenwetter zum Frühstück«, sagte Martin, als er sah, dass Mark langsam wach wurde und blinzelte. Er hatte den Gaskocher angefeuert, und der Dampf aus dem Topf ließ das Eis an der Zeltdecke schmelzen. Es tropfte überall herunter und traf auch Marks Gesicht.

»Fuck.« Mark setzte sich auf. Er hielt Martin seine Jacke hin. »Die war auf links gedreht, jetzt ist sie innen klitschnass.«

»Wir sind hier eben nicht an der Wall Street. Willkommen in einer Welt voller Unbequemlichkeiten. Mit der Zeit wirst du lernen, besser auf deine Dinge aufzupassen.«

Martin streckte den Kopf durch die Zeltöffnung und spähte nach draußen. »Die Sonne scheint, ich tippe auf etwa zwanzig Grad minus, das heißt, das Wasser in deiner Jacke ist sicher bald verschwunden.« Er schaffte es nicht, ein glucksendes Lachen zurückzuhalten, als er Mark einen Becher mit heißem Tee reichte.

Seine körperliche Verfassung war außergewöhnlich gut: Er hatte auf über siebentausend Metern übernachtet und tatsächlich gut geschlafen. Sobald er sich in normaler Geschwindigkeit bewegte, spürte er die Höhe sofort, aber solange er alles gemächlich anging, fühlte er sich ausgezeichnet. »Heute ist der erste Tag der Expedition, an dem ich optimistisch bin«, sagte Martin.

Mit nach vorn gebeugtem Kopf schaute Mark zu ihm hoch. Anscheinend fiel es ihm sehr schwer, den Blick nach oben zu richten.

»Vielleicht liegt es einfach am Wetter«, mutmaßte Martin und schaute erneut ins Freie.

»Ich musste heute Nacht zweimal raus, um zu pinkeln. Dafür braucht man jedes Mal die komplette Sicherung, damit man nicht in die Tiefe stürzt«, beklagte sich Mark. »Musst du nachts nicht raus?«

Martin zog eine Plastikflasche mit breitem Ausguss aus seinem Schlafsack. In ihr schwappte eine gelbe Flüssigkeit. »Besorg dir so eine, und du bist zum letzten Mal nachts aus dem Zelt gekrochen.«

Ein geplagter Ausdruck legte sich auf Marks Gesicht, als er zum Zelteingang robbte, in seine Schuhe stieg und in Richtung des luftigen Abtritts verschwand. Nach einer Weile kehrte er breit grinsend zurück und reckte einen Daumen in die Höhe.

»War dein Toilettengang so erfolgreich?«

»Du weißt doch, ein Mann ist nur bei zwei Gelegenheiten wirklich glücklich. Die andere ist, wenn er kackt«, antwortete Mark.

Vor Lachen fiel Martin rücklings ins Zelt und prustete immer noch, als Mark über ihn hinweg zurück ins Warme kroch.

»Was gibt es hier denn zu lachen?«, fragte auf einmal Sir Richard, der vor der Zeltöffnung hockte und zwei Kannen Wasser sowie eine Schüssel mit Haferbrei hineinreichte.

»Entschuldige unsere gute Laune, wird nicht wieder vorkommen«, sagte Martin noch immer glucksend.

»Nach dem Frühstück steigen wir ins vorgeschobene Basislager ab«, teilte Sir Richard ihnen mit. »Macht euch bereit, in einer Stunde geht es los.«

Sowohl Martin als auch Mark stocherten in der farblosen Pampe. Ohne süße Beilage schien die Masse in Martins Mund gar nicht weniger zu werden.

Das Packen war schnell erledigt. Zelt, Schlafsack und Isomatte würden bis zu ihrem nächsten Aufenthalt liegen bleiben, und das Einzige, das Martin mitnehmen musste, war der Rucksack. Er stand vor dem Zelt, hielt das Gesicht in die Sonne und sog die Luft ein. »Die Luft hier ist wie Champagner, spürst du das? Denn genau wie bei Champagner gibt es einfach viel zu wenig davon.«

Mittlerweile stand Mark wieder auf den Beinen, aber sein noch immer nach vorn geneigter Kopf zeugte von den offenbar höllischen Schmerzen in seinem Hinterkopf. Er versuchte zwar, ein Lächeln zustande zu bringen, doch es geriet nur zu einer schiefen Grimasse.

Sir Richard winkte den beiden von seinem eigenen Zelt aus zu. »Seid ihr bereit?«

»Hätten wir uns für einen Gipfelversuch nicht noch in höheren Lagen akklimatisieren müssen?«, erwiderte Mark, der seinen Kopf gerade hoch genug heben konnte, um Sir Richard anzusehen.

»Die Seile reichen nur bis hierher«, sagte der Brite.

Mark deutete hinter ihn. »Der erste Teil des Grats da vorn sieht nicht weiter steil oder schmal aus. Wozu sollten wir dort ein Seil brauchen?«

»Ein Windstoß und du wirst über den Rand geweht, runter auf den Rongbuk-Gletscher.« Fast schien es, als bereite dieser Gedanke dem Expeditionsleiter eine gewisse Freude.

Übertrieben langsam, wie um zu betonen, dass kein Lüftchen wehte, leckte Mark an seinem Zeigefinger und hielt ihn in die Höhe.

»Außerdem sagt Dawa Nein«, ergänzte Sir Richard, bevor Mark noch etwas hinzusetzen konnte.

»Ich scheiße auf Dawa«, konterte Mark. »Ich habe für diesen Trip bezahlt, und ich will bestmöglich vorbereitet sein.«

»Ihr habt einen Vertrag unterschrieben, in dem steht, dass ihr den Anweisungen des Expeditionsleiters Folge leistet. Und ich sage, es ist ein No-Go.«

Mit unmissverständlichen Gesten zeigte Mark, in welche Körperöffnungen Sir Richard sich den Vertrag schieben konnte. Eine bedrohliche Stille legte sich über sie, ehe sie Dawa von einem der niedriger platzierten Zelte herankommen sahen.

Sir Richard nutzte die Gelegenheit. »Lasst uns hören, was Dawa dazu sagt.«

»Der erzählt uns doch nur das, von dem er glaubt, wir wollen es hören.« Mark trat gegen einen großen Schneeklumpen, der in Richtung des Sherpa-Anführers flog.

»Wie wäre es dann, wenn wir ihm eine offene Frage stellen?«, schlug Martin vor und ging auf Dawa zu. »Ist es ein Problem, dass wir nicht höher als hierher gekommen sind, um uns zu akklimatisieren, wenn wir uns auf den Gipfel begeben? Was ist deine Meinung?«, sagte Martin an den Sherpa gewandt.

»Es spielt keine Rolle, dass ihr nicht weiter oben wart. Wenn ihr auf über siebentausend Meter steigt, verschwendet ihr nur eure Kräfte. Kräfte, die ihr später noch brauchen werdet«, antwortete Dawa.

»Ist es etwa falsch, den Körper schrittweise an größere Höhen zu gewöhnen?«, hakte Mark nach.

»Ab einer Höhe von sechstausend Metern gewöhnt sich der Körper an gar nichts mehr«, erwiderte Dawa. »Letztes Jahr hat eine Expedition drei Wochen im Advanced zugebracht, um sich so gut wie irgend möglich zu akklimatisieren. Zum Schluss ging es allen so schlecht, dass sie die Tour abbrechen und nach Hause fahren mussten.«

Mit schmerzverzerrter Miene griff Mark an seinen Hinterkopf.

»Damit wäre diese Diskussion beendet«, bestimmte Sir Richard. »Wir steigen ab. Wenn wir das nächste Mal herkommen, wird es ernst.«

»Möchte jemand von euch duschen?« Dawa streckte seinen Kopf ins Speisezelt.

Überrascht schaute Martin ihn an, ehe sein Blick zu den anderen Expeditionsteilnehmern wanderte, die rund um den Frühstückstisch versammelt waren. Duschen?

»Wir bauen nebenan ein kleines Zelt auf, und jeder bekommt einen Trog heißes Wasser«, erklärte Dawa. »Und eine große Kelle.«

»Im Ernst? Bitte sag, dass das kein Scherz ist!«, rief Mark. »Dreißig Tage lang nicht zu duschen, geht in Ordnung für mich, aber die anderen fangen so langsam an zu müffeln.«

Manuela wirkte skeptisch, und Martin ahnte, wieso. »Du willst doch nicht die natürliche Verteidigung unseres Körpers gegen Schmutz zerstören, wo sie gerade allmählich zu wirken beginnt«, meinte sie, was ihr ein herzhaftes Lachen von Martin einbrachte. Manuela lief rot an.

»Ich glaube, es wird dir guttun, dich für ein paar Tage sauber zu fühlen«, sagte er, als ihm klar wurde, dass er mit seiner Werbung über die Wunder der Natur wohl ein wenig zu überzeugend gewesen war. »Was dich betrifft«, er wandte sich an Mark, »du wirst eh nie sauber, also kannst du dich ganz hinten anstellen.«

Mark nahm es mit einem breiten Grinsen. »Ich kann dir und Celine das Wasser schöpfen«, bot er Manuela an.

Nach der primitiven Dusche saß Martin ein Stück abseits des Zeltlagers auf einem Felsen und ließ sich von der Frühlingssonne wärmen, als Manuela auf ihn zukam.

»Sieht gemütlich aus.«

Martin rückte zur Seite und klopfte auf den Felsen. »Hier ist Platz für zwei.«

Manuela zog ihre Jacke aus und legte sie als Kissen unter, ehe sie sich setzte. Für einen Moment saßen sie still nebeneinander, dann gähnte Manuela und lehnte den Kopf an seine Schulter. »Du warst also nie verheiratet«, hielt sie fest. »Hast du die Richtige noch nicht kennengelernt?«

»Daran muss es wohl liegen.«

Hinter ihnen hörte Martin, wie jemand den Geröllhaufen hinunterrutschte, aber er drehte sich nicht um. Marks Stimme hallte von den Bergwänden wider. »Ach, wie romantisch.«

»Was soll denn so romantisch sein?«, fragte Manuela und setzte sich aufrecht hin.

Mark stellte sich vor sie. »Martin hat mir erzählt, du gefällst ihm besser als Celine«, tratschte er drauflos.

»Was soll das?« Mit einem Satz war Martin auf den Beinen und packte Mark an der Jacke. »Bist du komplett bescheuert?«

»Entspann dich, was ist denn mit dir los?« Mark befreite sich aus Martins Griff und ließ sie wieder allein, während Martin mit einer in die Hüfte gestemmten Hand zurückblieb.

Manuela sah ihn schmunzelnd an. »Hätte mir schlechter gefallen, wenn ich nur deine zweite Wahl gewesen wäre.«

Martin setzte sich nicht wieder, sondern stapfte mit langen Schritten zum Speisezelt, wo Sir Richard mit ausgestreckten Armen am Tisch saß. Seit dem Mittagessen am Tag zuvor hatte Martin ihn nicht mehr gesehen. »Ich dachte schon, du hättest uns verlassen«, begrüßte er den Expeditionsleiter.

»Ich habe mich ein wenig unwohl gefühlt und bin deshalb im Zelt geblieben.«

»Du hast nichts verpasst. Mehr als ein paar Hundert Schritte mache ich im Lauf eines Tages nicht.« Martin kratzte sich hinter dem Ohr. »Ich gehe im Dreieck zwischen Schlafzelt, Latrine und diesem Tisch hier.«

»Es kann an einem zehren, sich auszuruhen«, sagte Sir Richard.

»Du meinst zu warten. Ich glaube, ich bin nicht der Einzige, der bald verzweifelt. Wenn es inzwischen nicht einmal mehr einen Sinn hat, auf die Geröllberge ringsum zu klettern, verlieren die Tage ihre Bedeutung.«

»Warten ist eine Kunst. Vielleicht sogar die wichtigste im Himalaya.«

Seufzend ließ Martin sich auf einem Stuhl nieder und griff zu einem Kartenstapel. Es war der dritte ihrer fünf geplanten Ruhetage, bevor sie einen Gipfelversuch wagen konnten. Sofern die Wetteraussichten das zuließen. Aber das allein reichte nicht aus. »Außerdem müssen wir wegen des Sherpastreiks womöglich noch länger warten.«

Darüber schien Sir Richard nicht allzu besorgt. »Das regelt sich. Ob das Fixseil nun fünf Tage oder fünf Minuten, bevor wir es brauchen, dort liegt, ist unerheblich.«

»Wo halten sich die Streikenden auf?«

Sir Richard zuckte mit den Schultern. »Keine Ahnung. Hast du Dawa gesehen?«

Das hatte Martin nicht. Er legte eine weitere Patience, während Sir Richard immer noch mit ausgestreckten Händen dasaß und in die Luft starrte.

»Martin«, sagte er. »Was treibt dich an?«

»Die Freiheit, vielleicht.«

»Das kannst du nicht ernst meinen.« Sir Richard schüttelte den Kopf. »Wir sind nicht freier als andere Menschen. Sponsoren sind die schlimmsten Dienstherren.«

»Mir gefällt es, auf der ganzen Welt Vorträge zu halten und Bücher zu schreiben.«

Nach etwas Bedenkzeit nickte Sir Richard. »Warte, bis du das noch mal zwanzig Jahre gemacht hast.«

»So lange ziehe ich das nicht durch.«

»Wer und was ist Martin Moltzau ohne seine Expeditionen?«, fragte der Brite mit schmalen Augen.

Martin hielt dem Blick stand. »Und wer und was ist Sir Richard Lawrence ohne seine Expeditionen?«

Sie sahen sich für einige Sekunden tief in die Augen. Martin spürte, dass er sich viel unfreundlicher und abweisender verhalten hatte als eigentlich beabsichtigt. Der Schlossbesitzer vor ihm war siebenundfünfzig, und unabhängig davon, was der Mann selbst dazu dachte, neigte sich seine Karriere dem Ende entgegen. Sicher war Sir Richard noch weitere fünfzehn Jahre dazu in der Lage, Vorträge über seine Heldentaten zu halten, aber vor immer weniger Leuten und für ein stetig schrumpfendes Honorar, wie eine Popband, an die sich nach und nach niemand mehr erinnert. Allerdings konnte er von Everest-Expeditionen leben, solange er alle bis auf den Gipfel brachte. Nach einer Weile würde er nicht einmal mehr selbst auf den Berg steigen müssen, er konnte alles vom Base Camp aus organisieren.

Mark betrat das Zelt. »Jesus, hier ist ja eine Stimmung wie bei einer Beerdigung. Störe ich?«

»Nein, ganz und gar nicht. Wir tauschen lediglich ein paar Berufsgeheimnisse aus«, antwortete Sir Richard und zwang ein Lächeln hervor.

»Berufe, ja. Ich beneide euch nicht darum, jedes Mal das eigene Leben für ein bisschen Kleingeld aufs Spiel zu setzen.«

»Ich bin examinierter Jurist«, wehrte sich Martin und hörte, dass es jämmerlich klang.

»Wirtschaftswissenschaftler der London School of Economics«, verteidigte sich auch Sir Richard, ebenso jämmerlich.

»Hey, ihr müsst euch vor mir nicht rechtfertigen«, erwiderte Mark. »Ich bin froh, dass ihr nicht als Juristen und Wirtschaftswissenschaftler hier seid. In die Sherpas setze ich kein Vertrauen, und jetzt besäuft sich Dawa auch noch unten im Barackendorf.«

Die beiden alternden Abenteurer warfen ihm einen entsetzten Blick zu.

»Wer behauptet das?«, fragte Sir Richard.

»Der Koch.«

»Er kann kein Englisch.«

»Er hat es mir gezeigt«, erklärte Mark und leerte eine imaginäre Flasche in einem Zug.

»Dummes Geschwätz. Dawa trinkt nicht«, gab Sir Richard knapp zurück.

Auf dem großen Tisch im Speisezelt sah es aus wie nach einem wilden Kindergeburtstag. Überall stand schmutziges Geschirr herum, Schokoladenverpackungen, Krümel von Chips und Erdnüssen, Bücher, Zeitschriften, ein Rucksack, Mützen, Handschuhe und eine Handvoll Thermoskannen. Der Anblick bereitete Martin Übelkeit, also nahm er sich einen Müllsack und begann aufzuräumen. Am Kopfende des Tisches lagen Bücher und Magazine wild verstreut, die er in zwei ordentliche Stapel sortierte.

Zwischen den Magazinen entdeckte er ein aufgeschlagenes Notizbuch, dessen Seiten dicht beschrieben waren. Die Handschrift war krakelig und unsauber, so wie sie oft gerät, wenn man im Liegen schreibt. Er drehte das Buch um, aber auf dem Umschlag stand nichts. Gerade als er es auf den Stapel legen wollte, fiel sein Blick auf ein einzelnes Wort, »Martin«. Schuldbewusst sah er sich im leeren Zelt um, ehe er versuchte, den Satz zu deuten, in dem sein Name stand. Französisch. Celine. Früher hatte er einmal recht passabel Französisch sprechen und lesen können, aber das lag bald zwanzig Jahre zurück. »*Je fais confiance à Martin*«, meinte er zu entziffern. »Ich vertraue Martin«, bedeutete das in etwa, wenn ihn seine Sprachkenntnisse nicht ganz verlassen hatten. Er blätterte einige Seiten zurück und stieß erneut auf seinen Namen, doch er verstand nicht, in welchem Zusammenhang er genannt wurde. Auch die Namen der anderen Expeditionsteilnehmer tauchten auf, es musste sich also um eine Art Tagebuch handeln.

Es war nicht gerade einfach, die Handschrift zu entschlüsseln. Neben Manuelas Namen las er den Ausdruck »wäre zu einem Mord fähig«, konnte aber nicht einschätzen, ob Celine das wortwörtlich oder in übertragener Bedeutung meinte. Eine Frage, die sie auf Englisch notiert hatte, war mehrfach unterstrichen. »*Who is Mark Simmons?*«, stand dort, gefolgt von etwas, das er als »arbeitet nicht bei Goldman Sachs« aus dem Französischen übersetzte, und anschließend der Frage »*Who is he really?*« Auch etwas weiter im Text stieß er auf Marks Namen, allerdings ohne zu verstehen, was die Worte bedeuteten. Schnell schoss er mit dem Handy ein Foto der Buchseite.

Schwere Schritte vor dem Zelt ließen ihn das Tagebuch blitzschnell auf den Tisch legen, aber niemand trat ein. Zögerlich setzte er sich auf einen Stuhl, nahm das Buch und schob es wieder zwischen die Zeitschriften. Im selben Moment wurde die große Zeltöffnung zur Seite gerissen, und Mark kam herein. Er blieb direkt vor Martin stehen und musterte ihn von Kopf bis Fuß.

Martin fühlte sich so ertappt, dass er das Gefühl hatte, etwas sagen zu müssen. »Ich hatte eine Idee. Erinnerst du dich an das Hotel, an dem wir unten beim Kloster vorbeigefahren sind? Es wird in mehreren Expeditionsberichten erwähnt, und ich dachte, das wäre vielleicht eine ganz nette Abwechslung vom Lagerleben. Bestimmt gibt es dort auch eine Dusche.«

»Mit einer Dusche lockst du mich nicht dahin«, gab Mark zurück. »Wir haben erst gestern geduscht.«

»Aber ein Bett wäre doch ganz schön, statt des Schlafsacks. Außerdem haben sie garantiert ein Restaurant, wo sie etwas anderes servieren als hier, und vielleicht begegnen wir neuen Leuten.«

»Mir geht es gut hier«, lehnte Mark ab.

»Wir bestellen uns ein Auto und fahren bis vor die Tür.« Jetzt war Martin ganz Feuer und Flamme. »Und es nützt unserer Akklimatisierung. Auf der Everest-Südseite haben sie den großen Vorteil, dass sie in nur einem Tagesmarsch tausend Meter tiefer als das Base Camp steigen und Kräfte sammeln können.« Mark starrte Martin verdutzt an, der weiter auf ihn einredete: »Genau deshalb war Edmund Hillary der Erste auf dem Everest, obwohl er eigentlich nur die dritte Wahl seiner Expedition war. Er befand sich im Flachland, während die anderen sich oben am Berg abrackerten. Nach ihrem Scheitern war er bereit und voller Energie.«

Martin ließ sich auch von Sir Richards Auftauchen im Zelt nicht aus dem Konzept bringen und hörte erst auf zu reden, als der Expeditionsleiter sich mit verschränkten Armen neben Mark stellte. »Ich habe gehört, was du gerade erzählt hast, und ich kann dir mitteilen, dass das Hotel, von dem du träumst, nur hundert Meter niedriger als unser Lager liegt. Wenn du wirklich tausend Meter absteigen willst, kommst du um eine zweitägige Autofahrt nicht herum«, belehrte er Martin.

»Ich muss keine tausend Meter nach unten steigen. Alles, was ich will, ist ein wenig Veränderung.«

»Das Hotel ist eine Kaschemme.«

Resigniert streckte Martin die Hände in die Luft.

Anschließend wandte sich Mark an Sir Richard. »Ich habe dem Lager von Himalaya Dreams gerade einen Besuch abgestattet, und dort geht es zu wie in einem Sechs-Sterne-Hotel. Sie haben ein eigenes Kinozelt mit einer riesigen Filmauswahl, zum Mittag gibt es kaltes Buffet, sie schlafen auf Feldbetten, können jeden Tag duschen und haben verflucht noch mal weniger dafür bezahlt als wir.«

Sir Richard tat Marks Tirade mit einer Handbewegung ab. »Es hat einen Durchbruch gegeben«, sagte er. »Ich habe mich eben mit den anderen Expeditionsleitern darüber geeinigt, wie das Fixseil zum Gipfel angebracht werden soll. Sobald die Wetterverhältnisse es zulassen, geht es damit los.«

Mark klatschte theatralisch in die Hände.

»Darf ich daran erinnern, dass die Sherpas streiken?«, warf Martin ein.

»Wir haben uns geeinigt.«

»Wie viel?«, fragte Mark.

»Denkst du gelegentlich auch an etwas anderes?«, erwiderte Sir Richard.

»Streiks sind immer eine Frage des Geldes«, sagte Mark.

»Sind die Wetterverhältnisse immer noch gefährlich?«, erkundigte sich Martin.

»Gefahr ist relativ«, antwortete Sir Richard ähnlich ausweichend, wie sie es von Dawa kannten.

Mark verdrehte die Augen. »Dann sind sie eben relativ gefährlich. Korinthenkacker.«

Sir Richard setzte sich, ehe er weitersprach. »Die Sherpas wollen ein paar Tage warten, bevor sie mit der Arbeit beginnen. Es spielt im Grunde keine Rolle, solange sie uns einen Schritt voraus sind. Das Seil zu verankern, dauert nicht viel länger, als daran aufzusteigen, zumindest in dieser Höhe. Langsam geht es in beiden Fällen.«

»Was mussten wir zahlen, um uns mit den anderen Expeditionen zu einigen?«, wollte Mark wissen.

»Alle mussten etwas zahlen.« Sir Richard wich der Frage aus.

»Ich wiederhole: Wie viel?«

»Die schlechte Nachricht ist: Nach dem Lawinenunglück fehlt es an erfahrenen Sherpas. Wir müssen zwei Männer für den Job abstellen, Tenzing und Pemba, was bedeutet, dass sie sehr wahrscheinlich nicht in der Lage sind, bei unserem Gipfelversuch dabei zu sein«, gab Sir Richard zu.

»Du meinst, dass sie ganz sicher nicht mit uns zum Gipfel aufsteigen werden können«, korrigierte Martin.

»Vielleicht müssen sie nicht in den obersten Abschnitten arbeiten«, konterte Sir Richard.

»Damit kennst du dich besser aus. Die Besten müssen sich um die schwierigsten Aufgaben kümmern.«

Sir Richard nickte. Dabei krümmte er sich ein wenig, fast als litt er unter Schmerzen, fand Martin.

»Das bedeutet also, dass unsere Chancen, den Gipfel zu erreichen, sinken«, folgerte Mark und machte einen Schritt auf den Expeditionsleiter zu.

»Wir sind fünf Bergsteiger plus drei der besten Sherpas des gesamten Himalaya. Darum würde ich mir an deiner Stelle keine Sorgen machen«, entgegnete Sir Richard. Er sprach ruhig, wich auf dem Stuhl aber vor Mark zurück.

Die Unbefangenheit ihres Leiters überraschte Martin. Anfangs sollte ihre Truppe aus fünf Bergsteigern und ebenso vielen Sherpas bestehen, ein Sherpa pro Teilnehmer, sodass niemand in Gipfelnähe auf sich allein gestellt war. Gleichzeitig wurde ihm klar, dass der Sherpamangel noch weitere Konsequenzen nach sich ziehen würde. »Wer bringt unsere Ausrüstung in die höhergelegenen Lager, wenn uns zwei der ursprünglichen fünf Sherpas fehlen?«, fragte er. »Zelte, Schlafsäcke, Isomatten, Kochutensilien, Essen und nicht zuletzt die Sauerstoffflaschen. Wie stellst du dir das vor?«

Sir Richards Mund öffnete und schloss sich mehrmals, ehe er eine Antwort herausbrachte. »Die übrig gebliebenen müssen härter arbeiten.«

Fast schien es, als würde Mark vor Zorn gleich vom Boden abheben. »Verdammt, Ricky, das ist das Dümmste, was ich je gehört habe! Damit gefährdest du unsere gesamte Expedition!«

Der Brite straffte seinen Rücken. »Jetzt hört mal gut zu. Ich komme ohne Sherpa zurecht, und drei Weltklasse-Sherpas für euch vier sind alles andere als ein Sicherheitsrisiko. Wenn euch das zu heikel ist, habt ihr hier von vornherein nichts zu suchen. Was den Transport der Ausrüstung auf den Berg angeht, werde ich mich mit Dawa zusammensetzen. Dafür finden wir eine Lösung, von der ihr nicht einmal etwas merken werdet.«

»Du musst Lösungen für Probleme finden, die wir eigentlich nie hätten haben dürfen!«, brüllte Mark und stapfte zornig aus dem Zelt.

Was Martin viel mehr zum Nachdenken brachte als der Inhalt seiner Pläne, war die Art und Weise, wie Sir Richard sie vorbrachte. Zum ersten Mal seit Langem strahlte er Führungsstärke aus.

»Ich habe mit den Schweizern vom Wetterdienst gesprochen«, sagte Manuela, die sich in die Zeltmitte gestellt hatte. Alle anderen rund um den Tisch unterbrachen, womit sie beschäftigt waren, und drehten sich zu ihr um. Martin hatte den Eindruck, als hätte sie dieselbe Haltung angenommen wie im Fernsehen, wenn sie die Wetterprognosen verkündete.

»Bei diesem kleinen Spezialdienst arbeiten nur sechs Leute, und mit einem von ihnen habe ich studiert. Wir können jederzeit anrufen und bekommen Sonderservices.«

Sir Richard warf ihnen reihum Blicke zu, mit denen er ihnen zuzurufen schien: »Na, was hab ich euch gesagt?« Beinahe so, als ob es sein Verdienst wäre.

»In den nächsten Tagen sieht das Wetter nicht vielversprechend aus, das ist aber egal, da wir uns ohnehin hier im Base Camp aufhalten werden. Wie es danach weitergeht, ist natürlich schwerer vorherzusagen, aber generell nähern wir uns einer kurzen Periode mit oftmals gutem Wetter, bevor der Monsun einsetzt.«

»Alles, was wir brauchen, sind drei oder vier Tage mit durchgehend gutem Wetter«, sagte Sir Richard.

»Die bekommen wir. Die Statistiken zeigen, dass solche Fenster eintreten werden. Wir müssen nur etwas Geduld haben.«

Geduld zählt wohl eher nicht zu deinen Stärken, Manuela, dachte Martin.

Die Stimmung im Zelt lockerte sich, und alle hatten ein Lächeln im Gesicht.

»Sie wollen, dass ich mich mehrmals am Tag melde, sobald wir unseren Gipfelversuch begonnen haben«, berichtete Manuela weiter. »Außerdem freuen sie sich darüber, dass jemand vom Fach vor Ort Observationen vornimmt und sie mit ihnen teilt.«

Mark grinste breit und warf ihr einen Luftkuss zu.

»Komm, wir schießen ein Foto vom Everest im Sonnenuntergang«, schlug Celine gut gelaunt vor und hakte sich bei Martin unter.

Als sie die Moräne erklommen hatten, stand das Licht bereits niedrig, und nur die Spitze des Everest lag noch in der Sonne. Celine hatte zwei Kameragehäuse dabei und ihr gesamtes Arsenal an Objektiven. Martin wechselte die Linsen, während Celine fast ununterbrochen knipste, bis die Sonne hinter dem Berg verschwunden war.

»Wann war dein Vater hier?«, fragte Martin.

Auf diese Frage schien sie nicht gefasst gewesen zu sein, denn für einen kurzen Augenblick erstarrte sie, bevor sie weiter ihre Fotoausrüstung zusammenpackte. »Er hat an Sir Richards letzter Expedition teilgenommen«, sagte sie schließlich. »Aber darüber gibt es nichts zu reden.«

»Weiß Sir Richard denn, wer du bist?«

»Mein Vater hatte damals einen anderen Namen. Und ich halte es für keine gute Idee, ihn in die Sache mit reinzuziehen. Sie sind damals nicht als Freunde auseinandergegangen.«

Martin begriff. Sir Richard hatte wie ein Held auf dem Gipfel gestanden, während Celines Vater mit Verletzungen nach Hause gekommen war, die er sein ganzes Leben mit sich herumtragen würde. »Ich verstehe, wieso du an dieser Expedition teilnimmst, und gleichzeitig verstehe ich es nicht. Hilf mir auf die Sprünge.«

»Du musst rein gar nichts verstehen.«

»Ich vermute Rache als Motiv.«

»Vergiss es, habe ich gesagt.«

Als sie sich wieder auf den Rückweg machten, fiel Martin etwas ein, das er in einem Buch gelesen hatte. »Irgendwo hier in der Nähe stehen Gedenksteine für Leute, die am Berg ums Leben gekommen sind. Mal sehen, ob wir sie finden.« Nach etwa fünfhundert Metern entdeckten sie eine Reihe an Namensschildern, die wahllos zwischen Geröll und Felsen platziert waren.

»Wer hat sie hier aufgestellt?«, fragte Celine.

»Freunde oder Angehörige.«

Sie sahen sich um und lasen die Namen auf den Gedenksteinen. Auf manchen waren nur Name und Jahreszahl angegeben, bei anderen auch Todesdaten und Grußbotschaften. An einer Tafel mit der Aufschrift *David Sharp, 1972–2006* blieben sie stehen.

»Ein Schandfleck in der Geschichte des Bergsteigens«, sagte Martin. »Er ist auf 8500 Metern gestorben, am 16. Mai 2006. Lag mitten auf der Route, bei vollem Bewusstsein, war aber außerstande, sich selbst zu helfen, während Dutzende anderer Bergsteiger einfach über ihn stiegen und dort sterben ließen. Sie wollten den Gipfel erreichen, und nichts und niemand sollte sie daran hindern.«

»Ist das wahr?«

»Alle, die in dieser Nacht auf dem Berg waren, haben sich später viel Mühe gegeben, die Sache kleinzureden. David Sharp sei hoffnungslos verloren gewesen, behaupteten sie, und er habe sich für eine Rettung zu weit oben befunden.«

»Wahrscheinlich hatten sie recht damit.«

Martin schielte zu Celine. »Eigenartig, dass ein anderer Bergsteiger, dessen Familie man schon über seinen Tod benachrichtigt hatte, noch höher gefunden wurde, nur zwei

Tage später. Er lag im Koma und konnte sich folglich nicht mehr mitteilen, aber einige Sherpas schafften es trotzdem, ihn nach unten zu bringen und zu retten.«

Celine schüttelte den Kopf, sagte aber nichts.

»Was hättest du getan?«, fragte Martin.

»Das weiß man nicht.«

Sie hörten, wie jemand einen felsigen Abhang hinunterschlitterte und auf sie zusteuerte. Im dämmernden Abendlicht tauchte Mark auf. »Ich habe den Tipp bekommen, mir die Gedenkstätte hier oben anzusehen.«

Celine deutete auf die Tafel direkt vor ihnen und gab die Geschichte wieder, die Martin ihr gerade erzählt hatte.

»Alle sind auf eigene Gefahr hier. Ich erwarte keine Hilfe«, erklärte Mark großspurig.

»Pah! Ausgerechnet du«, schnaubte Martin. »Vor nicht einmal einer Stunde hast du dich über zu wenig Unterstützung durch Sherpas beklagt. Du hast für Hilfe bezahlt, und du erwartest sehr wohl welche.«

»Hört auf«, versuchte Celine zu schlichten. »Niemand kann sich in eine solche Situation hineinversetzen, bevor man sie selbst erlebt. Diskussionen darüber sind nichts als dummes Zeug.« Damit schwang sie sich ihren Fotorucksack über die Schulter und ließ Martin und Mark stehen, ohne auf eine Antwort zu warten. Die beiden sahen ihr hinterher.

»Ich hätte ihr sagen sollen, dass du auf sie stehst«, sagte Martin.

Mark lachte. »Nur zu. Tu dir keinen Zwang an.«

»Du hast dich aufgeführt wie ein Teenager, als du dir ausgedacht hast, ich würde mich für Manuela interessieren.«

»Ich habe dir lediglich einen Dienst erwiesen.« Mark lachte und zwinkerte ihm zu. »Sie ist ganz verrückt nach dir.«

Martin lag auf seinem Schlafsack und studierte die Handyaufnahme, die er von Celines Tagebucheintrag geschossen hatte. Wenn er die Schrift heranzoomte, bestand kein Zweifel mehr darüber, was sie geschrieben hatte. Sogar bei Goldman Sachs hatte sie angerufen, vom Base Camp aus. Mark Simmons arbeitete nicht für die Bank, aber Martin wollte einfach nicht an einen Bluff glauben. Eine treffendere Parodie eines Wall-Street-Bankers als Mark konnte man sich nur schwer vorstellen. Am Ende der Seite stand ein halber Satz, der ihn das Rätsel um Mark beinahe vergessen ließ. »Ich muss die Wahrheit über Sir Richard herausfinden, viele sagen, dass …« Ihm wurde bewusst, dass er die zweite Hälfte des Satzes nie zu Gesicht bekommen würde, das Tagebuch würde wohl kaum noch einmal so offen herumliegen. War Celine hier, um sich für ihren Vater zu revanchieren? Trug Sir Richard überhaupt Schuld an den Verletzungen ihres Vaters?

Von draußen näherten sich schnelle Schritte, die auf dem Kies knarzten. Einen Moment später wurde die Zeltöffnung zur Seite gerissen, und Mark stürzte herein. Er warf sich im Vorzelt auf die Knie. »Das macht mich so scheißwütend«, fauchte er mit geballter Faust.

Martin setzte sich langsam auf.

»Der Kerl von Himalaya Dreams sagt, dass Sir Richard unsere Sherpas hätte behalten können, wenn er zugestimmt hätte, dass unsere Seile bis zum Gipfel verlegt werden. Wir sind die einzige Expedition, die vier Kilometer erstklassiges Kletterseil dabeihat, noch dazu in derselben Farbe. Die anderen Expeditionen waren bereit, für seine Seile zu bezahlen.

Aber dieser elende Geizhals hat ihnen lieber unsere zwei besten Männer gegeben, um das Seil aufzusparen. Für ihn geht es nur ums Geldsparen. Jetzt bekommt er was zu hören, das schwöre ich dir!« Aufgebracht raffte Mark sich auf und verließ das Vorzelt wieder, die offene Zelttür flatterte im Wind.

Mit einem tiefen Seufzen zog Martin seine Schuhe an, griff zur Fleecejacke und schleppte sich ebenfalls ins Freie. Er hatte keinerlei Interesse daran, den Streit zwischen Mark und Sir Richard mitzuerleben, also schlenderte er ziellos über die offene Geröllebene. Eine Person mit unverkennbarem Gang lief ihm entgegen. Obwohl noch einige Hundert Meter zwischen ihnen lagen, erkannte Martin sofort, dass es sich um Dawa handelte.

Hinter dem Sherpa rumpelte ein chinesischer Militärjeep in langsamem Tempo heran und wirbelte eine riesige Staubwolke auf. Als das Auto auf Dawas Höhe ankam, hielt es an, und zwei Offiziere stiegen aus. Sie sprachen mit dem Sherpa, der währenddessen strammzustehen schien. Offenbar wollten die Militärs, dass Dawa einstieg, aber der Sherpa weigerte sich und wich einen Schritt zurück. Daraufhin packten sie ihn an den Armen, stießen ihn auf die Rückbank und schlugen die Tür zu. Als der Geländewagen an Martin vorbeipolterte, wandte Dawa sich zu ihm um, aber sein Gesicht verschwand kurz darauf in der Staubwolke, die der Wagen hinter sich aufwirbelte.

Martin machte auf dem Absatz kehrt und sprintete zurück ins Lager. Am Speisezelt angekommen, war er so außer Atem, dass er kein einziges Wort herausbrachte. Die anderen blickten ihn erstaunt an, während er nach Luft schnappte.

»Sie haben Dawa mitgenommen«, keuchte er schließlich.

»Wer sind ›sie‹?«, fragte Sir Richard.

»Die Chinesen. Aus dem Militärlager.«

Sir Richard und Mark sprangen gleichzeitig von ihren Stühlen auf, während Martin sich setzte. Nach dem langen Spurt war ihm schwindelig, und er verspürte Übelkeit. Er versuchte, langsam zu sprechen. »Ein chinesischer Militärwagen hat Dawa angehalten. Zwei Offiziere haben ihn ins Auto gestoßen, und dann sind sie in ihr Lager gefahren.«

Sir Richard lief rastlos im Kreis und knetete die Hände. »Verflucht«, war alles, was er sagte, und das mehrfach.

»Ich gehe hin«, beschloss Mark.

»Ich komme mit«, sagte Martin.

Auch Manuela nickte.

Ihr Expeditionsleiter wirkte wie gelähmt. Er holte mehrmals tief Luft. »In Ordnung«, sagte er schließlich. »Wer will, kommt mit dorthin.«

Gemeinsam überquerten sie die Ebene, über die sich inzwischen die Dunkelheit gelegt hatte. Martin hatte sich keine Vorstellung davon gemacht, wie groß das Militärlager eigentlich war. Dort lebten sicher mehr Menschen als in allen Expeditionslagern zusammengenommen.

Weiter als bis zu den ersten olivgrünen Militärzelten kamen sie nicht, ehe zwei bewaffnete Wachen vor ihnen auftauchten. Mark ging mit energischen Schritten voran. Er schob die erste Wache vorsichtig zur Seite und lief weiter ins Lager hinein. Der zweite Wachmann reagierte mit einem scharfen Kommando und entsicherte sein Gewehr. Die Mündung zeigte direkt auf Marks Unterleib. Einen Meter vor ihm blieb Mark stehen. Im nächsten Augenblick waren sie umringt von Soldaten, allesamt mit Gewehren bewaffnet. Es wurde still. Die gesamte Szene wurde von einer einzigen Lampe beleuchtet, die an einem Mast auf dem Platz zwischen den Zelten hing.

»Wir wollen den Kommandanten sprechen«, verlangte Sir Richard mit entschlossener Stimme und machte einen

Schritt nach vorn, um zu demonstrieren, dass er das Sagen hatte.

Sein chinesischer Gegenpart trat ebenfalls aus dem Kreis der Soldaten heraus und deutete in die Richtung, aus der die Expeditionsgruppe gekommen war. »Go back«, sagte der Mann.

Niemand rührte sich. Sir Richard wiederholte sein Anliegen, eine Spur lauter als zuvor. Allerdings blieb der gewünschte Effekt auf den Offizier vor ihnen aus. Der Chinese bellte einen Befehl, worauf sämtliche Soldaten um sie herum die Gewehre anlegten und entsicherten. Mehr als zwanzig Gewehrläufe waren auf sie gerichtet.

Martin zog Sir Richard am Jackenärmel. »Lass uns gehen, ganz ruhig und friedlich. Wir sind bloß zu fünft und außerdem unbewaffnet. Sie sind eine ganze Kompanie der Volksbefreiungsarmee, hier gelten ihre Regeln.«

»*You fucking yellow bastards*«, fluchte Mark.

Martin hielt es durchaus für möglich, dass diese Vokabeln zum Wortschatz eines chinesischen Offiziers zählten. »Du kommst jetzt mit«, zischte er, ehe er sich umdrehte, den Ring aus Soldaten durchbrach und in Richtung ihres eigenen Lagers ging. Die anderen folgten ihm. Keiner sprach, bevor sie wieder um den Tisch im Speisezelt saßen.

Dawas Entführung war ein Rätsel. Seit ihrer Ankunft im Base Camp hatte Martin kein einziges Mal an ihre angeblichen Überwacher gedacht. Dann schoss ihm etwas anderes durch den Kopf. »Wie kommunizieren wir mit unseren Sherpas ohne Dawas Hilfe?«, fragte er, doch darauf hatte niemand eine Antwort. »Können wir ohne ihn überhaupt irgendetwas am Berg ausrichten? Wir wissen ja nicht einmal, wo sich unsere ganze Ausrüstung befindet«, sprach Martin weiter.

In der abendlichen Dunkelheit nahm die Atmosphäre im Speisezelt noch düsterere Züge an. Alle stocherten in ihrem Essen herum, sonst passierte nichts.

Martin schob seinen Teller von sich. »Ich halte es nicht aus, in dieser Stimmung hier herumzusitzen, ich schlüpfe lieber in den Schlafsack.«

Gerade als er aufstand, taumelte Dawa ins Zelt und wankte auf sie zu. Manuela fuhr von ihrem Stuhl hoch und half Dawa, sich auf seinen angestammten Reissack zu setzen.

Der ist rabendicht, war Martins erster Gedanke.

Auf einmal redeten alle durcheinander, während Dawa nur abwehrend die Hände hob.

»Haltet die Klappe«, rief Sir Richard zuletzt. »Erzähl«, forderte er dann den Sherpa-Anführer auf, der sich nach hinten an die Zeltwand gelehnt hatte.

»Ich habe Bier und Schnaps mit dem Kommandanten getrunken, stundenlang«, lallte Dawa. »Wir kennen uns von früher, ich habe einmal als Sherpa für eine chinesische Expedition am Kangchendzönga gearbeitet, an der er teilgenommen hat.«

»Zum Saufgelage entführt.« Mark gluckste. »Beim nächsten Mal dürfen sie mich festnehmen.«

»Er hat es nicht aus alter Freundschaft getan«, nuschelte Dawa weiter. »Das war ein Verhör. Er wollte wissen, ob wir Satellitentelefone besitzen und ob wir im Lager Computer nutzen. Ich habe alles abgestritten.«

»Hä?« Manuela war verwirrt. »Welchen Sinn hat das denn?«

»Wir haben diese Ausrüstungsgegenstände nicht in unserem Expeditionsantrag angegeben, daher verstoßen sie gegen das Gesetz. Sie können all diese Dinge beschlagnahmen und unsere Klettergenehmigung zurückziehen«, erklärte Dawa.

»Das glaube ich jetzt nicht«, sagte Manuela entrüstet und feuerte einen bösen Blick auf Sir Richard ab.

Der Brite räusperte sich. »Wir haben das getan, um allzu viel Bürokratie zu vermeiden. Es kommt vor, dass Anträge abgelehnt werden, oder sie verlangen astronomische Gebühren. Außerdem hätten sie dann möglicherweise unsere Kommunikation überwacht.«

»Das ist doch lächerlich. Jeder von uns hat doch sein eigenes Handy dabei«, sagte Martin und hielt sein Mobiltelefon in die Luft.

»Handys funktionieren nur hier unten, nicht am Berg«, entgegnete Sir Richard.

»Dann hoffen wir mal, dass sie ihm glauben«, sagte Celine und neigte ihren Kopf in Richtung Dawa, der inzwischen mit geschlossenen Augen dasaß.

»Es spielt keine Rolle«, meinte Mark. »Ich glaube nicht, dass eine chinesische Militärrazzia in den Zelten einer internationalen Expedition nach außen besonders gut wirken würde.«

»Als ob die das kümmert«, erwiderte Martin. »Vor ein paar Jahren haben chinesische Soldaten mehrere unbewaffnete tibetische Flüchtlinge am Base Camp des Cho Oyu erschossen. Alles geschah unmittelbar vor den Augen von Expeditionen aus der ganzen Welt.«

Laut krachend schlug Sir Richard eine Faust auf den Tisch. »Schluss mit diesem Gejammer. Dawa ist zurück und hat außer einer vorübergehenden Beeinträchtigung seines Gleichgewichtssinns keine weiteren Schäden davongetragen. Wir gehen jetzt schlafen. Und morgen früh sieht die Welt schon wieder besser aus.«

Er hatte schon bei fünfundfünfzig Grad minus in einem Zelt geschlafen, während Stürme und Orkane die Zeltstangen wie Streichhölzer umknickten und das Zelt in sich zusammenfallen ließen, und in Zelten, die nach tropischen Regenschauern unter Wasser standen. Er war von Wolfsgeheul geweckt worden, das ihm in Mark und Bein fuhr, von neugierigen Pinguinen, die ihre Köpfe in sein Zelt steckten. Natürlich war er auch schon in Luxushotels rund um die Welt zu einem Frühstück im Bett aufgewacht, mit einem Ausblick auf türkises Meerwasser oder weiße Alpengipfel.

Er hatte schon alles erlebt.

Nicht aber, dass er vom Tritt eines schweren Soldatenstiefels geweckt wurde und danach direkt in den Lauf einer Gewehrmündung sah. Hinter dem Gewehr blickte ihn das Gesicht eines jungen, ängstlichen Mannes an. Reflexartig wollte Martin die Hände in die Luft strecken, aber sie steckten im Schlafsack. Nur sein Kopf schaute aus der kleinen Öffnung heraus, die er eng zugezogen hatte.

Aus dem Augenwinkel entdeckte er einen zweiten Soldaten, der über Mark stand. Martin ging das Risiko nicht ein, seine Hände aus dem Schlafsack zu befreien, denn diese Bewegung könnte den Soldaten eventuell dazu bringen abzudrücken. Stattdessen blieb er so still wie möglich liegen und versuchte, Augenkontakt zu dem Rekruten aufzubauen. Irgendwo hatte er einmal gelesen, dass es schwieriger war, einen Menschen zu erschießen, wenn man ihm in die Augen blickte.

Er hatte den Drang, Mark darum zu bitten, ebenfalls still zu liegen, andererseits schien es ihm unklug, vor den Eindringlingen in einer Sprache miteinander zu kommunizieren, die die beiden nicht verstanden. Im Zelt war es noch ziemlich dunkel, später als halb sechs konnte es nicht sein. Nach einigen Augenblicken vernahm er Geräusche von draußen, die sich wie Kommandorufe anhörten.

Martin konzentrierte sich darauf, ruhig und gleichmäßig zu atmen. Sein Kinn begann heftig zu jucken, und er musste seine ganze Willensstärke aufbringen, nicht zu kratzen. Er versuchte, sich die Sache logisch herzuleiten. Zweifellos handelte es sich bei den Soldaten um die Mannschaft aus dem Militärlager, und es war mit Sicherheit kein Zufall, dass sie nur ein paar Stunden nach Dawas Verhör hier auftauchten.

Die Kommandorufe näherten sich nun ihrem Zelt. Jemand hob die Zeltplane an und blaffte einen Befehl. Die beiden Soldaten blieben genauso reglos stehen wie zuvor, dafür betraten zwei weitere Männer das Vorzelt. Sie schafften das gesamte Gepäck nach draußen, bevor sie sich in der Schlafkabine umsahen. Mit einer Taschenlampe leuchteten sie die Zeltwände entlang und nahmen einen kleinen Rucksack an sich, den Martin neben seinen Kopf gelegt hatte.

Er entspannte sich ein wenig, denn in seinen Sachen würden sie nichts von Interesse finden, es sei denn, jemand hatte ihm etwas Interessantes untergeschoben. Bei diesem Gedanken wand er sich unruhig im Schlafsack. Was eine unmittelbare Reaktion des jungen Soldaten über ihm zur Folge hatte. Der Mann bellte irgendwas und schien den Griff seines Fingers um den Abzug zu straffen.

Hätte Martin die Hände in der Luft gehalten, hätte er sie noch ein Stück weiter nach oben gestreckt, aber er konnte nichts anderes tun, als mucksmäuschenstill liegen zu bleiben. Die Minuten zogen vorüber, und er spürte am eigenen Leib, wie sehr die alte Wahrheit zutraf, dass es unmöglich ist, Angst konstant aufrechtzuerhalten. Das Gefühl von Furcht ist so erschöpfend, dass es nach einer gewissen Zeit schwindet, der Körper hat keine Kraft mehr dafür, und die Furcht gleitet langsam in einen Zustand apathischer Gleichgültigkeit über.

Die Razzia war brillant geplant. Sie im Schlaf zu überraschen, war das einzig Logische. Aus einer liegenden Position, noch dazu mit quasi gefesselten Beinen und Armen, war es unmöglich, in irgendeiner Form Widerstand zu leisten, was nicht zuletzt auch an dem Gewehrlauf direkt vor ihren Gesichtern lag.

Nach einer Weile hatte Martin das Zeitgefühl verloren. Draußen wurde es heller, vielleicht war eine Viertelstunde vergangen, vielleicht eine halbe. Ein plötzlicher scharfer Befehl von draußen ließ ihn die Augen weit aufreißen. Beide Soldaten senkten die Gewehre und wichen zurück, erst ins Vorzelt, dann ins Freie.

»Scheiße«, zischte Mark. »Die beiden hätte ich am liebsten mit meinen eigenen Händen erdrosselt.«

»Diese Chance wird dir verwehrt bleiben.« Martin rührte sich noch immer nicht, es gab keinen Grund, in einer unklaren Situation wie dieser aus dem Zelt zu hasten. Als die Geräusche von draußen sich zu entfernen schienen, zog er die Arme aus dem Schlafsack und setzte sich auf.

»Was war das?«

»Lass es uns herausfinden«, schlug Mark vor und kroch zum Zelteingang. Er streckte den Kopf hinaus und schaute in alle Richtungen. Mit einer Handbewegung bedeutete er Martin, ihm nicht zu folgen. »Es laufen immer noch ein paar Soldaten zwischen den Zelten herum«, sagte Mark und kam zurück ins Zelt.

Sie warteten eine Weile, ehe sie erneut einen Blick nach draußen wagten. Sir Richard stand vor dem Speisezelt und starrte in Richtung Militärlager, ansonsten war niemand zu sehen. Ihr Gepäck lag verstreut in der Mitte des Lagers. Es sah aus, als hätte jemand ihre Reisetaschen kopfüber gehalten und ausgeschüttet. Mark und Martin schlüpften eilig in Stiefel und Jacken und machten sich daran, ihre Sachen unsortiert zurück in die Taschen zu stopfen. Danach hasteten sie zum Expeditionsleiter.

»Sie haben nach Kommunikationsausrüstung gesucht«, teilte Sir Richard ihnen mit, bevor sie danach fragen konnten. »Den Computer und das Satellitentelefon haben sie konfisziert.«

»Das dürfen sie nicht«, sagte Mark entrüstet.

»Sagt wer?« Martin schüttelte den Kopf. »Gestern Abend haben wir erfahren, dass wir keine Genehmigung für so eine Ausrüstung beantragt haben.«

»Das war ein bewaffneter Raubüberfall, wir können nicht so tun, als sei nichts gewesen. Wir haben die Erlaubnis, hier zu sein.«

Nun kamen auch Manuela und Celine aus ihren Zelten und sahen sich ängstlich um. Sir Richard deutete aufs Speisezelt und ging hinein. Er setzte sich ans Kopfende und faltete die Hände vor sich.

Manuela sagte als Erste etwas und sah dabei zu Sir Richard. »Hast du mit einem von denen gesprochen?«

Er schüttelte den Kopf. »Keiner von diesen Kerlen spricht Englisch, auch nicht der, der das Kommando hatte. Aber es war offensichtlich, wieso sie hier waren.«

»Was geschieht jetzt?«, wollte Celine wissen.

»Im besten Fall gar nichts.«

»Und im schlimmsten?«

Sir Richard rutschte nervös auf seinem Stuhl. »Dawa hält es für möglich, dass wir ausgewiesen werden aus Tibet. Beziehungsweise aus China, wie sie es ausdrücken würden.«

Sie verfielen in Schweigen, während ihnen die Konsequenzen der Razzia deutlich wurden.

»Wir müssen so schnell wie möglich von hier los«, polterte Martin und schlug mit der Faust auf den Tisch. »Sie können niemanden des Landes verweisen, der nicht hier ist.«

»Und wo sollen wir uns deiner Meinung nach bitte verstecken?«, fragte Sir Richard.

»Wir brechen sofort zum Advanced Base Camp auf, noch heute. Ich glaube nicht, dass sie einen Trupp Soldaten dorthin schicken werden, um uns gewaltsam wieder zurück nach unten zu holen. Wenn sie uns das nächste Mal zu Gesicht bekommen, waren wir auf dem Gipfel, und dann werde ich mich augenblicklich ausweisen lassen.«

»Nachdem ich den ganzen Morgen in einen Gewehrlauf geschaut habe, wüsste ich nicht, was sie daran hindern sollte, uns aus dem Advanced nach unten zu zwingen«, entgegnete Celine.

»Hast du einen besseren Vorschlag?«

Nachdenklich lehnte Sir Richard sich auf seinem Stuhl zurück und starrte ins Nichts. »Ich glaube, Martin hat recht«, sagte er schließlich. »Es ist unsere beste Option. Ich habe jedenfalls keine Lust, hier zu sitzen und auf den nächsten Zug des Militärkommandos zu warten.«

Wieder verstummten sie. Manche nickten, jemand räusperte sich, sie alle warteten auf eine Ansage des Expeditionsleiters.

»Ich bespreche mich mit Dawa. In der Zwischenzeit packt ihr eure Sachen für einen Gipfelversuch. Seid sorgfältig und überprüft euer Gepäck gegenseitig, jetzt wäre es fatal, etwas zu vergessen. Wenn wir hierher zurückkommen, waren wir entweder erfolgreich, oder wir sind gescheitert.«

Martin und Mark knieten in ihrem Kuppelzelt und hatten ihre gesamte persönliche Ausrüstung auf je einer Seite des Zeltbodens verteilt.

»Jetzt, wo wir alles selbst tragen müssen, zählt jedes Gramm«, sagte Martin. »Nur was zwingend notwendig ist, kommt mit.«

»Auf mich wirkt das meiste hier ziemlich notwendig.«

»Eigentlich braucht man überraschend wenig. Vertrau mir, darin bin ich einsame Spitze.«

Martin packte mit System, von oben nach unten, und von innen nach außen. Keine zusätzliche Unterhose neben der, die er am Körper trug, dafür ein Paar dünne Wollsocken und ein Paar dicke. Immer nur eines von jeder Sorte. Die einzige Ausnahme bildeten Handschuhe.

»Verlierst du einen Handschuh, bist du erledigt«, sagte Martin. »Wenn du jemanden siehst, dem Finger oder Zehen fehlen, ist es wahrscheinlich ein Bergsteiger, der im Himalaya war. Das Blut wird in der sauerstoffarmen Luft hier oben so dick, dass es nicht mehr in die dünnen Blutgefäße in Fingern und Zehen transportiert werden kann. Und das, selbst wenn man dicke Handschuhe trägt.«

Mark hielt sich sklavisch an Martins Beispiel, er packte die gleichen Sachen in seinen Rucksack, ohne Fragen zu stellen.

Als die Kletterausrüstung an der Reihe war, hielt Martin inne. Auf diesem Gebiet kannte er sich nicht besonders gut aus, und am liebsten hätte er einfach alles mitgenommen. Aber er musste es auch tragen können. Er legte die gesamte

Ausrüstung auf den Rucksack und hob ihn an. »Viel zu schwer, irgendwas muss raus«, konstatierte er.

»Fragen wir doch einfach den, der sich dafür bezahlen lässt, so etwas zu wissen«, schlug Mark vor und kroch nach draußen. Noch bevor Martin damit fertig war, die Ausrüstung in kleine Haufen zu sortieren, kam Mark zurück. Der Amerikaner schaute auf eine Liste, die er auf seinem Handy angelegt hatte. Dann nahm er zwei Sätze Steigeisen, zwei Klettergurte, eine Steigklemme und mehrere über eine Bandschlinge miteinander verbundene Karabinerhaken, sogenannte Expresssets.

Martin tat es ihm gleich und hob seinen Rucksack erneut an, nachdem sie alles verstaut hatten. »Ungefähr zwanzig Kilo. Das ist schon eine andere Nummer, als mit ein bisschen Wasser und Schokolade auf dem Rücken unterwegs zu sein.«

Als sie fertig gepackt hatten, räumte Martin die aussortierten Dinge in eine seiner großen Reisetaschen. Er nahm den Rucksack in die eine Hand und die Tasche in die andere und stellte zufrieden fest, dass die Tasche, die im Base Camp zurückbleiben würde, am meisten wog.

»Endlich passiert was. Das viele Warten hat mich völlig verrückt gemacht«, freute sich Mark.

»Wir haben keine andere Wahl. Es ist durchaus gewagt, die Akklimatisierung derart zu verkürzen und einen Aufstieg bis zum Gipfel zu versuchen, ohne irgendeine Ahnung vom Wetter in den kommenden Tagen zu haben. Aber es ist wohl unsere einzige Chance.«

»Alles ist besser als die letzten Tage«, meinte Mark und begab sich nach draußen.

Seit ihrer Ankunft im Base Camp hatte Martin sein Handy nicht mehr eingeschaltet. Es erinnerte ihn bloß an die restliche Welt. Nach langem Zögern schaltete er es nun aber doch ein, und augenblicklich strömten die Nachrichten über den kleinen Bildschirm. *Ich sollte sie nicht lesen*, dachte er. Gerade als er das Gerät wieder ausschalten wollte, klingelte es. Die Nummer kannte er nicht, aber er ging trotzdem ran. Und bereute es sofort wieder.

Tore Mikkelsen von der Tageszeitung *VG* war der Journalist in Norwegen, der am öftesten über Expeditionen und Abenteuer berichtete. Er hatte auch über die meisten von Martins früheren Missionen geschrieben. Tore rief wohl kaum aus reiner Freundlichkeit an. »Hi, Martin. Ich probiere seit einer Woche, dich zu erreichen, und ich habe dir unzählige Nachrichten geschrieben.«

Martin wusste, dass er seine Unerreichbarkeit nicht auf schlechten Handyempfang schieben konnte, also ließ er Mikkelsen reden.

»Wir rechnen damit, dass du bald einen Versuch auf den Gipfel starten wirst. Wir brauchen eine Schlagzeile.«

»Ich würde das gern so lange aus der Öffentlichkeit raushalten, bis ich eventuell auf dem Gipfel gestanden habe. Dann werde ich dich als Allerersten anrufen.«

»Ich fürchte, das geht leider nicht. Bei unseren Lesern hast du einen großen Namen, und diese Leistung ist die einzige, die dir noch fehlt. Außerdem bist du kein Bergsteiger, was die Sache noch spannender macht. Gib mir ein paar Fakten, sonst müssen wir Spekulationen anstellen und uns auf die Berichte von Freunden und auf Gerüchte stützen.«

Martin gab auf. »Aktuell befinde ich mich im Base Camp. In ein paar Stunden brechen wir zum Berg auf und gehen davon aus, dass wir einen Gipfelversuch starten, wenn das Wetter es zulässt. Wahrscheinlich in acht bis zehn Tagen, vielleicht aber auch erst in vierzehn.«

Als alter Hase im Geschäft ließ Mikkelsen sich mit ein paar kurzen Sätzen wie diesen nicht abspeisen. »Du nimmst an der Expedition des legendären Sir Richard Lawrence teil.«

Martin bestätigte die Aussage mit einem leichten Brummen.

»Sowohl auf der Nord- als auch auf der Südseite hat es bereits einige Lawinenabgänge gegeben. Und schon jetzt droht es, die schlimmste Unglückssaison in der Geschichte des Everest zu werden. Sind die Verhältnisse tatsächlich so gefährlich, wie es sich anhört?«

Martin hatte die mehr als deutliche Ahnung, dass die Fragen in Richtung einer Schlagzeile führten, die ihm ganz und gar nicht gefiel. »Hier sieht alles gut aus, wir haben alles unter Kontrolle und bewerten das Risiko als nicht besonders hoch.«

»Wie langweilig«, war Mikkelsens Kommentar. »Ich soll dich übrigens von meinem Chef hier grüßen, er verspricht dir eine Titelschlagzeile.«

Martin konnte sich lebhaft vorstellen, wie die Fakten von den routinierten Geschichtenerzählern in der *VG*-Redaktion umgedeutet werden würden: »Polar-Martin in lebensgefährlichem Kampf auf dem Everest« oder »Jetzt legt er sich mit dem Todesberg an«.

Als sie das Telefonat endlich beendet hatten, war er nass geschwitzt. Jegliche Hoffnung, unter dem Radar zu bleiben, war dahin, jetzt würde die ganze Nation davon erfahren, falls er scheiterte. Worüber sich garantiert nicht wenige freuen würden. Er schob die negativen Gedanken beiseite. Immerhin, so musste er sich eingestehen, lebte er ja von der Aufmerksamkeit. Die norwegische Dependance seines Sponsors wäre sicher überglücklich über die Schlagzeilen.

Sir Richard war gerade dabei, die letzten Vorsichtswarnungen auszusprechen, als Martin zu den anderen stieß. »Dawa organisiert die Sherpas, es sind alle verfügbar. Mit der Hilfe einiger Träger aus Tibet schaffen wir es, unsere gesamte Ausrüstung nach oben zu bringen, wenn jeder seine eigenen Sachen bis ins Advanced Base Camp trägt. Ich habe angeordnet, dass über alles Stillschweigen bewahrt wird, keiner darf ein Wort über unsere Pläne verlieren. Gegenüber niemandem. Wir gehen nicht als ein gesammelter Tross, es fällt weniger auf, wenn wir einzeln oder jeweils zu zweit aufbrechen. Geht los, sobald ihr fertig seid.«

Martin blieb sitzen, bis nur noch er und Sir Richard übrig waren.

»Toll, dass du heute Morgen die Initiative ergriffen hast«, bedankte sich Sir Richard. »Das hat der ganzen Gruppe frische Energie verliehen.«

»Die Frage lautet eher, ob sich diese Stimmung hält, wenn allen klar wird, dass wir schlechter dran sind als vorher. Wir haben keine Wettervorhersagen, nur Dawas Lamakalender.«

»Hier oben hat es schon siebzig Jahre lang Expeditionen gegeben, bevor irgendein Wetterdienst aufgetaucht ist«, sagte Sir Richard.

»Und es hat fünfzig Jahre lang gedauert, bis es jemandem gelungen ist, den Gipfel von dieser Seite aus zu erklimmen«, konterte Martin.

Sir Richard richtete einen Zeigefinger auf Martin. »Glaub mir. Was passiert ist, stärkt unsere Gruppe. Jetzt haben wir ein gemeinsames Ziel, eine klar definierte Aufgabe, die wir tatsächlich bewältigen können, sofern wir gut zusammenarbeiten. In solchen Situationen begraben Menschen ihre Streitigkeiten.«

»Wenn das deine Erfahrung ist, höre ich auf dich«, sagte Martin und breitete die Arme aus. »Auf meinen eigenen Expeditionen bin ich ja im Großen und Ganzen allein unterwegs.«

»So funktioniert das eben. Im Anschluss kommt dann trotzdem alles wieder an die Oberfläche, der ganze Schmutz. Dann bricht es aus einem heraus.«

Martin stand auf und sah auf Sir Richard hinab. »Ich kann also nicht damit rechnen, auf dieser Tour eine neue, lange Freundschaft zu schließen?«

Sir Richard antwortete, ohne auch nur den Ansatz eines Lächelns erkennen zu lassen. »Nein. Rechne nicht damit.«

Zum dritten Mal waren sie im Advanced Base Camp angekommen. *Hoffentlich zum letzten Mal*, dachte er. Mit schmerzenden Gliedern und völlig verspannt streifte er den zwanzig Kilo schweren Rucksack ab und ließ ihn einfach auf den Boden fallen. Er setzte sich darauf und schaute abwärts auf die Wegstrecke, die sie zurückgelegt hatten. Sir Richard befand sich ein Stück hinter ihm, auch er hatte sich mit dem schweren Gepäck abgemüht und die anderen vorbeiziehen lassen müssen.

Vielleicht war Sir Richard zu alt für solche Strapazen. Dieser Gedanke hatte Martin in den letzten Tagen schon des Öfteren ereilt. Die Zeit hatte ihre Spuren an dem Briten hinterlassen, nach vierzig Jahren voller anspruchsvoller Expeditionen war er einfach erschöpft, seine Leistungen längst übertroffen von zwei nachfolgenden Generationen. Man erinnerte sich nur noch an den Sir Richard der Vergangenheit, nicht an den, der er heute war.

Bevor Martin einen Blick auf ihn erhaschte, hüllte ihn ein feuchter Nebel ein und reduzierte die Sicht auf wenige Meter. Es hatte keinen Zweck, in der beißenden Luft sitzen zu bleiben, also wuchtete er den Rucksack in sein Schlafzelt und begab sich hinüber zum eiskalten Speisezelt.

Mark hatte seine Bergsteigerstiefel auf den Tisch gestellt und zog die Steigeisen mit konzentrierter Miene fest.

»Du bereitest dich auf den Ernstfall vor«, kommentierte Martin.

»Hier ist es einfacher, die Dinger zu justieren, als wenn man dort oben hängt.« Mark neigte den Kopf in Richtung Everest.

»Ich sollte das auch angehen, beim Abstieg vom Nordsattel hätte ich fast ein Steigeisen verloren«, sagte Martin, während er Mark weiter dabei beobachtete, wie der an seinen Schuhen schraubte. »Die Kanzlei meines Vaters hat übrigens auch schon einige Aufträge für Goldman Sachs bearbeitet«, log er. »Ich erinnere mich noch an zwei Manager, mit denen er zu tun hatte, Paul Goldberg und Simon Kreuz. Vater hat mich zu ein paar Abendessen mit ihnen genötigt, wahrscheinlich wollte er sie mit seinem Sohn aus der Wildnis beeindrucken.«

»Die Namen habe ich noch nie gehört. Bist du sicher, dass sie Manager dort sind?«, fragte Mark und sah von der Arbeit auf.

»Vielleicht haben sie gekündigt«, mutmaßte Martin.

»Niemand kündigt bei Goldman Sachs. Das können sie sich nicht leisten.«

»Dann müssen sie wohl gefeuert worden sein.«

»Da dir die Namen erst eingefallen sind, nachdem wir fünf Wochen auf Expedition sind, glaube ich, du erinnerst dich an die Falschen«, meinte Mark. »Mit welchen Aufträgen hatten sie zu tun?«

Martin nannte zwei große Geschäfte, die weniger als ein Jahr zurücklagen.

»An die Aufträge erinnere ich mich.« Mark nickte. »Habe selbst aber nicht daran gearbeitet.«

Das hätte gerade noch gefehlt, denn du arbeitest überhaupt nicht dort, dachte Martin, beeindruckt darüber, wie mühelos Mark log.

Er stand kurz davor, ihn mit der Wahrheit zu konfrontieren, als Sir Richard in der Zeltöffnung auftauchte. Sein Gesicht war aschfahl, als hätte der Nebel sich auf seine Haut gelegt. Schnell stand Martin auf und reichte dem Expeditionsleiter einen Becher heißen Tee. Der Brite bedankte sich leise und fiel auf einen der Plastikstühle. »Was für ein anstrengender Tag, blöder Rucksack«, murmelte er vor sich hin.

»Im Vergleich zu meiner ersten Ankunft hier bist du das reinste Rennpferd«, versuchte Martin ihn aufzumuntern.

Sir Richard lächelte mild. Dann trank er vom Tee und schloss die Augen. »Vielleicht hätte ich doch besser eine zusätzliche Pause eingelegt.«

Jetzt betraten auch Manuela und Dawa das Zelt. Der Sherpa setzte sich auf einen der Säcke entlang der Wand, Manuela blieb stehen. Sie sah zu Martin und Mark. »Wenn ich im Zelt liege, denke ich, es ist weniger deprimierend, hier zu sitzen, aber sobald ich hier bin, sehe ich ein, dass ich mich geirrt habe.«

»Eine Wettervorhersage wäre nett gewesen. Dann wüssten wir, ob wir hier eine, zwei oder drei Wochen zubringen müssen«, sagte Mark. »Aber jetzt ist deine Kontaktmöglichkeit zu den Schweizern futsch.«

»In zehn Tagen ist gutes Wetter zum Klettern«, meldete sich Dawa zu Wort. Alle drehten sich zu ihm um.

»Sagt wer?«, fragte Mark.

»Der Lamakalender.«

Mark lachte inbrünstig, und Sir Richard schüttelte resigniert den Kopf. Manuela hatte nur mitleidige Blicke für Dawa übrig.

»Tut mir leid, Dawa«, sagte Sir Richard. »Aber wir besteigen den Everest nicht auf Grundlage des Lamakalenders. Bei allem Respekt.«

»Ich finde, es ist höchste Zeit, dass wir uns an diejenigen halten, die sich tatsächlich auskennen«, widersprach Martin. »Wir haben hier einen Experten in Sachen Everest, da sollten wir darauf hören, was er sagt. Der Lamakalender ist das Einzige, wonach wir uns richten können.«

Sir Richard hob mahnend die Hände in die Höhe. »Ich bin der Expeditionsleiter, und ich sage, dass wir uns nicht auf Grundlage von Mönchsgefasel aus irgendeinem abgelegenen Kloster in das gefährlichste Gebiet der Welt begeben.«

Dawa beteiligte sich nicht an der Diskussion, und Martin spürte, wie angespannt die Stimmung war.

Manuela wand sich wie ein Aal auf ihrem Stuhl. »Hey, Dawa!«, sagte sie in einem etwas zu heiteren Tonfall. »Was war eigentlich das Gefährlichste, das du am Everest erlebt hast?«

Mit der Antwort ließ sich der Sherpa so viel Zeit, dass Martin schon glaubte, er habe die Frage nicht gehört. »Vor vielen Jahren habe ich einmal als Bergführer für eine russische Expedition gearbeitet. Mein Bruder und ich befanden uns in Camp 3 auf 8300 Metern und warteten darauf, dass die russischen Bergsteiger aus dem Advanced Base Camp aufstiegen. Über Funk meldeten sie, sie seien auf dem Weg, sie waren einen Tag nach uns aufgebrochen, aber niemand tauchte im Lager auf.« Er legte eine Pause ein und fixierte einen Punkt an der Zeltwand. »Keiner antwortete, als wir versuchten, sie per Funk zu erreichen, und wir beschlossen, eine weitere Nacht zu warten. In der Nacht haben wir ein wenig Sauerstoff verbraucht, mussten den Rest aber für unseren Gipfelversuch aufsparen. Als am nächsten Tag wieder niemand im Lager ankam, waren unsere Sauerstoffvorräte beinahe aufgebraucht.«

»Drei Nächte auf 8300 Metern, hat das überhaupt schon mal jemand versucht?«, fragte Martin.

»Vier Nächte. Am dritten Tag wurde das Wetter so schlecht, dass es lebensgefährlich war, sich im Freien zu bewegen, also blieb uns nichts anderes übrig, als im Zelt liegen zu bleiben, ohne Sauerstoff. Der folgende Tag wurde noch schlimmer, wir dachten schon, der Wind würde unser Zelt über die Nordwand auf den Rongbuk-Gletscher hinunter wehen.«

»Ich dachte, in dieser Höhe könnte niemand so lange überleben«, wunderte sich Manuela.

»Bleibt man liegen, stirbt man. Geht man raus, auch. Also war es besser, beim Versuch, nach unten zu kommen, zu sterben. Bis zum Advanced haben wir vierundzwanzig Stunden gebraucht, auf 7900 Metern mussten wir unter einem Felsüberhang Schutz vor dem Wind suchen. Die anderen Sherpas hatten uns schon für tot gehalten, die Freude über das Wiedersehen war groß.«

Martin war beeindruckt von der unaufgeregten und einfachen Art, in der Dawa das Erlebnis schilderte. »Was war mit den Russen, als ihr zurück ins Lager kamt?«

»Sie waren betrunken. Offenbar hatten sie nie vorgehabt, nach oben zu steigen, während wir oben im High Camp warteten, und sie dachten nicht daran, uns Bescheid zu geben. Als ich ihnen sagte, dass wir beinahe umgekommen wären, weil wir so lange gewartet hatten, nannte der Leiter uns naive Idioten und bot uns Wodka an.«

»Ich hätte sie an Ort und Stelle totgeschlagen«, wetterte Mark und reckte die geballten Fäuste.

Dawa sah Mark mit schmalen Augen an und schüttelte langsam den Kopf.

Der Nebel lichtete sich ebenso schnell, wie er aufgezogen war. Dawa studierte die Route ab dem Nordsattel durch sein Fernglas. »Heftige Winde, da oben kann sich niemand aufhalten«, konstatierte er und reichte das Fernglas an Martin, der außer einer weißen Felswand, die immer steiler wurde, je weiter er den Blick nach oben hob, nichts erkennen konnte. Dawa drehte sich um und ließ Martin einfach stehen.

Da kam von weiter oben Mark mit langen Schritten auf ihn zu. »Genieß die Sonne, Mistwetter ist im Anmarsch.«

»Wie ich sehe, hast du dir den Lamakalender zu Gemüte geführt«, sagte Martin.

»Ich habe mit zwei Schweizern aus dem obersten Camp gesprochen. Sie haben aktuelle Wetterberichte, und die nächsten Tage werden wohl beschissen. Nichts als Schnee und Wind.«

»Vielleicht können wir uns in den Wetterservice der Schweizer einkaufen«, schlug Martin vor.

»Dann fliegt aber mein Bluff auf. Ich habe ihnen erzählt, ihre Vorhersagen würden mit unseren exakt übereinstimmen.«

»Das Wichtigste ist also, was andere über dich denken?«

»Halt besser deine Klappe. Immerhin hab ich die Info organisiert.«

Kopfschüttelnd sah Martin den Amerikaner an, der sich breitbeinig vor ihm aufgestellt hatte und die Hände in die Hüften stemmte. Eine Auseinandersetzung mit Mark konnte die überraschendsten Wendungen nehmen. »Was hat eigentlich Sir Richard gesagt, als du ihn damit konfrontiert hast, dass er die Sherpas geopfert hat, um die Seile für eine andere Expedition aufzusparen?«, fragte Martin.

»Es gab andere Dinge, um die wir uns sorgen mussten. Aber ich spreche ihn darauf an, wenn wir die Sherpas zwischen uns aufteilen. So einfach kommt er mir nicht davon, das kannst du mir glauben.«

Rund um den Changtse zogen sich die Wolken zusammen. Martin deutete auf den Gipfel. »Das werden lange Tage.«

Mark drehte sich um und blickte resigniert drein. »Was ein Glück, dass wir es in unserer Kühltruhe von Zelt so gemütlich haben«, erwiderte er und ließ Martin allein zurück.

Kurz darauf kroch Manuela in voller Daunenmontur aus ihrem Zelt. In dem knallroten Aufzug sah sie aus wie eine aufgeplusterte Parodie des Weihnachtsmanns.

»Wie wär's mit einem kleinen Spaziergang?«, wandte Martin sich an sie und hielt ihr den Arm hin.

»In dem hier wird's schnell kuschelig«, entgegnete Manuela und deutete auf ihren Anzug.

»So lange müssen wir ja nicht spazieren«, sagte Martin und drehte sich zum Gehen um.

Nach einigen Hundert Metern bergauf, in Richtung Nordsattel, hielten sie an. Martin zog seine Daunenjacke aus und legte sie auf den Boden, ehe er sich auf einen Felsen setzte und ein wenig Platz für Manuela machte. Inzwischen war der Nebel wieder so dicht, dass die Sicht nicht mehr als dreißig oder vierzig Meter betrug. Alles rund um sie herum war entweder Fels oder eine graue Suppe.

»Gemütlich hier«, meinte Manuela.

»Ich wollte dir die Aussicht zeigen«, sagte Martin und wies mit dem Kopf in den Nebel.

»Ja, ich habe mir schon gedacht, dass du ein echter Romantiker bist.«

Martin sah sie von der Seite an, sie hatte die Haare wieder hinter das Ohr gestrichen, sodass die Narbe an der Schläfe zu erkennen war. »Erzähl mir die Geschichte zu dieser Narbe.«

»Mein Vater hat an meinem fünfundzwanzigsten Geburtstag eine Rede gehalten. Als er fertig war und gerade das Glas erheben wollte, setzte sein Herz aus, und er stürzte nach vorn. Ich habe versucht, ihn aufzufangen, habe aber nur das Rotweinglas erwischt.«

»Jesus«, sagte Martin.

»Das Letzte, was er in seinem Leben sagte, war, dass er mich ganz oben sieht.«

»Vielleicht hat er es nicht wortwörtlich gemeint.«

»Was weißt du schon darüber?«

»Das ist nicht der Grund, weshalb du hier bist. Du bist hier, um zu gewinnen.« Martin sammelte einen Stein vom Boden auf. »Du bist hier, um deine Rivalin zu besiegen. Die, die auf der anderen Seite des Bergs ist.«

»Ist das ein schlechterer Beweggrund als deiner? Geld? Oder Sir Richards Motivation – Geld? Oder die von Mark – Geld?«

»Geld ist immerhin geduldig, wir müssen keine Dummheiten begehen, nur weil die Zeit drängt.«

»Was glaubst du, wie viel Geld ist es wert, als erstes bekanntes Fernsehgesicht auf dem Everest zu sein?«

»Dann geht es dir also doch ums Geld.«

»Nicht wie in deiner Welt. Mein Geld geht an ein Kinderheim, für das ich verantwortlich bin.«

Martin sah sie lange an. Ein Kinderheim. Ausgerechnet Manuela, die sich mit einer Erzrivalin aus dem Fernsehbusiness duellierte.

»Mein Vater hat das Heim gegründet.«

»Und du willst in seinem Namen weiter Gutes tun?«

Manuela fixierte Martin mit ihrem Blick. »Ich wünsche keinem Kind, früh Waise zu werden.«

Martin fragte sich, ob Manuelas Mutter ebenfalls schon tot war, brachte es aber nicht zur Sprache. Ein einzelner Sonnenstrahl drang durch den Nebel zu ihnen durch, und sie konnten bis hinunter zum Lager sehen, wo Mark vor dem Speisezelt stand. Er winkte ihnen. Martin erwiderte die Geste nicht.

»Wenn deine Rivalin auf der Südseite bessere Bedingungen hat, verlierst du den Wettlauf möglicherweise, dagegen kannst du nichts ausrichten«, sagte er.

»Und wer gibt später etwas auf solche Ausreden?«

Martin stimmte ihr zu. Nur das Ergebnis zählte. »*Heroic failure*« war ein Begriff, den wohl nur Briten verstanden.

»Euer Wettlauf hält ganz Italien in Atem, aber du hast keinen Kontakt zur Außenwelt. Müsstest du den Millionen Interessierten nicht mitteilen, wie es dir ergeht?«

Zum ersten Mal, seit sie sich unterhielten, lächelte Manuela. »Nur zwei Personen wissen überhaupt, dass ich gerade hier bin. Ich dagegen weiß alles über diese Schlampe.«

Das hatte seine Vorteile, wie Martin einsah. Jetzt schloss sich der nasskalte Nebel wieder um sie, und Martin zog seine Daunenjacke über und stellte die Kapuze auf.

»Ich begreife nicht, welchen Zweck es hat, sich eine Feindin zu schaffen, eine Rivalin«, sagte Martin.

»Wie gesagt, sie ist eine Schlampe.«

»Das erklärt natürlich alles.« Martin legte sich rücklings auf das Geröll, die dicke Jacke schützte ihn vor den spitzen Steinen.

Nach einer kurzen Zeit des Schweigens antwortete Manuela: »Sie hat sich einen Job geschnappt, den man mir versprochen hat.«

»Wer ist ›man‹?«

»Mein Chef und Freund.«

»Dann hat sie sich vielleicht mehr geschnappt als nur den Job?«

»Alles.«

»Er hat dir das Bergsteigen beigebracht!« Manuela nickte. »Und jetzt ist er mit ihr auf der anderen Seite des Everest!« Neben ihm hatte Manuela die Beine angewinkelt, den Kopf zwischen die Knie gelegt und die Arme um die Beine geschlungen. Martin zupfte sie am Ärmel. »Dann ist die Lage klar«, hielt er fest.

Sie hob den Blick. »Ja?«

»Du musst als Erste oben ankommen.«

Manuela richtete sich wieder auf und schaute Martin in die Augen.

»Als Erste. Oder gar nicht.«

Auf ihrem Rückweg ins Lager, das nun mitten im Nebelmeer lag, begegneten sie Sir Richard. Im Dunst wirkte ihr Expeditionsleiter mit dem grauen, ungepflegten Bart und den eingefallenen Wangen wie ein Greis. *Er spürt den Druck*, dachte Martin.

»Ich muss ein Stück weiter nach oben zur amerikanischen Expedition und mich mit dem Leiter unterhalten«, erklärte Sir Richard. »Die Sherpas müssen so bald wie möglich auf den Berg, um die Route festzustecken.«

Selbst für die 6400 Meter, auf denen sie sich befanden, war der Brite auffällig aus der Puste.

»Kann ich dich begleiten?«, fragte Manuela.

»Ja, sicher.«

Martin zögerte. Er wollte sich nicht aufdrängen, aber im Grunde war alles besser als die Alternativen, die ihm blieben: der Schlafsack oder das tiefgekühlte Speisezelt.

In langsamem Tempo gingen sie hintereinander her, Sir Richard als Erster. Der Nebel wurde immer dicker, sie konnten höchstens zehn Meter weit sehen. Martin hielt es nicht für möglich, dass sie in dieser Suppe irgendwas finden würden, schon gar nicht das amerikanische Lager. »Lasst uns lieber nebeneinander gehen, so decken wir dreimal so viel Gelände ab«, schlug er vor. Sir Richard willigte ein, und sie entfernten sich so weit voneinander, wie sie blicken konnten, ehe sie weiter bergauf gingen.

Martin entdeckte als Erster ein Zelt und informierte die anderen, indem er laut pfiff. Obwohl die Zelte des Lagers, auf das sie zuhielten, dicht gedrängt standen, konnten sie kaum von einem zum anderen sehen. Als Martin im Nebel eine Gestalt erkannte, rief er der Person etwas zu. Die Antwort klang Japanisch.

»Falsches Lager!«, sagte Martin zu seinen Begleitern, und sie setzten ihren Weg hinauf langsam fort. Es war, als hätte ihnen jemand ein durchsichtiges Tuch um die Augen gebunden.

Im nächsten Moment stieß er auf ein Lager, dessen erstes Zelt mit einer großen amerikanischen Flagge geschmückt war. Volltreffer. »Hier drüben!«, rief er und pfiff erneut.

Mühsam bewegte sich Sir Richard durch das Geröllfeld. Als er Martin erreichte, stützte er sich mit einem Arm auf seiner Schulter ab. »Warte kurz, ich muss nur wieder zu Atem kommen.«

Verwundert schaute Martin ihn an. Das war keineswegs normal. Sir Richard ließ Martins Schulter los und setzte sich auf einen Felsen.

»Stimmt etwas nicht?«

Der Brite schüttelte den Kopf. »Ist nur die Tagesform. Brauche ein wenig Luft, bevor ich mich mit Steve herumschlage, dem Expeditionsleiter hier«, antwortete er mit einem matten Lächeln.

Auch Manuela beäugte ihn mit in Falten gelegter Stirn. »Du siehst furchtbar aus.«

Sir Richard winkte ab.

Eine dröhnende Stimme ließ sie alle herumfahren. »Rickie! Bist du das?«, fragte ein riesiger Kerl mit Vollbart und halblangen, ungewaschenen Haaren, der zwischen den Zelten auf sie zukam. Er streckte die Hand aus, und als Sir Richard sie ergriff, zerrte der Riese ihn auf die Füße und gab ihm eine feste Umarmung. Anschließend stellte er sich Manuela und Martin vor.

Im großen Speisezelt der Amerikaner, das, wie Martin sofort auffiel, mit einem Ofen ausgestattet war, saß augenscheinlich die gesamte Expeditionsgruppe zusammen. Ganz nach jovial-amerikanischer Art wurden reihum die Hände geschüttelt, ehe Sir Richard und Steve an einem kleinen Nebentisch Platz nahmen. Am großen Tisch rückten alle ein wenig zusammen, damit auch Manuela und Martin sich dazusetzen konnten.

Mit gespitzten Ohren versuchte Martin zu belauschen, was die beiden Expeditionsleiter zu besprechen hatten, aber bei dem verbalen Feuerwerk am großen Tisch hatte er nicht den Hauch einer Chance.

»Seid ihr bereit für einen Gipfelversuch?«, wollte einer der Amerikaner wissen.

»Nein«, sagte Martin, während Manuela gleichzeitig »Ja« antwortete.

Alle anderen rund um den Tisch brachen in Gelächter aus. »Ihr scheint euch ja absolut einig zu sein«, scherzte ein Kerl mit Ziegenbart.

Martin warf Manuela einen raschen Blick zu, bevor er etwas erwiderte. »Ich bin eher der vorsichtige Typ.« Er schaute in die Runde. »Was ist mit euch? Seid ihr bereit?«

Die beiden Besucher bekamen daraufhin einen längeren Vortrag darüber zu hören, wie genau eine Akklimatisierung ablaufen *sollte*. Die Amerikaner erzählten, sie hätten einen Experten dabei, und sie hielten sich an einen bombensicheren Plan. Aktuell lagerten sie für zwei Wochen auf 6400 Metern, möglicherweise unterbrochen von einer Tour auf über siebentausend Meter. Anschließend sollte ein kurzer Trip nach unten ins Base Camp erfolgen, ehe sie sich wieder im ABC einrichten würden, um dort auf die richtigen Wetterverhältnisse zu warten. Sie rechneten mit einem Gipfelaufstieg gegen Ende Mai.

Die Selbstsicherheit, die die Amerikaner ausstrahlten, faszinierte Martin. Ausgehend von dem, was er bisher gehört und gelesen hatte, war das Vorgehen der amerikanischen Expedition ein sicheres Rezept für ein Fiasko. Sie hielten sich viel zu lange in großen Höhen auf, wodurch sie ihre Körper unnötig belasteten, statt sich zu akklimatisieren. Er beherrschte sich aber und kommentierte die Sache nicht und stellte keine Fragen. Abgesehen davon schien sich auch niemand dafür zu interessieren, was er für eine Meinung hatte. Ganz im Gegensatz zu Manuela, die im Mittelpunkt stand. Martin musterte sie, während sie elegant eine Frage nach der anderen parierte und die Aufmerksamkeit sichtlich genoss. Die Amerikaner waren gerade im Begriff, die Italienerin zum Abendessen bei sich einzuladen, als Sir Richard ihnen beiden auf die Schultern klopfte und zu verstehen gab, dass er den Rückweg antreten wolle. Martin sprang sofort auf, er hatte längst genug, Manuela allerdings erhob sich nur widerstrebend. Nach der behaglichen Wärme im Zelt war es ein jäher Übergang, wieder in die raue und beißende Kälte zu treten. Sie schüttelten sich alle drei und zogen die Reißverschlüsse ihrer Daunenjacken bis unters Kinn.

»Erfolgreich gewesen?«, fragte Martin.

»Die Sherpas legen los, sobald das Wetter es zulässt, alle sind startklar und motiviert«, sagte Sir Richard mit offenbar neu gewonnener Energie.

»Wie finden wir zurück in unser Lager?«, wollte Manuela wissen und deutete auf die dicken Nebelschleier.

Irgendwo unter ihnen, fünfhundert Meter entfernt, befand sich ihr eigenes Expeditionslager. In diesem Nebel aufs Geratewohl loszugehen, war völlig verrückt.

Martin kramte in der Brusttasche seiner Jacke und zog einen Kompass heraus. »Ich habe jeden Tag von unserem Zelt aus auf dieses Lager hier geschaut, daher weiß ich, in welcher Richtung es von unserem Camp aus liegt.« Er hatte die Angewohnheit, sich immer die Himmelsrichtung zu merken, in der er unterwegs war, und deshalb wusste er, dass das Camp der amerikanischen Expedition nordwestlich von dem ihrer Gruppe lag. Folglich mussten sie südöstlich gehen, um nach Hause zu kommen. Er stellte den Kompass ein und ging ohne eine weitere Erklärung los, überzeugt davon, dass die anderen ihm schon folgen würden. Zehn Minuten später trudelten sie in ihrem campeigenen Speisezelt ein.

»Alle Achtung«, staunte Sir Richard. »Die wenigsten haben einen Kompass am Everest dabei. Wie bist du denn darauf gekommen?«

Im großen Zelt saßen bereits Mark und Celine, beide in voller Daunenmontur und mit hochgestellten Kapuzen. Ihr kondensierter Atem lieferte sich einen Wettstreit mit dem Dampf, der von den Essenstöpfen auf dem Tisch aufstieg. Mark lüftete den Deckel des nächsten Kessels und fächelte sich den Geruch mit einer behandschuhten Hand zu.

»Ah, Yak-Ochse à la Everest. Knochenbrühe wärmt bekanntlich von innen, das wird ein Festmahl, kann ich euch sagen«, frotzelte er.

»Der Koch hat eine ganze Menge Käse im Lager, ich glaube, ich werde mich dazu durchringen, uns zur Abwechslung mal ein Käsefondue zu kredenzen«, bot Celine an und erhielt eine Runde handschuhgedämpften Applaus.

»Der Weg zum Herzen eines Mannes geht durch den Magen«, sagte Sir Richard.

»Auf meinen Freund trifft das wohl nicht zu, denke ich«, entgegnete Celine kopfschüttelnd.

»Dein Freund hat doch sicher einen Namen. Vielleicht kenne ich ihn ja?«, sagte Mark.

»Das ist kein Geheimnis. Er heißt Jim Buzios.«

Mark hielt inne, die Kelle halb im Topf versenkt, und starrte Celine mit großen Augen an. »Jim Buzios von J. P. Morgan? Vierzig Jahre alt, sieht jünger aus, kurz rasierte Haare? Ungefähr meine Größe?«

Auf Celines Lippen formte sich ein Lächeln. »Das ist er.«

Noch immer regte sich Mark nicht, sein Blick war weiterhin auf Celine gerichtet. »Und mit einem Tattoo auf der Wade?«

Celine runzelte die Stirn. »Stimmt, kennst du ihn?«

Mark ließ die Kelle wieder in den Topf gleiten und lehnte sich auf dem Stuhl nach hinten. »An der Wall Street kennen sich alle. Dein Lover ist verheiratet und hat drei Kinder. Kleine Kinder.« Celine zog die Augenbrauen zusammen. »Sie heißen Nash, Wendi und Jim junior.« Im Zelt wurde es unangenehm still. »Das Tattoo auf seiner Wade besteht aus ihren ineinander verschlungenen Initialen, N-W-J.«

Abrupt stand Celine auf und stürmte aus dem Zelt.

»War das wirklich nötig, Mark?«, fuhr Sir Richard ihn an.

Der Amerikaner breitete die Arme aus. »Weder tische ich Lügen auf, noch beteilige ich mich an irgendwelchen Lügengeschichten. Ich erzähle nur die Wahrheit.«

Sir Richard schüttelte resigniert den Kopf. Gleichzeitig bemerkte Martin, dass Manuela sich nicht vom Platz gerührt hatte. Sie war anscheinend keine, die einer anderen Frau hinterherlief, um Trost zu spenden.

»Wie naiv kann ein Mensch sein?«, fragte Manuela. »Sie konnte doch nicht ernsthaft glauben, dass ein Leben in Wanderstiefeln zu dem Leben an der Wall Street passt.«

Ohne ein Wort zu sagen, stand Martin auf. Draußen war es dunkel und der Nebel immer noch dicht. Einen Moment blieb er stehen und sah sich um, außer dem Licht, das aus dem Küchen- und dem Speisezelt drang, herrschte völlige Finsternis. Es fühlte sich sinnlos an, sich schon um acht Uhr in den Schlafsack zu legen, um dort die nächsten zwölf Stunden zu verbringen, aber noch einmal zurückzugehen, schaffte er nicht. Tief seufzend stapfte er auf das Kuppelzelt zu, das er sich mit Mark teilte. Wenige Meter vor dem Zelteingang stolperte er über Celine, die auf dem Boden saß, und er musste sich an ihrer Schulter abstützen, um nicht zu stürzen.

»Entschuldige«, murmelte er.

Sie erwiderte nichts.

»Wie geht's dir?«

»Was denkst du denn?«

»Vielleicht irrt Mark sich ja?«, vermutete er.

»Das tut er nicht.«

Martin setzte sich neben sie. »Was unternimmst du jetzt?«

»Wirst schon sehen.«

»Du bist nur ein paar Tage von einer riesigen Leistung entfernt.«

»Wen kümmert das schon? Meine Familie jedenfalls nicht. Und auch sonst wahrscheinlich niemanden.«

Damit lag sie falsch, glaubte Martin. Viele nahmen Anteil, aber nur wenige nutzten die Gelegenheit, es auch zu sagen.

»Gibt es jemanden, den es interessiert, ob *du* es schaffst?«, fragte Celine zurück.

Darüber hatte Martin unzählige Male nachgedacht. Wen interessierte es eigentlich?

»Gibt es jemanden?«, wiederholte sie und riss ihn aus seinen Grübeleien.

»Meine Sponsoren. Sie haben Interesse daran, dass ich es schaffe, dann haben sie gute Arbeit geleistet. Mein Vater will sicher auch, dass ich auf dem Gipfel stehe, ansonsten bin ich in seinen Augen eine Katastrophe.«

»Ein Vater muss doch stolz auf einen Sohn sein, der ›der größte Abenteurer der Welt‹ genannt wird, oder?«

»Schon möglich«, antwortete Martin. »Allerdings vermeidet er, so gut er kann, es zu erwähnen. Und im Grunde geht es mir am Arsch vorbei.«

»Geht es dir nicht.«

Martin stand auf und reichte Celine die Hand, um sie auf die Füße zu ziehen. Sie ergriff sie nicht.

»Sorgen wir dafür, dass wir es beide auf den Gipfel schaffen«, sagte er.

»Sprich für dich selbst.«

Er schaute zu ihr hinunter. Aus irgendeinem Grund sah er sich nicht dazu in der Lage, sich wieder neben sie zu setzen. Trotzdem suchte er nach den richtigen Worten. »Du bist die Einzige von uns, die gut genug ist, um den Everest ohne Hilfe zu besteigen. Selbstverständlich steigst du auf den Gipfel.«

Als Celine weder eine Antwort gab noch seinen Blick erwiderte, wandte er sich ab und ging in sein Zelt.

Beim Frühstück am nächsten Morgen waren alle anwesend, bis auf Celine. Sie aßen schweigend – es gab dieselben Spiegeleier, denselben labbrigen Toast, denselben klebrigen Haferbrei.

»Wie lange bleiben wir noch hier?«, erkundigte sich Manuela und brach das allgemeine Schweigen. Niemand reagierte. »Wir könnten auch im Nebel klettern«, sprach sie weiter. »Es spielt doch keine Rolle, dass wir nur zehn Meter weit sehen können, wenn es ohnehin zehn Minuten dauert, bis wir diese zehn Meter zurückgelegt haben. Vielleicht müssen wir bloß hundert Meter höher steigen, über den Nebel, und schon scheint die Sonne? Ich halte das nicht für unwahrscheinlich, ausgehend von den Verhältnissen und den Temperaturen, die wir hier erleben.«

»Wir können es nicht darauf ankommen lassen, dass wir danebenliegen«, mahnte Sir Richard.

»Ich liege nicht daneben.«

Sir Richard schüttelte dennoch den Kopf.

»Sie ist eine ausgebildete Meteorologin, sie kennt sich aus«, mischte sich nun auch Mark ein.

»Wer soll das bitte überprüfen? Hier gibt es keine Seilbahn oder eine Webcam auf dem Gipfel. Für so etwas muss sich tatsächlich jemand physisch auf siebentausend Meter oder noch höher begeben. Und das kann man eben nicht andauernd wiederholen.« Sir Richard knallte sein Besteck auf die Tischplatte. »Ihr Amateure!«

»Betrachte es als einen Vorschlag«, beschwichtigte Manuela, lehnte sich auf dem Stuhl zurück und schloss die Augen.

Martin schaute in die Runde. Schon nach drei Tagen im Advanced Base Camp war die Stimmung angespannt. Was, wenn sie noch weitere zehn Tage hier ausharren müssten? Das entfernte Gefühl von Gefahr rief keinen Stress hervor, sondern sorgte im Gegenteil für Stillstand. Langeweile. Und es gab nichts, womit sie diesen Leerraum füllen konnten. Martin hielt den Kartenstapel in die Luft. »Möchte jemand spielen?«

Alle schüttelten die Köpfe. Martin warf die Spielkarten wieder auf den Tisch und versuchte sich stattdessen an einem britischen Kreuzworträtsel, mit mäßigem Erfolg.

Beim Mittagessen sagte niemand etwas von Bedeutung, und anschließend widmeten sich alle ihren eigenen Beschäftigungen. Sir Richard schrieb, Martin vermutete, dass er sich Notizen für ein weiteres Buch machte. Manuela putzte und polierte ihre drei Paar Sonnenbrillen, und Martin wunderte sich, wie jemand so viel Mühe für ein paar Brillen aufwenden konnte. Seine eigenen hatte er nicht ein einziges Mal gesäubert, seit er sie bekommen hatte.

Mark kümmerte sich weiter um die Steigeisen seiner Bergschuhe. Als sie ausreichend stramm saßen, justierte er die Riemen, mit denen sie an den Schuhen befestigt waren. Schließlich zog er eine kleine Feile hervor und machte sich daran, damit die acht dreieckigen Stachel zu bearbeiten, die für einen guten Halt auf Eis und festem Schnee sorgten.

Martin kam der Gedanke, dass er das Gleiche hätte tun sollen. Stattdessen saß er vor einem Kreuzworträtsel und stierte ein wenig apathisch auf die gesuchte Hauptstadt mit vier Buchstaben, der dritte war ein K. »Ich habe noch nie jemanden seine Steigeisen feilen sehen«, sagte er.

»Ist unnötig«, kommentierte Sir Richard.

»Habe nichts anderes zu tun«, entgegnete Mark.

Als Martin die drei anderen endlich zu einer Partie Whist überredet hatte und sie tief ins Spiel versunken um den Tisch saßen, betrat Celine am späten Nachmittag das Zelt. Ohne ein Wort setzte sie sich neben Martin und griff nach einer Thermoskanne. Martin beobachtete sie über den Rand seiner Karten hinweg und ahnte, dass die anderen das Gleiche taten. Celine leerte einen Beutel Cappuccinopulver in einen Becher, goss heißes Wasser darüber und rührte lange mit einem Plastiklöffel darin.

»Der Nebel hat sich ein wenig gelichtet«, sagte sie plötzlich. »Ich war oberhalb des Advanced unterwegs, oberhalb aller Expeditionscamps. Dort habe ich eine Entdeckung gemacht, die euch interessieren sollte.«

In einer langsamen Bewegung legte Sir Richard seine Karten auf den Tisch, die Bildseite nach unten.

»Zwei bewaffnete chinesische Militärs standen genau dort oben, wo wir vorhaben, auf den Gletscher zu steigen.«

»Was?« Mit einem Mal wirkte Sir Richard noch grauer als sonst. Seine Augen waren blutunterlaufen, die aschfahlen Bartstoppeln zentimeterlang. Sein Mund stand halb offen.

»Sie sind hinter uns her«, sagte Manuela.

Celine zuckte bloß mit den Schultern und blies auf ihren heißen Kaffee.

Dass die Chinesen es auf sie abgesehen hatten, fiel Martin schwer zu glauben. »Uns zu finden, kann nicht besonders schwierig sein. Hier campen nur sieben Expeditionen.«

»Möglicherweise hat der Nebel ihnen einen Strich durch die Rechnung gemacht, und sie haben deshalb Wachposten auf der einzigen Route platziert, auf der es für uns weitergeht«, mutmaßte Mark.

Sir Richard stand hastig auf und verschwand nach draußen, während die anderen die Diskussion fortsetzten.

Wenig später kam der Expeditionsleiter zusammen mit Dawa zurück. »Er sagt, er hat hier oben noch nie Leute vom Militär gesehen.«

»Das beweist gar nichts«, hielt Martin dagegen. »Wie schon gesagt: Es ist nicht schwierig, uns ausfindig zu machen.«

Dawa stimmte ihm zu. »Wenn sie wollen, kommen sie her. Und auch wann sie wollen.«

»Haben sie dich gesehen, Celine?«, fragte Martin, und sie nickte. Wie ihm klar wurde, bewies auch das nicht das Geringste. »Was denkst du, Dawa?«

Der Sherpa breitete die Arme zu einer ratlosen Geste aus.

»Was machen wir nun?«, wandte sich Martin an Sir Richard.

»Wahrscheinlich gar nichts.«

Darin sind wir ja geradezu Experten geworden, dachte Martin und nahm seine Karten wieder auf die Hand. »Wer war dran?«

Keiner der anderen machte Anstalten, das Spiel fortzusetzen. Mark drehte sich demonstrativ zur Seite, griff nach seinen Steigeisen und fing wieder an zu feilen. Ermattet schloss Martin die Augen. Er hörte, wie jemand das Zelt verließ, wahrscheinlich Dawa. Danach herrschte für lange Zeit Ruhe.

»Simmons«, sagte Celine leise, aber trotzdem laut genug, dass es jeder am Tisch mitbekam. Martin öffnete die Augen und sah sie an. Mark zeigte keinerlei Reaktion. Celine wiederholte seinen Namen, aber er beschäftigte sich einfach weiter mit den Steigeisen. Jetzt erhob Celine ihre Stimme. »Simmons!«

Martin glaubte nicht, dass Mark diesmal reagiert hätte, wenn Celine sich nicht über den Tisch gelehnt und ihn in den Rücken geboxt hätte. Mark drehte sich um und bemerkte nun, dass Celine auf ihn zeigte.

»Komisch, dass du dich nicht rührst, wenn man dich beim Namen ruft«, meinte sie. »Da dir die Wahrheit ja so heilig ist, magst du uns vielleicht erzählen, wer du in Wahrheit bist? Mitarbeiter bei Goldman Sachs bist du nämlich auf keinen Fall, Mark Simmons.« Ausnahmsweise verschlug es Mark die Sprache, und er blieb mit halb geöffnetem Mund sitzen. »Keine Lügen, wir wollen die Wahrheit«, forderte Celine.

Mark legte die Steigeisen auf den Boden und richtete sich auf. Alle sahen ihn an. Langsam fuhr er mit beiden Händen von der Stirn aus über sein Gesicht, als wolle er etwas abwaschen. »Ich wurde bei Goldman Sachs gefeuert.«

»Bei Goldman Sachs gab es nie einen Mark Simmons.«

»Mein Name ist Mark Zuckerman. Ich habe zwölf Jahre für Goldman gearbeitet.«

»Zuckerman?«, wiederholte Celine stutzend.

Mark nickte, sein Blick war auf die Tischplatte gerichtet.

»Wieso behauptest du, dein Name wäre Simmons, wenn du eigentlich Zuckerman heißt?«, fragte Celine.

»Ein Jude, der an der Wall Street arbeitet«, setzte Mark an, und zum ersten Mal sah Martin, dass er errötete. »Es gibt so viele Vorurteile, das halte ich nicht aus.«

»Du gibst einen falschen Namen an, um zu verbergen, dass du Jude bist?«, sagte Celine ungläubig. Auch wenn sie es in einem harmlosen Tonfall aussprach, klang es in Martins Ohren wie ein Gewitter. Jetzt wandte sie sich an Sir Richard, der sich während des bisherigen Gesprächs zurückgehalten und an die Decke gestarrt hatte. »Sagt er die Wahrheit? Du hast doch seinen Pass gesehen, oder?«

»Er hat mich gefragt, ob er für die Expedition den Namen Simmons benutzen könnte. Ich war damit einverstanden«, sagte Sir Richard mit verschränkten Armen, den Blick noch immer an die Decke gerichtet.

Mehrmals schüttelte sie den Kopf und bedachte Mark mit abschätzigen Blicken, als wäre er ein niederes Wesen.

»Moment mal«, meldete sich Martin. Er vergaß selten etwas, das er gelesen hatte, und langsam fiel der Groschen. »Ich erinnere mich an den Namen Zuckerman. Natürlich hast du keinen Seniorpartner verprügelt und wurdest suspendiert, geschweige denn gefeuert. Du wurdest verhaftet, wegen des Verdachts auf schwerwiegende Insidergeschäfte. Zu Hause erwarten dich achtzig Jahre Knast bei maximalen Sicherheitsvorkehrungen. Kein Wunder, dass du Probleme mit dem Temperament hast.« Die anderen drei starrten abwechselnd zu Martin und zu Mark. Martin fuhr fort: »Falls du überhaupt vorhast, zurück nach Hause zu fliegen. Ich dachte nicht, dass sie Schwerverbrecher außer Landes lassen.«

»Ich bin unschuldig«, verteidigte sich Mark. »Ich habe mit der SEC kooperiert, sie haben alle Informationen über den Fall erhalten. Es gibt keine Anklage.«

»Was ist die SEC?«, fragte Manuela.

»Die United States Securities and Exchange Commission, so heißt die amerikanische Börsenaufsicht«, erklärte Martin. Er glaubte Marks Aussage nicht, denn die Börsenaufsicht beging nur selten derart grundlegende Fehler, wenn sie schon jemanden verhafteten.

Auch Celine sah Mark an und trug eine tiefe Falte auf der Stirn. »Du bist ein noch widerwärtigerer Mensch, als ich dachte«, sagte sie. »Sie haben dein Strafmaß reduziert, weil du im Gegenzug andere verpfiffen hast.«

Jetzt begriff auch Martin. »Celine hat recht. Nach deiner Verhaftung hat die SEC noch eine Reihe weiterer Mitarbeiter von Goldman Sachs festgenommen. Das *Wall Street Journal* hat die Vermutung angestellt, du könntest einen Deal mit der Polizei ausgehandelt haben.«

Celine lehnte sich zurück und verschränkte die Arme. »Du bist erbärmlich, Zuckerman.«

»Ich habe nachgedacht«, sagte Sir Richard. »Gestern und heute haben die Sherpas der anderen Expeditionen Seile und Sicherungsmittel nach oben zum Nordsattel gebracht. Es ist genug Seil da, um eine Route bis zum Gipfel zu verlegen.«

»Du hast vor, einen Gipfelversuch zu wagen?« Manuela konnte die aufkeimende Hoffnung in ihrer Stimme nicht verbergen.

Sir Richard nickte.

Martin traute seinen Ohren nicht. »Die Wettervorhersage ist viel zu schlecht.«

»Die Amerikaner sagen, das Wetter wird gut«, widersprach Sir Richard.

»Ich würde lieber auf Dawa hören.«

»Er meint, es könnte klappen.«

»*Könnte klappen*«, äffte Martin ihn nach und fuhr von seinem Stuhl hoch. Er eilte nach draußen und ins Küchenzelt, wo Dawa auf demselben Platz wie immer saß. Martin winkte ihn zu sich. »Bist du wirklich mit dem Vorschlag einverstanden, auf den Gipfel zu steigen?«, fragte er ihn.

»Sir Richard ist der Expeditionsleiter«, antwortete Dawa nur.

»Jetzt rede mir nicht nach dem Mund, verdammt, ich will wissen, was *deine* Meinung ist. Was sagt der Lamakalender dazu?«

Dawa wandte den Blick ab und schüttelte den Kopf. Für Martin war das deutlich genug. »Du hast also tatsächlich vor, nach dort oben zu klettern und noch mal in schlechtem Wetter stecken zu bleiben?«

»Ich bin nur angestellt.«

»Du trägst die Verantwortung für deine Leute. Für uns.«

»Wir sind nur Angestellte.«

»Du bist nicht mehr ganz dicht«, sagte Martin und stapfte aus dem Zelt.

Sir Richard hatte die gesamte Gruppe gebeten, eine Stunde vor dem Abendessen ins Speisezelt zu kommen. »Pemba hat über Funk gemeldet, dass auf dem Nordsattel die Sonne scheint«, teilte er mit. »Alle unsere Sherpas, bis auf Dawa, sind jetzt dort oben. Morgen früh beginnen sie damit, die Route zu legen.«

»Das heißt, unsere vier Sherpas sollen diese Aufgabe ganz allein übernehmen?«, stutzte Martin.

»Das Problem ist der Materialtransport, nicht die eigentliche Arbeit, die Route abzusichern. Jedes Seil wiegt über drei Kilo, und dazu kommen die Sicherungen. Sie müssen mehrmals zwischen den Lagern hin und her gehen, um genug Material zur Verfügung zu haben. Was wiederum bedeutet, dass wir in höherem Maß auf uns selbst angewiesen sind. Sie bauen die Zelte auf, um den Rest müssen wir uns kümmern. Unser Gepäck wird schwer werden.«

»Eine richtig schlechte Idee«, ärgerte sich Martin.

»Niemand zwingt dich mitzukommen«, sagte Manuela. »Wann geht es los?«

»Morgen nach dem Frühstück.«

Martin fiel auf, dass Sir Richard sich über das Yak-Fleisch, das es zum Abendessen gab, hermachte, als sei es ein Stück Rinderlende aus Argentinien. In den vergangenen Tagen hatte der Brite kaum einen Bissen angerührt.

Als Dawa hereinkam und sich in eine Ecke setzte, wischte sich Sir Richard den Mund ab und klatschte in die Hände.

Dann stand er auf und stellte sich breitbeinig ans Kopfende des Tischs, die Hände in die Hüften gestemmt. Alles an ihm strahlte Führungskraft aus. »Inzwischen kennen wir alle die Route bis zum Nordsattel ins Camp 1. Ab dort würde ich empfehlen, den Sauerstoff einzusetzen. Aus technischer Sicht ist die weitere Route ins Camp 2 relativ einfach. Zunächst erwartet uns ein steiler und langer Schneehang, bevor wir auf circa 7700 Metern auf Felsen und Steine stoßen. Von da an werden wir mehr klettern als nur aufsteigen, bis wir schließlich unser Lager auf einer Höhe von 7900 Metern erreichen. Trotzdem birgt auch der Aufstieg vom Nordsattel ins Camp 2 einige Gefahren. Vor allem der Wind, der über den Nordostgrat fegt, ist ein Problem, zeitweise ist es unmöglich, sich auf den Beinen zu halten. Aber auch bei Windstille gilt: Nutzt immer das Seil. Ein Absturz wäre fatal. Am dritten Tag geht es dann von Camp 2 ins Camp 3, das sogenannte High Camp auf 8350 Metern, den höchstgelegenen Zeltplatz der Welt. Dort sind wir dem Wind nicht ganz so schutzlos ausgeliefert, so eigenartig das auch klingen mag. Dafür wird diese Passage aber sehr steil und schwierig. Ab einer Höhe von achttausend Metern bewegen wir uns in der Todeszone, und ab diesem Punkt tickt die Uhr ohne Gnade. Auf dem gesamten Weg werden die Sherpas uns einen Tag voraus sein und das Lager auf 8350 Metern aufbauen. Dort warten sie auf uns. Nicht unbedingt ideal, eigentlich hätten sie das Lager schon eine Woche vor unserer Ankunft aufbauen sollen, sodass sie sich hier unten im ABC hätten erholen können, aber so viel Zeit haben wir dieses Mal nicht.«

Wir haben durchaus so viel Zeit, wir nehmen sie uns nur nicht, dachte Martin und lehnte sich nach vorn. Erst jetzt fiel ihm auf, dass er den leeren Plastikbecher, den er in seiner rechten Hand hielt, fest zusammengepresst hatte. Etwas an dem, was Sir Richard gerade erzählt hatte, klang falsch. Ihn beschlich das starke Gefühl, dass irgendetwas nicht stimmte, aber er bekam es nicht zu fassen.

»Dort oben ist die Zeit unser Feind. Wir ruhen uns im Zelt aus, ziehen unsere wärmsten Kleider an, versuchen so viel wie möglich zu essen und zu trinken, und um Mitternacht brechen wir zum Gipfel auf. Diese Nacht werdet ihr niemals vergessen, egal, ob ihr es bis nach oben schafft oder nicht. Es ist steil, schmal und unfassbar schwer. Außerdem müsst ihr klettern.«

Eigenartigerweise hatte Martin das Gefühl, dass Sir Richard seine nächsten Worte direkt an ihn richtete.

»Diejenigen, die behaupten, der First Step und der Second Step seien einfach, waren noch nie dort. In Sommerkleidung und auf Meeresniveau mögen diese beiden Kletterpartien vielleicht keine große Leistung sein, aber hier befindet ihr euch auf über 8500 Metern, bei minus vierzig Grad, alles ist voller Schnee und Eis, und auf drei Seiten geht es dreitausend Meter in die Tiefe. Falls ihr vergessen solltet, dass ihr euch in einer Umgebung befindet, in der kein Mensch überleben kann, braucht ihr nur einen Blick auf die Leichen zu werfen, an denen wir vorbeikommen werden.« Sir Richard wartete einen Moment, damit das Bild seine Wirkung entfalten konnte. »Wir müssen den Gipfel innerhalb von zwölf Stunden erreichen und spätestens sechs Stunden später wieder zurück im High Camp sein. Aber auch dieses Lager ist kein Ort zum Verweilen, vor Einbruch der Dunkelheit müssen wir mindestens bis auf 7900 Meter absteigen. Und selbst das birgt einige Risiken. Zu diesem Zeitpunkt werden wir unseren Sauerstoff längst verbraucht haben, und das Einzige, was dann zählt, ist, so weit wie möglich nach unten zu kommen.«

»Wie viel Sauerstoff haben wir denn?«, wollte Mark wissen.

»Jedem von uns stehen vier Flaschen zur Verfügung, das ist die Menge, die wir nach oben auf den Nordsattel transportieren können. Zwei Flaschen wird jeder auf dem Weg ins Camp 3 verbrauchen, sodass uns für die Gipfelnacht noch je zwei Stück bleiben.«

»Ziemlich wenig«, sagte Mark.

»Genug.«

Mark schnaubte, doch Sir Richard nutzte seine wiedererlangte Autorität: »Zwei dieser vier Sauerstoffflaschen müsst ihr von hier selbst nach oben tragen.«

Er griff hinter zwei blaue Proviantsäcke und hielt eine Sauerstoffflasche in die Luft. Der Zylinder war ungefähr so lang wie die Druckflaschen, die man beim Tauchen verwendete, allerdings sehr viel schmaler. Vom Einsatz bei starkem Wind und peitschendem Schnee war die Flasche bereits ziemlich abgenutzt.

»Die Flaschen sind von POISK«, erklärte Dawa, der sich bisher still im Hintergrund gehalten hatte. »Eine russische Marke.«

»Außer den Russen produziert niemand sonst solche Flaschen«, ergänzte Sir Richard. »Der Markt ist nicht besonders groß, danach richtet sich auch der Preis. Für jeden von euch liegen zwei Flaschen hier im Speisezelt bereit, die beiden anderen, die für euren Gipfelversuch gedacht sind, werden von den Sherpas ins Camp 3 getragen.«

Sir Richard gab die Flasche herum, sie war bei Weitem nicht so schwer wie eine Tauchflasche. Martin schätzte ihr Gewicht auf etwa drei Kilogramm. Mit zwei solcher Flaschen, im Rucksack und all der anderen Ausrüstung würden sie auf dem Weg zum Gipfel mehr als zehn Kilo Gewicht schultern müssen. Eine Tortur.

»Bist du mit seinen Ausführungen einverstanden?«, wandte sich Martin an Dawa.

Der Sherpa nickte. »Ich stimme Sir Richard in seinen Ansichten zu.«

»Jetzt habt ihr die Gelegenheit, Fragen zu stellen«, sagte Sir Richard. »Wenn wir das Lager hier unten verlassen, werden wir nicht mehr auf diese Art zusammensitzen und uns unterhalten. Wir werden uns in verschiedenen Zelten aufhalten, wir gehen am Seil hintereinander her, wir tragen Sauerstoffmasken, wir werden vollkommen erschöpft sein, und wir werden schlechte Entscheidungen treffen. Das ist die brutale Realität.«

»Alles ist besser, als hier herumzusitzen«, meinte Mark.

Celine stand auf und sah den Amerikaner mit verächtlicher Miene an. »Amateur.«

Noch immer umgab sie der gleiche dicke Nebel, aber jetzt störte sich niemand mehr daran. Sie frühstückten in aller Herrgottsfrühe, und sogar Sir Richard verputzte zwei Spiegeleier.

Den Vorabend hatten sie dazu genutzt, um ihre Ausrüstung zu präparieren. Erst als sich die Steigeisen selbst dann nicht mehr von den Schuhen lösen ließen, wenn Martin beide Hände benutzte, gab er sich zufrieden.

Beim Frühstück beschäftigte sich Martin weiter mit den Details. Er übte das Öffnen und Schließen der Karabinerhaken mit Handschuhen, denn bei Temperaturen um die vierzig Grad unter null wollte er sie auf keinen Fall ausziehen müssen.

Obwohl er sich auf das Wesentliche beschränkt hatte, war sein Rucksack bis auf den letzten Millimeter gefüllt. Die Daunenhose hatte er in einen Kompressionssack gestopft, dasselbe hatte er mit dem Daunenschlafsack und der Isomatte aus dem gleichen Material getan. Seine Stirnlampe, die Skibrille, der Gaskocher, ein kleiner Wasserkessel, fünf Beutel gefriergetrocknete Nahrung, zwei Tafeln Schokolade und zwei Ein-Liter-Wasserflaschen fanden im Gepäckfach Platz. Für einen Moment hatte er die Kompaktkamera in der Hand gewogen, sie dann aber doch ins Deckelfach gepackt. Er musste Bilder machen.

Am schwersten waren die beiden Sauerstoffflaschen inklusive Schlauch und Mundstück. Er hob den Rucksack probehalber an, er wog sehr viel mehr, als ihm lieb war. Über fünfzehn Kilogramm.

Er tippte Celine auf die Schulter. »Du lässt den unnötigen Kram deiner Fotoausrüstung hier, oder?«

Sie lächelte ihn an und schwang sich ihren Rucksack auf den Rücken.

»Wir gehen«, sagte Sir Richard.

»Wir sollten eine der anderen Expeditionen informieren, dass wir losgehen«, meinte Martin.

Sir Richard hielt mitten im Schritt inne und drehte sich um. »Warum das?«

»In diesem Nebel bekommt es niemand mit.«

Der Brite trat vor ihn und sagte mit leiser Stimme: »Ich habe alle unsere Helfer, die nicht mit auf den Berg kommen, gebeten, sofort nach Hause zu fahren und die Ausrüstung hier zu lassen. Ich will nicht, dass sie von den Chinesen traktiert werden, wenn wir nicht im Lager sind. Wir kommen bei unserer Rückkehr auch ein paar Tage ohne Koch und Laufburschen aus.«

»Dann weiß ja erst recht niemand, wo wir sind. Womöglich wähnen sie uns im Base Camp.«

»Machst du dir deswegen Sorgen?«

Widerstrebend zuckte Martin mit den Schultern.

Sir Richard übernahm die Führung, und Martin reihte sich schließlich als Letzter hinter Dawa ein. Die Sicht betrug nicht mehr als zehn Meter, und dazu dämpfte der Nebel alle Geräusche, was eine mystische und bedrohliche Atmosphäre schuf. Langsam liefen sie die Geröllhalde hinauf, ohne dabei auf eines der anderen Expeditionslager zu stoßen. Als das Gelände wieder abflachte, wusste Martin, dass sie das Advanced Base Camp nun hinter sich gelassen hatten. Sie näherten sich der Stelle, an der sie den Gletscher betraten. Ihm kamen die chinesischen Soldaten in den Sinn. Standen sie dort und erwarteten sie? Martin spürte, wie seine Sinne erwachten – er war in Alarmbereitschaft.

Rechts von ihm bewegte sich plötzlich ein Schatten, Martin drehte sich hektisch um und starrte in das dichte Grau.

Nichts.

Er atmete langsam aus. Konnte er sich derart täuschen? Das starke Gefühl, jemand stünde hinter ihm, ließ ihn ein zweites Mal blitzschnell herumfahren. Noch immer nichts.

Als er weitergehen wollte, waren die anderen nicht mehr zu sehen. Er lauschte. Stille. Schnell machte er einige große Schritte in die Richtung, in der er seine Kameraden vermutete, und stieß mit dem Bein gegen einen spitzen Felsen, sodass er einen Schmerzensschrei unterdrücken musste. Humpelnd setzte er seinen Weg fort und hielt dabei nach rechts und links Ausschau. Lief er in die richtige Richtung? Sofort kamen ihm Zweifel, vielleicht hatte er die Orientierung verloren, als er sich nach dem Schatten umgedreht hatte. Wieder lauschte er und vernahm nun ein schwaches Schlagen von Metall, ein Stück rechts von ihm. Das mussten Stöcke sein, die gegen Felsen schlugen. Nach einigen langen, aber vorsichtigen Schritten in Richtung des Geräuschs, erahnte er Dawa vor sich. Die Erleichterung war körperlich zu spüren.

Wenige Minuten später ertönte die gemurmelte Aufforderung, sich zu setzen.

»Zeit, die Steigeisen anzulegen«, flüsterte Manuela.

Martins Eisen saßen perfekt. Eine gründliche Vorbereitung zahlte sich immer aus.

Auf einmal hörte er ein merkwürdiges Geräusch von Manuela neben sich, ehe sie ihn zur Seite stieß und sich hinter ihm übergab. Mit einem Satz war er auf den Knien und drehte sich zu ihr. »Was ist los?«

»Keine Ahnung.«

»Schaffst du es weiterzugehen?«

»Natürlich.«

Martin öffnete ihren Rucksack und nahm eine ihrer beiden Sauerstoffflaschen heraus. In seinem eigenen Rucksack war zwar kein Platz mehr, aber er legte sie quer unter das Deckelfach und zurrte die Gurte fest. Er war sich nicht sicher, ob Manuela merkte, was er tat, denn sie saß auf dem Boden und hielt den Kopf zwischen die Knie.

Aus dem Nebel erklang dumpf die Aufforderung zum Weitergehen. Martin stand auf, zog Manuela auf die Beine und hielt sie am Arm fest. »Du weißt, was passiert, wenn du den Nordsattel nicht schnell genug nach oben kletterst«, erinnerte Martin sie.

Manuela riss sich los und entfernte sich von ihm.

Zum fünften Mal innerhalb der letzten halben Stunde sah er nun schon auf die Uhr. Vor vier Stunden hatten sie die Kletterpartie begonnen, inzwischen waren sie auf 6940 Metern angelangt. Oberhalb des Nebels waren sie aber noch nicht. Jegliches Gefühl für Höhe war ihm abhandengekommen, und Martin konzentrierte sich einzig und allein darauf, einen sicheren Halt mit den Steigeisen zu finden und die Steigklemme am Seil nach oben zu schieben. Mit der zusätzlichen Sauerstoffflasche fühlte sich sein Rucksack wie ein riesiger Bleiklumpen an.

Höchstens fünf Stunden, hatte Sir Richard ihnen noch einmal eingeschärft, als sie gestartet waren. Jetzt fehlte nur noch der letzte Steilhang, und Martin würde keine Probleme damit haben, diesen Abschnitt in einer halben Stunde zurückzulegen.

Bei Manuela sah es hingegen schlechter aus. Sie hatte darauf bestanden, als Letzte zu gehen, und nur Martin kannte den Grund dafür. Ihre Chancen, innerhalb von Sir Richards

Frist oben anzukommen, liefen gegen null. Martin zog kurz an Marks Rucksack, der einen Schritt vor ihm kletterte.

»Ich warte auf Manuela«, sagte er. »Falls sie Hilfe beim steilsten Stück braucht.«

Mark warf einen Blick über die Schulter. Unterhalb von ihnen war niemand zu sehen, obwohl der Nebel lichter wurde. Der Amerikaner schüttelte verständnislos den Kopf und wandte sich wieder um. Martin setzte seinen Rucksack ab und sicherte ihn am Seil. Anschließend hakte er den Abseilachter ein und ließ sich schnell am Seil entlang nach unten gleiten, bis er auf Manuela traf. Sie lag weit zurück.

»Ich nehme deinen Rucksack.«

»Nein.«

Er zog ihn ihr von den Schultern. Sie protestierte nicht.

»Halt dich an meinen Rhythmus«, wies er sie an. »Nicht denken, einfach gehen.« Er machte einen Schritt mit dem rechten Bein und zog das linke nach, dann zählte er bis dreißig und ging einen weiteren Schritt, ehe er wieder leise zählte. Manuela hielt mit. Zweimal hörte er sie würgen, aber sie schien nichts mehr zu erbrechen, ihr Magen war sicher leer.

Sie erreichten die Stelle, an der er seinen Rucksack zurückgelassen hatte, schneller, als er befürchtet hatte. Martin befestigte nun auch Manuelas zweite Sauerstoffflasche außen an seinem Rucksack. Ihrer wog jetzt kaum mehr als fünf Kilo, und trotzdem musste er ihr beim Aufsetzen helfen.

Am Steilhang kamen sie unerträglich langsam voran, und auch als die Route wieder flacher wurde und sie den Lagerplatz auf dem Nordsattel erreichten, behielten sie das langsame Tempo bei. Mark, Celine und Sir Richard warteten auf einem platt getretenen Schneefeld vor den Zelten.

Sir Richard warf einen demonstrativ langen Blick auf seine Uhr. »Sechs Stunden und zehn Minuten«, sagte er und richtete einen Finger direkt auf Manuela. »Du weißt, was das bedeutet.«

Erschöpft beugte sich Manuela nach vorn und stützte sich mit beiden Händen auf ihren Eispickel. Sie sagte kein Wort.

»Es bedeutet, dass Manuela einen schlechten Tag hatte«, sprang Martin für sie in die Bresche. »Bei unserem letzten Aufstieg hier hoch warst du es, der viel länger gebraucht hat.«

Mark unterdrückte ein Grinsen, Sir Richard hingegen überhörte die Provokation und verzog keine Miene. »Ich habe aus gutem Grund ein Zeitlimit gesetzt«, sagte er. »Erreicht man den Nordsattel nicht innerhalb von fünf Stunden, hat man am Berg nichts zu suchen. Alle Erfahrungen belegen das, und dabei spreche ich für eine ganze Reihe von Expeditionsleitern. Ich habe das im Einvernehmen mit Dawa beschlossen.«

Manuela richtete sich wieder auf. »Halt die Klappe, alter Mann«, zischte sie.

»Du hast mich gehört. Weiter als bis hierher geht es für dich nicht«, sagte Sir Richard scharf.

»Und du hast mich auch gehört.«

»Du bist eine Belastung für die anderen Expeditionsteilnehmer und für die Sherpas. Du wartest hier auf dem Nordsattel, bis wir in dreieinhalb Tagen wieder zurück sind. Ich kann damit leben, wenn jemand die Frist knapp verfehlt, aber mehr als eine Stunde darüber ist nicht knapp. Was weiter oben geschieht, ist …«

Weiter kam Sir Richard nicht. Während er sprach, trat Manuela dicht vor ihn und glich den Größenunterschied aus, indem sie sich auf die Zehenspitzen stellte. Dann spuckte sie ihm mitten ins Gesicht.

Der Brite wich entsetzt zurück und hielt sich die Hände vors Gesicht. Manuela setzte ihm nach und stieß ihn mit beiden Händen vor die Brust. Er stürzte nach hinten und traf ein Zelt, bevor er auf dem Boden aufschlug und rücklings liegen blieb.

»Scheiße!«, rief Mark.

Sir Richard versuchte, wieder auf die Beine zu kommen, stolperte dabei aber über eine Zeltschnur und fiel wieder zu Boden. Niemand rührte sich oder sagte etwas, als Martin ihm aufhalf. Der Brite zog die dicken Handschuhe aus und wischte sich übers Gesicht. Manuela hatte die Arme verschränkt und starrte ihn mit bösem Blick an.

»Das bleibt nicht ungestraft«, drohte Sir Richard. Seine Stimme verriet, dass er immer noch schockiert war. »Ich zeige dich an, wenn das hier vorbei ist.«

»Jetzt sei ein Mann«, sagte Mark. »Du stehst doch hier, unverletzt. Wirklich ein dummes Verhalten, sie so stark unter Druck zu setzen, wenn sie völlig am Ende ist.«

»Hört zu«, sagte Martin. »Sie hat sich mehrmals übergeben, das wollte sie vor uns geheim halten. Trotzdem hat sie es in guten sechs Stunden auf den Nordsattel geschafft. Eigentlich ist das eine wahnsinnige Leistung und kein Grund, ihr den weiteren Aufstieg zu verwehren. Wenn Motivation wichtig ist, um den Gipfel zu erreichen, dann ist uns Manuela darin meilenweit voraus.«

Sir Richard schüttelte verständnislos den Kopf, während Martin sprach, so als könne er nicht glauben, was er da hörte.

»Im Grunde hat er recht, Rickie«, pflichtete Mark Martin bei. »Können wir nicht einfach abwarten, wie es morgen aussieht? Möglicherweise ist sie wieder in Form, wenn sie geschlafen und sich ausgeruht hat. Ich stimme dafür, ihr eine Chance zu geben. Was meint ihr?«

»Das hier ist kein verfluchtes Parlament. Hier wird über gar nichts abgestimmt«, fauchte Sir Richard.

Alle ignorierten den Expeditionsleiter und hoben eine Hand in die Luft, um Mark beizustimmen. Sir Richard schüttelte nur den Kopf.

»Du kannst sie doch nicht einfach den Chinesen aussetzen«, sagte Martin schließlich mit noch immer erhobener Hand.

»Jippie, Nebel«, brummte Martin leise, als er am nächsten Morgen das Zelt öffnete und hinaussah.

In übertrieben langsamem Tempo – um Luft zu sparen – setzte er sich auf und holte den Gaskocher heraus. Er beugte sich ins Freie und füllte den kleinen Kessel mit kompaktem Schnee. Mark lag auf seiner Zeltseite und rührte sich nicht, blinzelte aber, als der Gaskocher zu fauchen begann.

»Wie spät ist es?«

»Halb sechs. In fünf Minuten gibt's Tee.«

Mark rappelte sich träge auf. »Neblig draußen?«

»Jepp.«

»Dann kommen wir wohl nicht weiter, oder?«

Auch wenn er eigentlich derselben Ansicht war, sagte Martin nichts. Er reichte Mark einen großen Becher Tee. Schweigend frühstückten sie ein paar trockene Kekse.

»Schaffst du es, den Mund darüber zu halten, warum Manuela hier ist?«, fragte Martin.

»Bis jetzt schon«, antwortete Mark grinsend.

Martin bewegte seinen Zeigefinger in einer warnenden Geste vor Marks Gesicht, ohne mehr dazu zu sagen. Danach zog er die Plastikflasche aus dem Schlafsack, die bis zum Rand mit lauwarmer dunkelgelber Flüssigkeit gefüllt war. Wohl oder übel musste er eine Runde vors Zelt gehen.

Auf seinem Weg zum Latrinenplatz stieg er vorsichtig über mehrere Abspannschnüre. Aus einem Zelt hörte er die Stimmen von Sir Richard und Dawa. Er blieb stehen, kauerte sich zusammen und versuchte zu hören, was gesagt wurde.

»Das ist Erpressung.«

»Sie liegen in Camp 2 und weigern sich, weiter aufzusteigen.«

»Es ist deine Aufgabe, die Sherpas unter Kontrolle zu haben.«

»Tausend Dollar für jeden. Zweitausend, wenn sie es auf den Gipfel schaffen.«

»Ich lasse mich nicht erpressen.«

Martin stand vollkommen still, aus Angst, sie könnten seine Schritte im kalten Schnee knirschen hören, falls er sich bewegte. Dawa murmelte irgendetwas Unverständliches.

»Du musst über Funk mit ihnen reden«, drängte Sir Richard ihn.

Einen Augenblick später kroch Dawa aus dem Zelt, und Martin trat einen Schritt nach vorn. Er brummte ein »Guten Morgen« in seine Richtung, aber der Sherpa-Anführer erwiderte nichts und verschwand einfach im Nebel. Martin verspürte das Bedürfnis, Sir Richard direkt zu konfrontieren, besann sich aber. Auf dem Rückweg steuerte er auf Manuelas Zelt zu und kroch hinein, ohne vorher um Erlaubnis zu bitten. Manuela lag im Schlafsack und sah ihn aufmerksam an.

»Du solltest dich bei Sir Richard entschuldigen.«

»Niemals.«

»Es ist nicht gerade vorteilhaft, dem Expeditionsleiter ins Gesicht zu spucken«, sagte er, und Manuela quittierte seine Aussage mit zusammengepressten Lippen. »Abgesehen davon glaube ich nicht, dass wir heute irgendwohin gehen. Wir können nicht blind umhertappen. Fühlst du dich besser?«

»Alles bestens bei mir.«

Martin gab es auf, ein Gespräch mit ihr zu führen, und bewegte sich rückwärts aus dem Zelt. Als er wieder auf die Beine kam, sah er, dass Sir Richard auf dem Weg zu ihm war.

»Es gibt eine Planänderung«, sagte er. »Wir werden eine weitere Nacht hier im Lager verbringen müssen.«

»Sehe ich genauso. Das Wetter ist wirklich mies.«

»Das Wetter ist nicht das Problem. Unsere Sherpas brauchen mehr Zeit, um die Fixseile weiter oben anzubringen und um Material von Camp 2 ins Camp 3 zu transportieren. Wir schaffen nicht alles allein. Außerdem wird Manuela heute Nacht zu euch ziehen müssen, wir haben nicht genügend Zelte.«

»Seit wann das denn?«

»Wir haben nicht die gesamte Ausrüstung mit nach oben genommen, und uns fehlen Zelte für Camp 2 und 3. Deshalb müssen wir uns mit einigen von denen behelfen, die hier stehen. Dawa wird die Zelte von Manuela und Celine heute Nachmittag hoch ins Camp 2 tragen, danach kommt er wieder her. Celine schläft bei mir und Dawa, Manuela bei dir und Mark.«

»Hast du gehört?« Martin sprach in Richtung von Manuelas Zelt.

»Zeltwände sind ja nicht schalldicht«, kam von dort zurück.

Noch im selben Moment lockerte Sir Richard die Zeltschnüre. Martin streckte seinen Kopf erneut in das Zelt. »Ich glaube, er meint *jetzt*«, sagte er und begann, Manuelas Sachen in ihren Rucksack zu stopfen. Sie holte tief Luft, um sich zu beschweren, doch Martin erstickte ihren Protest mit einer Handbewegung.

Bevor Manuela es aus dem Zelt herausgeschafft hatte, zog Sir Richard bereits die Zeltstangen heraus, und die Kuppel fiel in sich zusammen.

»Hey!«, fluchte Manuela.

»Leg einen Zahn zu«, wies Sir Richard sie an und fuhr damit fort, das Zelt abzubauen. Gerade als er die letzte Stange löste, schob Manuela ihre Isomatte und den Schlafsack ins Freie und krabbelte hinterher.

Um nicht zwischen die Fronten zu geraten, schnappte Martin sich kurzerhand Manuelas Rucksack und ging zurück zu seinem eigenen Zelt. Wenn sie von nun an zu dritt in einem Zweimannzelt schlafen sollten, musste alles gut organisiert sein. »Wir bekommen Gesellschaft von Manuela, es wird eng hier drinnen«, sagte er an Mark gewandt, der sich wieder in seinen Schlafsack verkrochen hatte. Die Rucksäcke wuchtete Martin ans Kopfende des Zelts und platzierte Daunenjacken und -hosen darauf, die auf diese Weise perfekte Kopfkissen abgaben. Am Fußende stellte er den Kocher in eine Ecke und ließ ihn brennen. Als Manuela ankam, war es im Zelt warm genug, um in einem dünnen Unterhemd dasitzen zu können.

Mark hieß ihre neue Zeltkameradin mit seinem breitesten Lächeln willkommen, als sie hineinkroch. Ihre Isomatte und den Schlafsack quetschten sie zwischen sich.

»Das wird kuschelig«, meinte Manuela. »Wir werden uns simultan umdrehen müssen, ansonsten funktioniert es nicht.«

Essen, trinken, schlafen, mehr gibt es in den nächsten zweiundzwanzig Stunden nicht zu tun, dachte Martin. Ein langer Tag und eine lange Nacht warteten auf sie.

Mark und Manuela saßen im Vorzelt, als Martin aufwachte.

»Wie lange seid ihr schon wach?«

»Lange«, antwortete Manuela. »Du hast gut geschlafen.«

Martin schnaubte. Eigentlich war er derjenige, der als Erster aufwachte und sich um die Morgenroutine kümmerte.

»Ich kann dir verraten, dass die Sonne scheint, allerdings nur für uns. Die Wolkendecke unter uns reicht bis auf 6900 Meter, ein herrlicher Anblick«, sagte Manuela und schob sich an Mark vorbei ins Freie.

Martin ging ebenfalls nach draußen und drehte eine Runde. Ein Stückchen entfernt sah er Celine, die ihre Kamera in der Hand hielt. »Die hier werde ich in *National Geographic* veröffentlichen«, war sie überzeugt.

»Beeindruckend, dass du genug Energie hast, um zu fotografieren.«

»Bin eben gut in Form.«

»Dann können wir uns ja zu einer bisher erfolgreichen Akklimatisierung beglückwünschen.«

Celine grinste. »Dawa sagt, wir brechen so bald wie möglich auf. Ich hoffe, ihr seid bereit.«

Zurück im Zelt hörte er Mark und Manuela über die enge Nacht scherzen, während sie Müsli mit warmem Wasser und Milchpulver löffelten. Martin verursachte ein warmes Frühstück so gut wie immer Übelkeit, und er brachte nicht mehr als ein paar Bissen hinunter. Um wenigstens etwas Kraft zu tanken, stopfte er sich ein paar Handvoll Mandeln in den Mund.

Da sie sich zu dritt unmöglich gleichzeitig im Zelt umziehen konnten, machte Martin sich als Erster fertig und kroch dann wieder ins Freie. Ein Stück abseits des Lagers stand Dawa und prüfte die Nordwand durch sein Fernglas.

»Warst du gestern in Camp 2?«, fragte Martin und stellte sich neben den Sherpa.

Dawa nickte, ohne das Fernglas abzusetzen. Er studierte einen Punkt an der Felswand. »Sie sind dabei, das Fixseil zum Camp 3 zu verlegen«, erklärte er, ehe er sich umdrehte und Martin das Fernglas reichte. »Du siehst sie auf dem Absatz dort unter der großen Felswand.«

Der Sherpa deutete auf die Stelle, während Martin das Fernglas scharf stellte. Schließlich machte er einige bunte Gestalten aus, aber sie waren zu weit entfernt, als dass er hätte sehen können, was sie taten. Er schwenkte das Fernglas weiter über die Wand, doch es war schwierig zu erkennen, wo ihre Route verlaufen würde, einen offensichtlichen Weg gab es nicht.

»Sind sie auf der Route?«

»Viel Arbeit. Schwer.«

Warum antwortest du nie auf meine Fragen?, dachte Martin, beschloss aber, nicht weiter nachzuhaken und das Thema zu wechseln. »Wenigstens haben wir Glück mit dem Wetter«, meinte er und breitete die Arme aus. Auch darauf erwiderte Dawa nichts. »Was sagt der Lamakalender über das Wetter?«

Dawa starrte ins Nichts. »Der Lamakalender zieht es vor abzuwarten.«

Ihre Gruppe hatte einen Kreis um eine Sauerstoffflasche, einen Schlauch und eine Atemmaske gebildet, die zwischen den Zelten auf dem Boden lagen. Dawa befestigte den Schlauch an der Flasche und demonstrierte ihnen, wie man die Maske korrekt anlegte. Anschließend gab er sie an Martin, der sie auf Mund und Nase setzte und dann die Riemen festzog. Die

Maske war überraschend unbequem, der Gummi fühlte sich steif an und hatte eine schlechte Passform. Außerdem war die Maske groß und bedeckte fast sein ganzes Gesicht bis zu den Augen.

Reihum probierten sie die Maske auf, erst danach fuhr Dawa mit seiner Einweisung fort. »Wir können uns mit aufgesetzter Maske zwar unterhalten, aber schon bei geringem Wind ist es so gut wie unmöglich zu verstehen, was der andere sagt. Gewöhnt es euch an, sie regelmäßig abzunehmen, das ist notwendig, um etwas zu trinken. Jeder von euch muss vier Liter Flüssigkeit pro Tag zu sich nehmen.«

»Vier Liter?«, stutzte Manuela. »Wie sollen wir so viel runterbekommen?«

»Einfach trinken«, antwortete Sir Richard. »Wie schwer kann das denn sein?«

»Je erschöpfter und dehydrierter man ist, desto schwerer fällt das Trinken«, erläuterte Dawa. »Man muss es sich angewöhnen und daran denken, ständig Flüssigkeit zu sich zu nehmen. Trinken muss genauso automatisch ablaufen, wie einen Fuß vor den anderen zu setzen. Ein Liter zum Frühstück, zwei unterwegs und einer am Abend.« Dawa schaute in die Runde, aber es gab keine weiteren Fragen. Danach zeigte er ihnen die Sauerstoffventile an den Metallzylindern. »Die Sauerstoffzufuhr kann reguliert werden, es gibt vier Einstellungsstufen. Es ist zwar möglich, die eigene Zufuhr selbst zu justieren, aber ziemlich umständlich, da die Flasche weit oben auf dem Rücken sitzt. Am besten ist es, wenn ihr euch die Sauerstoffzufuhr gegenseitig einstellt. Auf Stufe eins ist die Zufuhr am niedrigsten, auf Stufe vier am höchsten, die Zahlen beziehen sich auf den Sauerstoffverbrauch pro Minute. Eine Flasche enthält 720 Liter Sauerstoff, die bei einer Zufuhr von einem Liter pro Minute also für zwölf Stunden ausreichen.

Auf Stufe vier geht der Sauerstoff logischerweise schneller zur Neige. Wie ihr sicher bereits ausgerechnet habt, hält eine Flasche bei diesem Verbrauch nur drei Stunden. Deshalb ist diese Stufe ausschließlich für Notfälle vorgesehen. Heute bleiben wir bei Stufe eins, allerhöchstens Stufe zwei, falls es für jemanden besonders anstrengend werden sollte.«

»Woher wissen wir, wie viel Sauerstoff uns noch bleibt?«, fragte Manuela.

»Die verbleibende Menge kann man an der Flasche ablesen. Bei neueren Modellen gibt es eine Anzeige am Schlauch direkt vor der Maske, aber wir nutzen ältere Modelle. Deshalb müssen wir auf die Flasche schauen.«

Erneut richtete Dawa reihum den Blick auf sie.

»Sauerstoff ist kein Allheilmittel«, gab Sir Richard zu bedenken. »Er macht einen Unterschied, aber dieser Unterschied fällt um einiges geringer aus, als die meisten denken. Selbst bei voller Power ist der Vorteil relativ bescheiden. Trotzdem kann eine Versorgung mit Sauerstoff den Unterschied zwischen Leben und Tod bedeuten, wenn man sich längere Zeit auf über achttausend Metern aufhält. Nur die allerwenigsten Kletterer besteigen den Everest ohne Sauerstoff, und dabei gehen sie ein enormes Risiko ein.«

Noch einmal setzte jeder von ihnen die Sauerstoffmaske auf, während Dawa nacheinander alle Zufuhrstufen einstellte. Auf der ersten Stufe spürte Martin keinen Unterschied zum Atmen ohne Maske, und selbst bei der höchsten Zufuhr merkte er nur einen sanften Windhauch auf den Wangen.

»Wenn die Zufuhr auf Stufe eins, zwei oder drei steht, bekommen wir nicht mit, ob uns der Sauerstoff ausgeht«, sagte Martin.

Dawa warf ihm einen verständnislosen Blick zu. »Du musst es eben im Auge behalten.«

»Ich will meine Kräfte dort oben nicht damit verschwenden, meinen Rucksack abzusetzen, nur um den Sauerstofffüllstand zu checken.«

Dawa zuckte mit den Schultern. »Es ist deine Entscheidung.«

»Hier hätten wir eigentlich Seile gebraucht«, sagte Sir Richard und deutete mit dem Finger auf eine Stelle vor ihnen, als sie die weitere Route studierten. Ihr Lager auf dem Nordsattel lag teilweise geschützt unter einem Überhang, der vom Changtse abfiel. Von hier aus führte ihre Route auf den eigentlichen Grat, der den östlichen Ausläufer des Rongbuk-Gletschers von seinem Hauptarm trennte. Links unter ihnen befand sich der östliche Rongbuk-Gletscher mit dem Advanced Base Camp, auf der rechten Seite und beinahe zweitausend Meter tiefer sahen sie den Hauptgletscher.

Zu Beginn hatten sie es nur mit einem leicht ansteigenden Schneehang zu tun, doch nach und nach wurde er steiler und felsiger. Irgendwo über ihnen in dieser Geröllhalde befand sich Camp 2. »Wir haben entschieden, hier noch ohne Seil zu gehen, bis es weiter oben auf 7500 Metern wieder steiler wird und wir zum Grat kommen«, erklärte Sir Richard. »Das spart Zeit und Gewicht.«

»Würde es nicht noch mehr Zeit und Gewicht sparen, uns das Seil auch da zu sparen?«, meinte Mark.

»Ich kann unserem Besserwisser garantieren, dass der Grat und die Felswand, an die wir uns dort wagen, zu den am stärksten vom Wind heimgesuchten Orten der Welt gehören. Wenn der Wind über den Grat hinwegfegt, wirst du das Seil brauchen, um nicht vom Berg geweht zu werden.« Sir Richard war schon weitergegangen, noch bevor er zu Ende gesprochen hatte. Martin heftete sich hinter ihn.

Er war nicht mehr als hundert Meter gelaufen, als er zu ahnen begann, dass die Hitze ihn vor die größten Probleme stellen würde. Der Schweiß lief in Strömen, und er öffnete die seitlichen Reißverschlüsse seiner Gore-Tex-Hose von den Knöcheln bis zum Bund, sodass die Hose nur noch um seine Taille hing. Die Jacke hatte er längst in den Rucksack gestopft, jetzt trug er lediglich ein Netzshirt. Anfangs hatte Martin noch die Sauerstoffmaske auf der niedrigsten Stufe genutzt, sie dann aber ebenfalls im Rucksack verstaut, als es ihm im Gesicht zu feucht wurde.

Sie bewegten sich in einer Gruppe, Dawa bildete die Nachhut. Für Sir Richard gestaltete sich der Aufstieg sichtlich schwerer, als sie den eigentlichen Hang erreichten, auch wenn er in der Spur lief, die die Sherpas zwei Tage zuvor ausgetreten hatten.

In regelmäßigen Abständen hielt Martin an, um zu trinken, er hielt die Flasche beim Gehen in der Hand, denn in der gleißenden Sonne bestand keine Gefahr, dass es gefror. Während einer Trinkpause überholte ihn Celine, die wie gewöhnlich einen außerordentlich fitten Eindruck machte. Von den ersten kleinen Windstößen nahm er kaum Notiz, sie sorgten lediglich für Erfrischung. Martin drehte seinen Kopf nach Westen und ließ sich vom Wind die verschwitzte Stirn kühlen. Nach kurzer Zeit wandelte sich die angenehme Brise aber in kräftige Böen, und es wurde spürbar kälter. Er blieb stehen und zog die Reißverschlüsse an den Hosenbeinen wieder zu. Anschließend holte er seine Jacke aus dem Rucksack und schlüpfte hinein. Noch bevor er weiterging, schlotterte seine Hose im Wind. Die Erfahrungen bei seinen polaren Streifzügen hatten Martin Respekt vor dem Wind gelehrt. Wartete man zu lange damit, zusätzliche Kleider überzuziehen, konnte es zu einer unmöglichen Aufgabe werden, sie aus dem Rucksack zu holen. Beim Versuch, sich anzuziehen, war es ein Leichtes, einen Handschuh, eine Mütze oder sogar die Jacke selbst an den Wind zu verlieren.

Die Sonne wärmte noch immer, aber der Wind nahm stetig zu, und allmählich stob auch der Schnee um seine Beine. Martin fasste einen schnellen Entschluss, setzte den Rucksack erneut ab und holte die Daunenjacke und die Daunenfäustlinge heraus. Währenddessen holten ihn Manuela und Mark ein.

»Zieht euch wärmere Sachen an, bevor es zu spät ist«, sagte Martin.

Sie folgten seinem Rat. Martin fiel auf, dass keiner der anderen vor ihnen anhielt. Eine heftige Bö zwang ihn, einen Schritt zur Seite zu machen, um nicht das Gleichgewicht zu verlieren. Die leere Trinkflasche, die Mark neben seinen Rucksack in den Schnee gestellt hatte, wurde zehn Meter weit geweht.

»Die kannst du vergessen«, sagte Martin und hielt Mark zurück, als er sie holen wollte. Ein weiterer kräftiger Windstoß blies die Flasche über die Kante. Mark sah ihr lange nach.

Sie nahmen den eintönigen Marsch nach oben wieder auf. Ein paar Schritte, dann eine Pause. Martin beschloss, die Sache strukturierter anzugehen: alle fünf Schritte eine Pause. Er überprüfte den Höhenmesser, das Gerät zeigte 7367 Meter an. Sehnsüchtig richtete er den Blick nach oben. Bis zu dem Punkt, wo der Schnee in Gestein überging, war es noch ein weiter Weg.

Zwar nahm die Stärke der Böen nicht unbedingt zu, aber dafür folgten sie nun dichter aufeinander. Immer öfter musste Martin einen Ausgleichschritt machen, um nicht aus der Balance zu geraten. Auch der Schnee stob hier kräftiger, inzwischen wurde er bis auf Kniehöhe aufgewirbelt. Sie befanden sich ungefähr auf halber Strecke zwischen dem Nordsattel und dem Geröllfeld auf 7700 Metern, jetzt wurde der Schneehang jäh steiler. Martin vermutete, dass sie sich dem Abschnitt näherten, der dem Wind am stärksten ausgeliefert war. Glücklicherweise trafen die Böen sie seitlich von rechts aus einem Winkel von neunzig Grad. Wären sie direkt von vorn gekommen, wären sie chancenlos gewesen.

Martin rühmte sich dafür, stets die Ruhe zu bewahren. Er schätzte Gefahren realistisch ein, obwohl er nur selten Angst bekam. Jetzt spürte er allerdings eine wachsende Unruhe in sich. Sie passierten ein Teilstück, das für seine Böen berüchtigt war. Dass sie an dieser Stelle ungesichert waren, machte es noch schlimmer. Sir Richard hatte ihnen nicht mitgeteilt, wie hoch sie steigen mussten, bis sie das Fixseil erreichten.

Der Wind steigerte sich weiter, und mit den Böen stob immer mehr Schnee auf. Ab und zu verschwand sogar Sir Richards Gestalt im Schneetreiben, auch wenn zwischen ihm und Martin nur Celine ging.

Ein weiteres Problem begann an Martin zu nagen. Er hatte die Trinkflasche in seiner Tasche geleert, aber nicht durch eine neue ersetzt. Die heftigen Winde erschwerten es, den Rucksack abzusetzen, um etwas herauszuholen. Martin konnte sich nicht entscheiden, was schlimmer war: ohne Flüssigkeit auszukommen oder den Verlust von Ausrüstung zu riskieren.

Zum dritten Mal innerhalb kurzer Zeit warf er einen Blick auf die Höhenanzeige auf seiner Uhr. 7433 Meter. Sechzig Höhenmeter in einer Stunde waren besorgniserregend wenig. Wenn ihr nächstes Camp auf 7900 Metern lag, mussten sie im Lauf des Tages beinahe neunhundert Höhenmeter zurücklegen. Bei einer Geschwindigkeit von sechzig Höhenmetern pro Stunde entsprach das fast fünfzehn Stunden. Sie mussten schneller werden. Das Problem daran war nur, dass Sir Richard das Tempo an der Spitze vorgab.

Nach einigen langen Schritten erwischte er Celines Jacke. Sie drehte sich um. »Wir müssen das Tempo erhöhen, sonst wird es Nacht, ehe wir das Lager erreichen. Du musst vorangehen.«

Celine stimmte ihm zu. Sir Richard war nur wenige Meter vor ihnen und stützte sich auf seine Stöcke. Martin wartete, während Celine mit schnellen Schritten zu ihm aufschloss. Sie schien nichts zu sagen, sondern gab dem Expeditionsleiter lediglich ein Zeichen mit der Hand und setzte sich vor ihn.

Sie kamen etwas schneller voran. Martin legte jetzt acht langsame Schritte zurück, bevor er stehen blieb und bis dreißig zählte. Unter anderen Voraussetzungen hätte er sich an dem seltenen Naturschauspiel erfreuen können. Direkt über ihm wölbte sich ein strahlend blauer Himmel, während zwei Meter über dem Boden der reinste Schneesturm herrschte. Er musste sich gegen den Wind lehnen, um nicht von den Füßen gerissen zu werden. Allmählich verlor er das Zeitgefühl, und er konzentrierte sich einzig und allein auf seinen Rhythmus: acht schwere Schritte, bis dreißig zählen, wieder acht Schritte. Die Kopfschmerzen kamen schleichend, sie bahnten sich als leichtes Ziehen im Hinterkopf an, aber Martin fürchtete, dass sie schon bald schlimmer werden könnten. Er musste trinken. Trinken und tief durchatmen.

Das Schneetreiben war mittlerweile so dicht, dass er unvermittelt von hinten in Sir Richard hineinlief, der auf dem Boden kniete, den Rucksack neben sich abgestellt. Martin ging ebenfalls auf die Knie und wandte dem Wind den Rücken zu. »Probleme?«

Sir Richard drehte sich zu Martin um, sein Gesicht war von der Sauerstoffmaske verdeckt, und deutete auf den Justierungsmechanismus am oberen Ende des Behälters. »Ich schalte auf Stufe zwei«, sagte er. »Du musst deine Sauerstoffmaske auch aufsetzen.«

Martin hatte gar nicht mitbekommen, dass Sir Richard seine Maske bereits aufgesetzt hatte. Die drei, die hinter ihm gingen, ließen sich neben ihnen in den Schnee plumpsen. Keiner von ihnen benutzte Sauerstoff.

»Setzt eure Masken auf, ihr verfluchten Anfänger!«, brüllte Sir Richard über den Wind hinweg. Sie hörten ihn kaum. Der Schnee fühlte sich auf der Haut an wie Tausende Nadelstiche, Martin musste sein Kinn mit dem Handschuh bedecken, wenn er den Kopf zur Seite drehte.

»Haltet eure Sachen gut fest«, schrie er seinen Kameraden zu, während sie ihre Rucksäcke absetzten. Er selbst klammerte seinen an sich, während er die Maske und die Sauerstoffflasche herauskramte, ohne das Deckelfach vollständig zu öffnen. Eigentlich hätte er auch seine Trinkflasche durch eine volle ersetzen sollen, aber seine Priorität galt der Sauerstoffversorgung. Zum Glück hatte er seine Maske vor dem Start aus lauter Faulheit in den Rucksack gesteckt, ohne die Schläuche von der Flasche zu trennen. Schnell hatte er die Maske über Mund und Nase platziert, den Riemen über den Kopf gezogen und festgezurrt. Streng genommen fehlte ihm die Skibrille, allerdings lag sie so weit unten im Rucksack, dass er es nicht darauf ankommen lassen wollte, danach zu suchen.

Im selben Moment tauchte ein Schatten über ihm auf, und er schaffte es gerade noch, instinktiv den Arm zu heben, ehe Celine über ihn stolperte und ihn nach hinten stieß. Sie blieb halb auf ihm liegen. *Jetzt reißt gleich der Schlauch zur Sauerstoffflasche*, dachte Martin, während er versuchte freizukommen.

»Ich habe euch nicht mehr gesehen, also bin ich zurückgegangen«, rief Celine in sein Ohr. Auch sie trug keine Sauerstoffmaske.

Martin rappelte sich wieder in eine sitzende Position auf, vor Anstrengung wurde ihm übel. Alle hatten ihre Rucksäcke abgestellt, und ihm schwante nichts Gutes. Der Wind wehte jetzt so stark, dass er einen zehn Kilogramm schweren Rucksack mühelos davonblasen konnte. »Immer nur einer auf einmal legt seine Sauerstoffausrüstung an, die anderen helfen!«, brüllte er, ohne zu wissen, ob sie seine Anweisung verstanden. Er hörte seine eigene Stimme fast nicht. Mit beiden Händen umklammerte er Marks Rucksack, während der Wind daran zerrte.

Sir Richard zog die Atemmaske heraus und setzte sie Mark mit einiger Mühe aufs Gesicht. »Stufe zwei!«, schrie er dem Amerikaner entgegen und zeigte auf die Sauerstoffflasche im Rucksack.

Mit vereinten Kräften gelang es Martin und Sir Richard, Mark den Rucksack wieder aufzuziehen. Danach war Manuela an der Reihe. Martin holte Maske und Schlauch aus dem Rucksack und stellte fest, dass der noch nicht an die Flasche angeschlossen war. Sir Richard rief irgendetwas Unverständliches, und Martin gab ihm die beiden Ausrüstungsteile, während er versuchte, den Schlauch an den Sauerstoffbehälter im Rucksack anzuschließen.

Aus dem Augenwinkel nahm Martin wahr, wie Manuela sich ruckartig bewegte. Er wollte ihr eine Warnung zurufen, doch es war bereits zu spät.

Manuelas Augen waren zwei leere schwarze Höhlen. Ihr Mund formte sich zu einem Schrei, den der Wind unmittelbar verschluckte. Der Handschuh, den sie ausgezogen hatte, um besser in den Rucksack greifen zu können, flog fort, er war schneller verschwunden, als jemand reagieren konnte.

Wie versteinert saß Manuela da, die nackte Hand noch im Rucksack, während Mark, Sir Richard und Martin sie ansahen. Sir Richard nahm ihre Hand, die sie zur Faust geballt hatte, und zog die Ärmel ihres langen Unterhemds und der Fleecejacke darüber. Der Stoff bedeckte die nackte Haut gerade so, solange sie die Hand zur Faust ballte. Die Gore-Tex-Jacke ließ sich nicht weit genug ziehen.

Mark nahm die Sauerstoffmaske kurz ab. »Das funktioniert nicht lange!«, rief er. »Sie muss nach unten, ins Zelt am Nordsattel!«

Manuela nickte unschlüssig, während sie auf ihre Hand starrte.

»In diesem Wetter können wir uns nicht trennen!«, widersprach Sir Richard.

»Sollen wir dann hier sitzen bleiben, bis wir alle erfroren sind, oder was?«, brüllte Mark zurück.

Martin hielt etwas Rotes vor Manuelas Gesicht. Sie wich ein Stück zurück, ehe sie erkannte, was es war. Ein extrem dicker Daunenhandschuh. »Ich habe immer einen Ersatzhandschuh im Rucksack!«, rief Martin ihr ins Ohr. »Er ist zu groß, aber es müsste gehen.«

Martin und Sir Richard hielten den Extrahandschuh fest umklammert, während Manuela ihn über ihre Hand stülpte.

Dann legte sie die Arme um Martin und zog ihn für einen Moment an sich.

Sie knieten in einem Halbkreis, und bis auf Dawa trugen jetzt alle eine Sauerstoffmaske. Der Sherpa hatte sich ein rotes Baumwolltuch ins Gesicht gezogen. Martin hielt seine Maske vom Gesicht weg und rief fragend: »Wie weit ist es noch, bis die Seilroute beginnt?«

»Nicht weit.«

Sehr viel konkretere Informationen konnte Martin nicht erwarten, das sah er ein. Sie mussten weiter, aber wenn der Wind noch stärker zulegte, bevor sie das Seil erreichten, würden sie alle den Abhang hinuntergeblasen werden.

Celine lehnte sich an Martin. »Ich bin auf gut Glück vorausgegangen, die Spuren der Sherpas sind zugeweht. Wir laufen Gefahr, parallel zum Seil aufzusteigen, ohne es zu sehen.«

Das Problem war so offensichtlich, dass Martin verärgert den Kopf darüber schüttelte, dass er es nicht schon früher vorausgesehen hatte. Wenn sie das Seil nicht fanden, würden sie in diesem Wetter auch das Lager nicht entdecken. Plötzlich kam ihm ein Gedanke, und er beugte sich zu Celine hinüber. »Wir gehen in einer Reihe nebeneinander, immer mit zwei Metern Abstand zum nächsten. Sag es den anderen weiter.«

Alle begriffen, was er vorhatte, und sie stellten sich mit je zwei Metern Abstand auf. Martin war sich unsicher, ob sie genügend Fläche abdeckten, aber in jedem Fall war es sechsmal mehr, als wenn sie hintereinander gingen. Er selbst konnte nur seine Nachbarn rechts und links erkennen, Celine und Manuela, alle anderen wurden vom dichten Schnee verborgen.

Sein Höhenmesser zeigte 7529 Meter an, und es war fast drei Uhr nachmittags. Spätestens um sieben setzte die Dunkelheit ein, vorher würden sie das Lager auf keinen Fall erreichen. Sie hatten keine Minute zu verlieren. Als er die linke Hand hob, um zu signalisieren, dass er bereit war, warf ihn ein heftiger Windstoß zu Boden. Mühsam richtete er sich wieder auf und blieb knien, bis sich der Wind ein wenig gelegt hatte, und für einen Moment fragte er sich, ob es viel langsamer wäre, auf allen vieren zu kriechen. Beim Aufstehen stützte er sich auf seinen Eispickel, aber er bot ihm nicht genug Halt, um zu verhindern, dass er erneut vom Wind umgeworfen wurde. Die Böen mussten Orkanstärke haben.

Celine hatte es geschafft, sich auf den Beinen zu halten, und war ihm ein paar Meter voraus. Er selbst ging im Seemannsgang weiter und blieb nach acht Schritten stehen, um Luft zu holen. Dabei musste er das Gesicht vom Wind abwenden. Half der Sauerstoff überhaupt? Er spürte keine Veränderung, allerdings stand die Zufuhr nur auf Stufe eins. Als Celine weiterging, machte er die nächsten acht Schritte. Er rechnete im Kopf nach: acht Schritte waren im besten Fall vier Meter. Bei einer Steigung von fünfunddreißig Grad entsprach das nur etwas mehr als einem gewonnenen Höhenmeter. Noch dreihundert Höhenmeter fehlten ihnen, also schätzte er, dass noch zweihundertfünfzig Wiederholungen à acht Schritte nötig waren, bis sie im Camp ankamen. Jede Wiederholung, inklusive Pause, dauerte bestimmt eine Minute. Also insgesamt zweihundertfünfzig Minuten oder knapp über vier Stunden. Das klang plausibel.

Der Wind wehte nun nicht mehr in Böen, sondern blies in einem konstanten, heulenden Sturm. Es bestand kein Zweifel, dass sie den Abhang hinuntergeschleudert werden konnten. Zudem machte der Wind die Kälte nur noch unerbittlicher, und ohne ihre Daunenjacken wären sie in kürzester Zeit am Ende gewesen. Seine Beine bereiteten Martin allerdings keine Sorgen, die Oberschenkel trugen erst als letzte Körperteile Erfrierungen davon, und außerdem waren sie durch den Gore-Tex-Stoff gut vor dem Wind geschützt. Obwohl die Sauerstoffmaske sein Gesicht fast ganz bedeckte, hätte er trotzdem seine Skibrille tragen sollen. Gerade diese kleine Fläche nackter Haut war dem Wind extrem ausgesetzt, auch wenn er die Daunenkapuze aufstellte.

Links von sich bemerkte er, dass Celine sich hingekniet hatte. Sie winkte mit beiden Händen über dem Kopf, und er brauchte einen Moment, um zu begreifen, dass sie etwas mitzuteilen versuchte. Martin ließ sich vom Wind die zwei Meter zu ihr hinüber drücken. Da sah er es. Das Seil. Einer nach dem anderen hängten sie sich ein. Martin zählte sechs Gestalten, in dem grauweißen Schneesturm waren sie nichts als Schatten. Celine ging weiterhin voran, Martin folgte als Nächster. Jedoch gestaltete sich der Aufstieg keineswegs leichter, vielmehr wurde er zusätzlich erschwert, da sie das Seil immer wieder an sich ziehen mussten, der Wind spannte es so straff wie eine Bogensehne.

Nach einer ganzen Seillänge von fünfzig Metern erreichten sie den ersten Sicherungspunkt. Martin hakte seine Karabiner aus und hinter dem Schneeanker wieder ein, dann kämpfte er sich weiter gegen den Wind bergauf. Die Kopfschmerzen hatten sich nicht verschlimmert, noch immer vernahm er lediglich ein dumpfes Pochen im Hinterkopf. Wahrscheinlich lag das an den Auswirkungen des Sauerstoffs. Um seinen Flüssigkeitshaushalt machte er sich größere Sorgen, denn inzwischen hatte er seit mehreren Stunden nichts mehr getrunken.

Im nächsten Moment stolperte er über eine Felsplatte. Er tastete um sich, überall Gestein und Felsen. Sie waren also am Ende des Schneehangs angekommen. Martin erhaschte einen flüchtigen Blick auf die Höhenanzeige seiner Uhr: 7718 Meter.

Zwei Dinge hatten sich verändert, fiel ihm auf. Der Hang ragte nun steiler empor, sodass er eigentlich permanent klettern und sich am Seil nach oben ziehen musste. Und der Wind war ein wenig schwächer geworden. Im Schutz eines großen Felsens legte Martin eine Pause ein und ließ Celine aus seinem Sichtfeld verschwinden. Es spielte keine große Rolle, schließlich waren sie buchstäblich miteinander verbunden. Martin schaute entlang der Leine nach unten, sie war ihr einziger Orientierungspunkt. Er entdeckte niemanden, aber weiter als zehn Meter reichte seine Sicht nicht.

Er war es gewohnt, auf seinen Touren allein unterwegs zu sein. Trotzdem hatte das leere Seil etwas Furchterregendes an sich, wie es aus dem Schneetreiben auftauchte und in der immer düster werdenden Dämmerung im Schneegestöber wieder verschwand. Fast schien es ihm, als existiere über und neben ihm nichts anderes als er selbst.

Er kroch wieder in den Wind und stellte fest, dass die Böen deutlich schwächer geworden waren. Wenn vorher ein Orkan geweht hatte, dann war es jetzt vielleicht ein gewöhnlicher Sturm. Die Seilroute führte zwischen einigen Felsplatten hindurch, und Martin musste mehrfach pausieren, ehe er sie hinter sich gelassen hatte. Die Dunkelheit brach herein, sodass Martin sich entschloss, die Stirnlampe aufzusetzen. Er wagte nicht, seinen Handschuh auszuziehen, schaffte es aber dennoch, den Reißverschluss seiner Jackentasche zu öffnen und die winzige Lampe hervorzukramen. Was ihm nicht gelang, war, das Gummiband der Lampe über den Kopf zu ziehen. Letztlich musste er den Handschuh doch abnehmen, und er kniete sich darauf, bevor er die Stirnlampe mit bloßer Hand über den Kopf zog und sie einschaltete.

»Du hast es drauf«, sagte er zu sich selbst, als der Hang vor ihm aufleuchtete. »Aber so was von«, spornte er sich weiter an und spürte ein Lächeln im Gesicht. In einer der hinteren Ecken seines Hirns meldete sich eine Stimme, die fragte, ob er bereits unter ernstem Sauerstoffmangel litt.

Er hatte den Eindruck, als würde das Terrain nun flacher, denn er kam einfacher voran, und der Wind war nicht mehr als eine kräftige Brise. Wahrscheinlich lag das Camp an einer Stelle, an der man die kleinen Zweimannzelte auf mehreren Terrassen aufstellen konnte, so wie hier. Optimismus stieg in ihm auf, und er prüfte die Höhenanzeige.

7828 Meter.

Er hatte Lust, vor Freude laut zu schreien.

Nur zwei Schritte weiter oben traf der Schein seiner Stirnlampe auf ein gelbes Zelt. Vom Wind wurde das Fixseil bis an die Zeltwand geweht, so nah an der Route hatten sie das Zelt aufgestellt. Martin kniete sich davor, öffnete den Reißverschluss und schaute hinein. Alles deutete darauf hin, dass es sich um eines ihrer Zelte handelte. Trotzdem schloss er das Zelt wieder und stapfte einige Schritte weiter hinauf, bis er ein zweites Zelt vom selben Typ und derselben Größe entdeckte. Auch darin befanden sich zwei Schlafsäcke und zwei Isomatten.

Die Versuchung, sofort hineinzukriechen, war groß, aber Martin stieg weiter bergauf. Wo war Celine? Und wo waren die anderen Zelte?

Nach dreißig Schritten hatte er keine weiteren Zelte mehr ausfindig gemacht. Er war verwirrt. Martin setzte sich auf eine Felsplatte und versuchte, klar zu denken. Inzwischen umgab ihn eine totale Finsternis, der Schein seiner kleinen Kopflampe reichte nur wenige Meter. Noch immer blies der Wind stark genug, um den Schnee einen halben Meter vom

Boden aufzuwirbeln. Panik bahnte sich an, und Martin zwang sich, langsamer zu atmen.

Denk nach, zum Teufel, garantiert gibt es hierfür eine logische Erklärung.

So sehr er sich auch bemühte, ihm wollte kein vernünftiger Grund dafür einfallen, warum die anderen Zelte verschwunden waren. Er holte tief Luft und schloss die Augen.

Als ihm aufging, worin die Erklärung bestand, musste er beinahe laut lachen. Er hielt sich am Seil, als er wieder zu den beiden Zelten abstieg. Bevor er unten ankam, sah er ein Licht. Eine Person stand mit dem Rücken zu ihm und leuchtete mit einer Lampe nach unten. Ohne nachzudenken, legte er Celine eine Hand auf die Schulter. Sie sprang zur Seite und schlug nach ihm aus.

»Sorry!«, entschuldigte er sich.

Celine hatte ihre Sauerstoffmaske abgenommen. »Von oben habe ich niemanden erwartet«, sagte sie mit bebender Stimme.

Im Schein ihrer um einiges helleren Stirnlampe erkannte er, dass ein Stück entfernt weiter unten mehrere Zelte standen. Nach einer Weile hatte Martin begriffen, dass das Problem darin bestand, Stellen zu finden, die groß genug für ein Zelt und gleichzeitig flach genug waren, um darauf schlafen zu können. Daran, dass sie möglicherweise erst nach Einbruch der Dunkelheit eintreffen könnten und die verstreut liegenden Zelte erst suchen müssten, hatte niemand gedacht.

Martin kroch in das erste Zelt, es war ihm herzlich egal, ob es ihm zugeteilt war oder nicht. Erst als er im Zelt saß, spürte er, dass er vollkommen entkräftet war. Die Isomatte war nicht aufgepustet, und er hatte nicht den Hauch einer Ahnung, wie er das fertigbringen sollte.

Ausnahmsweise ging er diesmal nicht das Risiko ein, seine Schuhe im Freien stehen zu lassen. Zog der Wind wieder auf, würde er sie unter Garantie verlieren. Anschließend hatte er nur noch einen einzigen Gedanken: trinken. Wenn er nicht mindestens einen Liter zu sich nahm, war der Everest-Aufstieg für ihn sehr wahrscheinlich gelaufen. In seiner Trinkflasche war das Wasser zu einer untrinkbaren Masse aus Eisbröckchen gefroren, das in der Thermoskanne war aber zum Glück noch lauwarm. Er zwang die Flüssigkeit in kleinen Schlucken hinunter und spürte, dass ihm übel wurde. Nachdem er die halbe Kanne geleert hatte, musste er würgen, aber er erbrach sich nicht. Martin saß aufrecht im Zelt und trank direkt aus der Kanne, er weigerte sich aufzuhören, ehe sie leer war. Zum Schluss hielt er sie kopfüber, um es sich selbst zu beweisen.

Seine nächste Aufgabe bestand im Aufpusten der Isomatte. Die dröhnenden Schläge in seinem Hinterkopf hämmerten wie verrückt, als er tief Luft holte und aus vollem Hals pustete. Offensichtlich war das die falsche Methode. Stattdessen stellte er die Sauerstoffzufuhr seiner Maske auf die höchste Stufe und hielt sie sich eine Weile vors Gesicht. Die anderen waren noch immer nicht angekommen. Um sich darüber zu sorgen, fehlte ihm die Kraft, und er blies seine Isomatte weiter auf, diesmal etwas behutsamer. Als die Matte halb gefüllt war, legte er sich einfach rücklings darauf. Um auch noch den Schlafsack auszurollen, war er schlicht zu erschöpft.

Martin döste, als von draußen Stimmen erklangen. Jemand nestelte am Reißverschluss seines Zelts, und ihm fiel urplötzlich ein, dass er auch Marks Luftmatratze hätte aufpusten sollen.

Doch es war Manuela, die ihren Kopf hineinstreckte. Sie hatte die Sauerstoffmaske abgesetzt. »Kann ich heute Nacht hier schlafen?«, fragte sie und hielt sich die Hand vor die Stirn, um nicht von Martins Lampe geblendet zu werden.

»Ja, natürlich.«

»Ich habe Mark gefragt, und er war einverstanden«, erklärte sie, während der Rest ihres Körpers noch im Freien war.

Martin winkte sie herein. Manuela zog die Schuhe aus und warf sie in eine Ecke, ohne zu bedenken, dass die Steigeisen die Zeltwände aufreißen konnten. Martin unterließ es, sie dafür zurechtzuweisen.

»Auch hier haben wir zu wenige Zelte, wir müssen zu dritt in einem schlafen«, sagte sie, nachdem sie ihren Rucksack abgenommen und sich darauf gesetzt hatte.

»Es wird schon funktionieren«, sagte Martin, obwohl er nicht ganz begriff, wieso sie nicht auch die Zelte der Sherpas nutzen konnten. Schließlich waren sie nicht hier. Er befestigte die kleine Stirnlampe an der Decke, wo sie langsam hin- und herbaumelte und ein flackerndes Licht verbreitete. Dann machte er sich daran, Manuelas Isomatte aufzupusten. Dieses Mal fiel es ihm leichter, und er gab sich erst zufrieden, als die Matte gut gefüllt war.

»Danke«, sagte sie. »Zum zweiten Mal für heute. Du hast mir da unten den Hintern gerettet.« Sie beugte sich zu ihm hinüber und legte ihre handschuhwarme Hand für einen kurzen Augenblick auf seine kalte Wange, fast strich sie nur darüber.

Martin wusste nichts Passendes darauf zu erwidern, und so legte er sich hin, schloss die Augen und versuchte, die pochenden Schmerzen in seinem Schädel wegzuatmen.

»Dawa und Sir Richard finden, dass wir bis hierher viel zu viel Zeit gebraucht haben«, erzählte Manuela. »Und zu viel Kraft. Ich bin völlig am Ende.«

»Dem Chef gefällt es wohl nicht, dass du so gut durchgehalten hast«, meinte Martin. »Wenn es nach ihm gegangen wäre, wärst du nicht hier.«

»Nenn ihn nicht ›Chef‹.«

»Jede Expedition braucht einen Anführer.«

»Ich vertraue dir.« Erneut streckte Manuela ihre Hand nach ihm aus, jetzt tätschelte sie seinen Kopf.

Martin setzte sich wieder auf, die Bewegung hatte einige zusätzliche Hammerschläge in seinem Hinterkopf zur Folge. Dann zog er die Sauerstoffmaske übers Gesicht und stellte die Zufuhr auf Stufe eins, bevor er den Gaskocher aus dem Rucksack holte.

»Sehr vorausschauend, dass du deinen eigenen dabeihast«, kommentierte Manuela.

»Ich komme gern allein zurecht.«

Er war gespannt darauf, wie gut das Butangas in dieser Kälte brennen würde. Seit er ins Zelt gekrochen war, hatte er die Kartusche unter seiner Jacke vorgewärmt, das half in der Regel ein bisschen. Dieses Mal funktionierte es so gut, dass er die Flammen bereits beim ersten Versuch entzünden konnte. Dann goss er warmes Wasser aus der zweiten Thermoskanne in den Topf, während Manuela ihn genau beobachtete. »Produktoptimierung«, erklärte Martin, als er die Gaskartusche in den Topf stellte. Der Druck stieg sofort an, und die Kocherflamme brannte kräftig.

»O Gott, das traust du dich?«, entfuhr es Manuela.

Martin grinste. »Mach's dir bequem, und bevor du es ahnst, gibt es was zu trinken und Abendessen.«

Schweigend lauschten sie dem leisen Rauschen des Gasbrenners. Draußen hatte sich der Wind beinahe gelegt, und sie konnten sogar einige schwache Stimmen hören.

»Das ist fast schon idyllisch, wie auf einem Campingtrip mit Freunden«, sagte Manuela. »Fehlt nur noch, dass du uns eine Flasche Wein aufmachst.«

Martin beugte sich über den Topf und füllte ihn mit Schnee. »Zum Glück haben wir einen Kocher, der mit Gas läuft und nicht mit Benzin. Die Dinger rußen alles voll und brennen schlecht in dünner Luft. Mit Gas klappt es am besten.«

Manuela streckte einen Daumen in die Höhe, aber Martin meinte, eine gewisse Ironie in ihrer Begeisterung zu erkennen.

»Was machst du, wenn du den Gipfel nicht als Erste erreichst?«, fragte er.

»Die Frage stellt sich mir nicht.«

»Ich komme drum herum, Erster zu sein, ich muss es nur bis nach oben schaffen, um meinen Job zu behalten.«

Manuela runzelte die Stirn. »Du? Aber du bist doch ein Held.«

»Helden währen nicht ewig. Niemand will einen alten, müden Helden. Oder einen gescheiterten.«

»In ein paar Jahren bist du wie Sir Richard.«

»Bestimmt nicht«, widersprach Martin.

Ein grelles Aufblitzen war alles, was er noch registrierte, kein Geräusch, obwohl der Schall nur eine Distanz von einem Meter überbrücken musste. Die anschließende Druckwelle schleuderte ihn rückwärts durch das Zelt, sodass er auf Manuela landete.

Sein Gehirn brauchte zwei Sekunden, um die Informationen zu sammeln, zu sortieren und zu analysieren. Es rauschte in seinen Ohren, von weit entfernt nahm er Töne wahr. War er taub? Auf den Knöcheln seiner Hände brannte ein heftiger Schmerz, ansonsten spürte er nichts.

Eine Explosion. Aber was um alles in der Welt war explodiert? Unterstützt von einem Paar Hände unter sich rollte Martin auf die Seite, und jemand schrie.

Der Kocher. Die Gaskartusche musste explodiert sein, als er das Gesicht über den Topf gehalten hatte. Martin warf einen Blick nach oben. In der Zeltdecke klaffte ein Loch, und an der Stelle, wo der Kocher gestanden hatte, war die Zeltwand eingerissen. Er rappelte sich auf die Knie und stieß dabei gegen zusammengedrücktes Blech. Im Licht der Stirnlampe, die an der Decke wild herumbaumelte, erkannte er, dass es die Überreste des Topfs waren. Für einen kurzen Moment fragte er sich, wo das Wasser abgeblieben war. Dann ertönten Rufe von draußen. Ein Lichtstrahl leuchtete ihm durch das Loch im Dach ins Gesicht, und er konnte draußen mehrere Köpfe ausmachen. Alle redeten auf ihn ein, aber seine Ohren waren betäubt vom Knall, und er verstand kein Wort. Martin nahm noch immer keine Schmerzen wahr, als er nachspürte, vielleicht machten sie sich erst mit der Zeit bemerkbar. Jetzt wurde der Zelteingang geöffnet, und Dawa kam herein.

»Ich denke, ich bin unverletzt«, murmelte Martin.

Dawa sammelte die Reste des Kochers auf. Die Gasleitung war in der Mitte durchgerissen.

Langsam kam Martin wieder zu sich. »Scheiße, was für ein Knall«, sagte er und versuchte zu lächeln. Die Kartusche musste sich zu stark erhitzt haben, als sie im kochenden Wasser stand, obwohl das eigentlich nicht passieren sollte. Der Boden des Gasbehälters war nach innen gewölbt wie bei einer Champagnerflasche, was den Druck in der Kartusche ansteigen hatte lassen. Martin hatte die Prozedur mit der Kartusche im heißen Wasser schon unzählige Male angewandt, aber möglicherweise waren die Voraussetzungen durch die dünne Luft auf dem Berg andere, als er gewohnt war. Durch die Druckwelle war die Kartusche senkrecht nach oben geschossen und hatte ein Loch ins Zeltdach gerissen.

»Ist alles okay, Manuela?«, hörte er Dawa fragen, und er drehte sich nach ihr um. Sie lag unverändert auf dem Rücken, brachte aber dennoch ein Nicken zustande.

»Die Sauerstoffflaschen hätten hochgehen können, das hätte uns alle mitgerissen«, schimpfte Mark vor dem Zelt.

Nein, hätten sie nicht, lag Martin auf der Zunge, aber er scherte sich nicht darum, was Mark dachte. Zusammen mit Dawa inspizierte er die Schäden. Abgesehen von dem Loch im Zelt, seinem Topf und dem Kocher schien nichts anderes in Mitleidenschaft gezogen worden zu sein. Sie hatten riesiges Glück gehabt, wie Martin allmählich bewusst wurde. Genauso gut hätte der Topf oder der Kocher ihn mitten im Gesicht treffen können.

Jetzt versuchte Sir Richard, sich auch noch in das Zelt zu drängen. »Seid ihr sicher, dass alles in Ordnung mit euch ist?« Er leuchtete mit einer kleinen Taschenlampe ins Zelt und richtete den Strahl auf das Loch im Dach. »Wir haben nicht genug Zelte«, sagte er dann.

»Es spricht nichts dagegen, dieses hier weiter zu benutzen«, entgegnete Martin. »Aus einem Loch im Dach können wir nicht fallen, außerdem schlafen wir nur diese eine Nacht darin, das wird schon gehen. Das Einzige, was wir von euch brauchen, ist heißes Wasser, um unser Abendessen zuzubereiten.«

Da sich die Schäden in Grenzen hielten, ebbte die Aufregung über die Explosion schnell wieder ab. Sir Richard und Dawa verließen das Zelt, und Mark kroch hinein, Schlafsack voran.

»Ich dachte, du wärst der weltbeste Abenteurer und kein bescheuerter Anfänger«, schleuderte er Martin entgegen, während er sich zwischen ihn und Manuela quetschte, mit Schuhen und Steigeisen.

Martin kommentierte weder das eine noch das andere. Er schob sich neben Mark und drehte sich zur Zeltwand. Seine Isomatte hätte eigentlich mehr Luft gebraucht, aber er schaffte es nicht mehr, sie weiter aufzupusten. *Nicht einschlafen*, ermahnte er sich, *erst etwas essen*. In den nächsten beiden Tagen würde sich alles entscheiden.

Dann schlief er ein.

Kniend streckte Martin den Kopf durch das Loch im Zeltdach und genoss den Anblick des beginnenden Tags. In exakt diesem Moment ging die Sonne über den mächtigen Achttausendern im Osten auf: dem Kangchendzönga und dem Manaslu. Die Zelte im vorgeschobenen Basislager, tausendfünfhundert Höhenmeter unterhalb von ihnen, sahen aus wie kleine Punkte. Camp 1 auf dem Nordsattel lag in der Sonne wie ein Adlerhorst.

Er hob den Kopf und ließ den Blick die Nordwand des Everest entlangwandern, bis zu dem Punkt, den er für den Gipfel hielt. Bis dorthin waren es noch einmal beinahe eintausend Höhenmeter, die von hier aus betrachtet senkrecht nach oben zu führen schienen.

Manuela beobachtete ihn aus dem Schlafsack heraus. »Wie ist das Wetter?«

»Perfekt. Jetzt muss es nur noch zwei Tage halten, ansonsten haben wir unsere Chance vertan. Niemand steigt zweimal über achttausend Meter.«

»Um zu wissen, dass das Wetter hier schnell umschlagen kann, muss man nicht einmal Meteorologin sein«, sagte sie.

»Du solltest noch etwas schlafen«, riet er ihr. »Bis zum nächsten Mal dauert es eine Weile.«

»Du schnarchst«, erwiderte sie.

Martin sah nach, wie viel Sauerstoff noch in seiner Flasche war. Die Anzeige stand auf null, wie erwartet. Jedem von ihnen blieben noch drei volle Flaschen, die auf der niedrigsten Stufe sechsunddreißig Stunden hielten. Wenn sie die

Zufuhr auf die nächsthöhere Stufe stellten, waren sie nur halb so lang mit Sauerstoff versorgt.

Jetzt regte sich auch Mark in seinem Schlafsack. »Ist es schon Morgen?«

»Willkommen zu den härtesten sechsunddreißig Stunden deines Lebens«, sagte Martin.

»Es ist hundekalt hier«, beklagte sich Mark.

Eine Stimme ließ Martin aufsehen. Dawa schaute von oben ins Zelt und reichte ihnen durch das Loch im Dach einen Jutebeutel mit Thermoskannen.

»Wie hast du es so früh geschafft, schon Schnee zu schmelzen?«

»Ich bin allein in meinem Zelt und lasse permanent zwei Kocher brennen«, erklärte der Sherpa. »Gleich kommt noch mehr Wasser.«

Martin begriff, dass Dawa die ganze Nacht hindurch Schnee geschmolzen haben musste. Doch ehe er sich bei ihm bedanken konnte, war der Sherpa-Anführer wieder verschwunden.

Zwei Kannen waren mit heißem und eine mit kaltem Wasser gefüllt. Martin mischte eine kleine Tüte Müsli mit dem kalten Wasser und etwas Milchpulver aus einem weiteren Plastikbeutel. Er rührte schnell um, während die anderen beiden ihn musterten. »Ich schätze mal, ihr habt kein Essgeschirr dabei?«, sagte er. »Ihr rechnet wohl damit, dass euch etwas serviert wird, oder?«

Sie teilten sich Martins Portion und gaben Schüssel und Löffel dabei reihum weiter. Schweigend aßen sie das Müsli auf, und Martin bereitete die nächste Portion zu. Als sie fertig waren, wischte er den Löffel mit einem Blatt Toilettenpapier sauber und verstaute ihn wieder im Deckelfach seines Rucksacks. Anschließend säuberte er sorgfältig die Schüssel und packte sie in die Seitentasche, in der er sie immer aufbewahrte. Solche Routinen waren Gold wert, er musste nie lange nach etwas suchen.

Dann stieg er in die übergroßen Stiefel, ließ die Schnürsenkel offen und ging nach draußen. Ein paar Meter vom nächsten Zelt entfernt hörte er Stimmen. Er fragte nicht um Erlaubnis, als er den Reißverschluss öffnete und seinen Kopf in das Zelt streckte. Celine saß auf dem Boden und bediente einen Benzinkocher, während Sir Richard halb aufgerichtet an seinen Rucksack gelehnt dalag. Die grauen Haare klebten ihm strähnig am Kopf. Im Zelt war es so warm, dass sie beide nur lange Unterhemden am Oberkörper trugen.

»Wie ist der weitere Plan?«, fragte Martin und warf einen raschen Blick auf Sir Richard, der die Augen halb geschlossen hatte.

»Heute fehlt es den Leuten an Kraft, um Camp 3 auf 8350 Metern zu erreichen«, sagte der Brite matt. »Wir sollten uns hier einen Tag ausruhen.«

»Dann reicht der Sauerstoff nicht«, wandte Celine ein.

»Wir können mehr holen.«

»Wer soll das übernehmen?« Martin schaute zwischen den beiden hin und her. Ihre Diskussion war sinnlos. So wie sie sich ausgerüstet hatten, war die einzige Alternative weiterzugehen. »Alle Bedingungen für diesen Gipfelversuch haben sich geändert. Wir haben keine Wetterdaten, keine Sherpas, die uns unterstützen, uns fehlen Zelte und Ausrüstung, sogar der Sauerstoff ist knapp, wenn ich mich nicht verrechnet habe. Sag mir jetzt, wie der Plan aussieht.«

Bevor Sir Richard etwas antworten konnte, kam Dawa ins Zelt gekrochen. Er kniete Schulter an Schulter mit Martin.

»Haben wir irgendeine Kontaktmöglichkeit zu den Sherpas weiter oben?«, fragte Martin, und Dawa schüttelte den Kopf.

»Wir wissen also nicht, wie weit sie gekommen sind, oder ob die gesamte Strecke überhaupt abgesichert ist?«

Erneut schüttelte Dawa den Kopf. Sir Richard war noch weiter nach hinten gerutscht, und vor der gelben Zeltwand wirkte sein Gesicht fast so orange, als litte er unter Gelbsucht. Dass der alternde Abenteurer in vierundzwanzig Stunden auf dem Gipfel des Everest stehen wollte, erschien Martin mehr als unwahrscheinlich.

»In zwei Stunden brechen wir von hier auf«, sagte Sir Richard.

Zu Martins Überraschung klang die Ankündigung scharf und entschlossen.

Nicht eine einzige Wolke war über dem Himalaya zu sehen, und es ging kein Wind. Trotzdem zeigte das Thermometer minus sechsunddreißig Grad an.

»Im Ernst, hier ist es doch angenehm«, meinte Mark und gab vor, sich zu sonnen.

»Ist doch völlig logisch«, dozierte Manuela. »Wenn ein Flugzeug die Reiseflughöhe erreicht, liegt die Außentemperatur bei über fünfzig Minusgraden, unabhängig davon, an welchem Ort der Erde. Das gilt am Äquator ebenso wie an den Polen. Als Faustregel kann man sich merken, dass die Temperatur pro hundert aufgestiegene Höhenmeter um ein halbes Grad Celsius abnimmt, bei ansonsten gleichen Verhältnissen. Wir befinden uns hier zweitausendeinhundert Meter *unterhalb* der gängigen Reiseflughöhe von Passagiermaschinen, was also einer Temperatur knapp unter vierzig Grad minus entspricht. Am Gipfel werden es minus fünfundvierzig.«

»Jedenfalls herrlich, allein hier oben zu sein, bei dem Wetter«, freute sich Mark.

»Es hat alles seine Vor- und Nachteile«, meinte Martin. »Wenn wir uns dem Gipfel nähern, kann man niemanden mehr überholen. Alle gehen am selben Seil, auf einem messerscharfen Grat. Da kann man froh sein, wenn man nicht hinter jemandem hergehen muss, der langsamer ist als man selbst.«

»Du hörst dich an, als wärst du schon einmal dort gewesen.«

»Ich lese Bücher.«

Dawa trat aus seinem Zelt. Er schleifte eine schwere Reisetasche hinter sich her und kam zu ihnen. In der Tasche befanden sich Sauerstoffflaschen, die Dawa nun herausnahm und wie Holzscheite aufeinanderstapelte. Es waren zwölf Stück. Martin fragte sich, ob ein Sherpa die Tasche mit allen zwölf allein hierhergetragen hatte. Mit in die Luft gestreckten Fingern bedeutete Dawa ihnen, dass jedem zwei Sauerstoffflaschen zustanden.

Martin holte seinen Rucksack, nahm die inzwischen leere Flasche heraus und legte sie in die Tasche, die Dawa gerade herangeschleppt hatte. Dann schob er seine beiden neuen Flaschen in den Rucksack, neben die verbliebene volle, die er noch nicht angebrochen hatte. Der Rucksack platzte aus allen Nähten, außer Kleinkram passte nun nichts mehr hinein. Er hob ihn an und wusste, dass der Aufstieg mit diesem Gewicht die reinste Hölle werden würde.

»Ich glaube, ab hier kann alles außer Sauerstoff in unseren Rucksäcken als unnötiges Zeugs betrachtet werden«, sagte Martin.

»Soll jeder von uns drei Sauerstoffflaschen tragen?«, fragte Manuela ungläubig.

»Nur bis zum nächsten Camp. Bis dahin wird eine Flasche leer sein, und du kannst sie dort liegen lassen.« Dawa saß immer noch in der Hocke neben den Sauerstoffbehältern. Er trommelte mit den Fingern auf eine der Kartuschen. »Die

Sherpas mussten Seile und Sicherungsmittel transportieren und haben die Strecke von hier nach oben sogar zweimal zurückgelegt. Ich rate euch, alles, was nicht absolut notwendig ist, hierzulassen.«

»Was machen wir mit den leeren Flaschen? Bleiben sie einfach hier?«, fragte Celine.

»Wir nehmen sie wieder mit nach unten.«

»Das heißt, wir lassen hier oben nichts zurück?«

»Nein, alles kommt mit nach unten. Sauerstoffflaschen und all der andere Abfall«, versicherte Dawa, während er die leeren Flaschen in die große Tasche packte.

»Jeder hat davon gelesen, dass der Everest mit Müll übersät ist«, sagte Martin. »Manche chinesische Expeditionen tragen tonnenweise Abfälle ins Tal.«

Dawa schüttelte den Kopf. »Das ist nichts als chinesische Propaganda. Wo sollten hier denn mehrere Tonnen Müll herkommen? Die Ausrüstung ist viel zu wertvoll, um sie einfach liegen zu lassen, und wie viel Müll verursachen wir schon? Niemand nimmt mehr als das Allernötigste mit auf über achttausend Meter. Nur eins lassen wir tatsächlich hier oben zurück.« Der Sherpa deutete in Richtung Hang. »Seile. Niemand will sich der Aufgabe annehmen, am Ende der Saison die Fixseile zu entfernen. Man besteigt den Everest nicht noch einmal, nur um Seile und Sicherungen herunterzuholen. Achtet also darauf, dass ihr euch ins richtige Seil einklinkt, manche sind schon mehrere Jahre alt und die Schneeverankerungen ebenfalls. Man vertut sich da leicht, besonders im Dunkeln.«

Schließlich gelang es allen, ihre drei Sauerstoffzylinder in die Rucksäcke zu pressen, und sie versuchten nun, die Zwischenräume mit kleineren Gegenständen zu füllen. Celine schulterte ihren Rucksack als Erste und verzog das Gesicht, als das Gewicht auf ihrem Rücken lastete. Sie musste sogar einen Ausfallschritt zur Seite machen, um nicht hinzufallen. Mark kam ihr zu Hilfe und fing sie mit beiden Händen auf, allerdings wand sie sich schnell wieder aus seinem Griff und drehte ihm wortlos den Rücken zu.

Martin blickte sich um. Wo war Sir Richard? Normalerweise war er immer als Erster abmarschbereit.

Auch Celine sah sich um. »Ich habe ihn schon eine Weile nicht mehr gesehen.«

Mit einem mulmigen Gefühl, das er sich nicht erklären konnte, machte Martin sich auf den kurzen Weg zu Sir Richards Zelt. Er blieb davor stehen und lauschte einen Moment. Aus dem Inneren waren keine Geräusche zu hören, und der Reißverschluss war komplett nach unten gezogen, als befände sich niemand mehr darin. Zögerlich sank Martin auf die Knie und holte einige Male tief Luft, ehe er den Reißverschluss in einem schnellen und kräftigen Zug öffnete.

Sir Richard grinste ihn ein wenig dümmlich an, so als wäre er auf frischer Tat bei etwas Verbotenem ertappt worden. Er saß mitten im Zelt auf seinem Schlafsack, die Daunenjacke hing lose über seinen Schultern. Die Gore-Tex-Hose und die lange Funktionsunterhose hatte er bis zu den Knien nach unten gezogen. In der rechten Hand hielt er eine Spritze, die er sich gerade in den linken Oberschenkel gestochen hatte. Mit der linken Hand drückte er die Haut an der Stelle zusammen, wo er die Nadel angesetzt hatte. Sein Gesicht war gräulich und blass.

»Willst du irgendwas Bestimmtes?«, fragte der Brite.

»Aha, Doping«, sagte Martin und deutete mit dem Kopf auf die Spritze.

»Schmerzmittel.«

»Trotzdem Doping.«

»Nenn es, wie du willst. Ich finde, wir stehen hier über Dopingkontrollen, um es mal so auszudrücken.«

»Was für Mittel nimmst du?«

»Bereitet es dir Freude, es zu wissen?«

Martin schob sich ganz ins Zelt und zog den Reißverschluss hinter sich zu. Warum, wusste er selbst nicht so genau. Wer vor dem Zelt stand, konnte ihr Gespräch ja trotzdem mit anhören.

»Du leitest diese Reise. Damit setzt du die ganze Expedition aufs Spiel.«

In der Zwischenzeit hatte Sir Richard sich den Inhalt der Kanüle injiziert und zog die Spritze wieder aus dem Bein. Er drückte einen kleinen Wattebausch auf die Einstichstelle. »Auf welche Grundlage stützt du diese Behauptung?«

»Wir sollen die Anweisungen eines Mannes befolgen und nicht zuletzt auch auf seine Ratschläge hören, der sich mit künstlichen Hilfsmitteln versorgt, die dazu führen, dass er mehr leisten kann als wir. Du könntest uns folglich zwingen, unseren Körpern mehr abzuverlangen, als sie aushalten.« Sir Richard sah ihn aufmerksam an, widersprach aber nicht. Martin redete weiter. »Und wer weiß, welche Auswirkungen solche Mittel in extremer Höhe und unter extremen Belastungen haben? Womöglich müssen wir uns um eine bewusstlose Person kümmern oder gar um eine Leiche.«

Der Brite lehnte sich nach hinten und zog beide Hosen nach oben. Sein Gesicht hatte wieder eine halbwegs normale Farbe angenommen. »Das alles hat dich nicht zu interessieren, und ich verbiete dir, den anderen etwas davon zu erzählen.«

»Du kannst mir überhaupt nichts verbieten.«

»Nachdem ich dir eine Erklärung gegeben habe, denke ich schon.«

Schweigend wartete Martin auf Sir Richard, der den Blick auf seine Knie richtete. Es schien, als sammle er sich, schließlich schaute er wieder auf. »Ich habe Krebs. Er ist schon ziemlich weit fortgeschritten.«

Endlich fügte sich das Puzzle zusammen: die Hautfarbe, die auffallend schlechte körperliche Verfassung, die plötzlichen Phasen voller Energie, sicher immer nach einer Spritze.

»Dann solltest du gar nicht hier sein«, sagte Martin nach einer Weile.

»Du glaubst also, Krebszellen fühlen sich in dünner Luft besonders wohl?«

»Was für ein Art von Krebs hast du?«

»Magen, Darm, der ganze Verdauungstrakt.«

»Wie ernst ist es?«

Martin erhielt keine Antwort. Dass Sir Richard ein endgültiges Todesurteil erhalten hatte, konnte er nicht glauben. In einem solchen Fall wäre eine Everest-Expedition das Letzte, was man sich wünschte. Insbesondere dann, wenn man ihn bereits bestiegen hatte.

»Gesünder wirst du jedenfalls nicht, wenn du hier bist.«

»Das wird sich zeigen. Wir sollten loskommen.« Der Brite schob seinen Rucksack zum Zelteingang, drehte sich auf allen vieren aber noch einmal zu Martin um und sagte mit gerunzelter Stirn: »In der Spritze ist gerade genug Stoff, um mich durch den Tag zu bringen. Und das braucht niemand außer dir zu wissen.«

»Ich hoffe, du bist bereit für die Todeszone«, sagte Martin theatralisch, als Mark sich gerade ins Seil einklinken wollte.

»Du musst es nicht dramatischer machen als nötig«, entgegnete Mark. Er sah erschöpft aus, mit der schwarzen Sauerstoffmaske, die unter dem Kinn hing, wirkte sein Gesicht noch blasser.

»Den Begriff habe nicht ich mir ausgedacht, sondern die Medizinwissenschaft. Um die Definition eines englischen Buchs über die Höhenkrankheit zu zitieren: ›Der Begriff Todeszone wird von Ärzten für die Region oberhalb von achttausend Metern genutzt. In dieser Höhe führt ein längerer Aufenthalt zwangsläufig zum Tod.‹« Martin legte eine kurze Pause ein und schnitt eine Grimasse, ehe er fortfuhr. »›Nach kurzer Zeit stellt der menschliche Körper aufgrund des Sauerstoffmangels schrittweise alle Funktionen ein. Zuletzt setzen auch die lebensnotwendigen Funktionen aus, und es kommt zum Tod.‹«

Mark schüttelte den Kopf. »Ich habe nicht vor, mehr Zeit als notwendig dort oben zu verbringen. Den Fuß auf den Gipfel setzen, fünf Minuten Bilder knipsen und danach sofort wieder runter.«

»Wenn es so einfach wäre«, schmunzelte Martin.

Jetzt machte Mark einen noch mürrischeren und gequälteren Eindruck. »Erspar mir das dämliche Grinsen.«

»Ich versuche nur, dich auf die Realität vorzubereiten. Noch waren wir nicht auf achttausend Metern, und erst ab 8300 geht es so richtig los.«

»Spiel hier nicht den Besserwisser, du hast genauso wenig Ahnung von der Materie wie ich.«

Für einen Streit fehlte Martin die Energie, daher schob er sich einfach an Mark vorbei und hängte Karabiner und Steigklemme ins Seil ein. Er konzentrierte sich auf die bevorstehende Aufgabe. In den nächsten sechsunddreißig Stunden galt es, die einfachsten Bedürfnisse zu stillen. Essen, Trinken, Sauerstoff, Wärme. Für ein Frühstück hatte er zwar keine Zeit gehabt, aber das war nur halb so schlimm. Wenn er am Everest starb, dann nicht vor Hunger. Er musste vor allem eines tun: trinken.

Martin warf einen Blick auf den Rest der Bergsteigertruppe. Dawa half Manuela mit ihrem Rucksack, der ihren zierlichen Körper wie ein Bleigewicht nach unten zu drücken schien. Instinktiv verspürte er den Drang, seine Hilfe anzubieten, aber es war nicht seine Aufgabe, Manuela auf den Gipfel zu eskortieren, nur damit sie eine lächerliche Wette gegen eine andere Fernsehschönheit gewann. Der Einzige, dem er verpflichtet war, war er selbst. Und es gab auch keinen Grund, auf die anderen zu warten, einen falschen Weg konnte er auf keinen Fall einschlagen, so viel stand fest. Langsam machte er die ersten Schritte in Richtung Camp 3. Irgendwo dort oben befand sich das höchste Zeltlager der Welt, auf über 8300 Metern.

Fünf Schritte gehen, ausruhen, fünf weitere Schritte, ausruhen. Bei jedem Stopp studierte er die schwarze Felswand, die sich direkt über ihm erhob. Wie sollte er hinaufkommen und daran vorbei? Aus der Entfernung wirkte es immer schwieriger, als es war, trotzdem konnte er keine Route erkennen, die keine technisch anspruchsvollen Kletterpartien erforderte.

Als er feststellte, dass die Aufstiegsroute einen scharfen Knick nach rechts bis unter die Felswand machte und einem schmalen Absatz folgte, war die Erleichterung körperlich spürbar. Endlich wandten sie sich von der nordöstlichen Seite des Bergs ab und stiegen in die Nordwand des Everest ein. An einer Stelle, wo der Felsabsatz etwas breiter war, blieb er stehen, setzte den Rucksack ab und lehnte sich gegen die Wand hinter ihm. Er zog die Sauerstoffmaske herunter, nahm die Thermoskanne heraus und trank.

Sir Richard und Celine gingen ohne ein Wort an ihm vorbei. Mark kam als Nächster. Der Höhenmesser zeigte 8015 Meter an.

»Gratuliere«, begrüßte er Mark. »Du bist in der Todeszone angekommen. Haben gerade die achttausend Meter überschritten.«

Mark nuschelte irgendwas in seine Sauerstoffmaske und ging weiter. Nachdem Martin noch eine Weile gewartet hatte, tauchten auch Manuela und Dawa auf. Der Sherpa hatte eine zusätzliche Sauerstoffflasche am Rucksack befestigt. Martin vermutete, dass sie eigentlich Manuela gehörte.

Er verstaute seine Thermoskanne wieder im Rucksack und folgte den anderen. Die Route verlief weiter auf schmalen Felsabsätzen, allerdings gewannen sie nicht sonderlich an Höhe. An manchen Stellen führte das Seil steil hinauf in ein Schneefeld, ehe sie die Querung fortsetzten. Martin lief konzentriert und legte in kurzen Abständen Pausen ein, er versuchte, so wenig wie möglich zu denken. Alles fiel ihm viel leichter als am Vortag, und das obwohl sie sich oberhalb der Achttausendmetermarke befanden. Zu den anderen nahm er keinen Kontakt auf. Sie alle waren genug mit sich selbst beschäftigt, und niemand verschwendete seinen Atem, um zu reden. Als sie einen Felsvorsprung umrundeten, bog die Route scharf nach links ab und führte über ein lang gezogenes Schneefeld zu einer Felspartie, die sich über hundert

Meter oberhalb von ihnen befand. Am Rand des Schneefelds kam die Gruppe zusammen.

Mark hatte die Sauerstoffmaske abgesetzt und wedelte zornig mit den Armen. »Hier liegt kein Seil!«, entrüstete er sich.

»Wie bereits gesagt, sie haben nicht genug Seil für die ganze Strecke dabei. Sie müssen es für schlimmere Abschnitte aufheben«, erklärte Dawa.

Martin lehnte sich gegen die Felswand, um seine Schultern ein wenig vom Gewicht des Rucksacks zu entlasten. Dabei nahm er das Schneefeld in Augenschein. Die hundert Meter, die vor ihnen lagen, waren extrem steil, wahrscheinlich die steilste Passage seit ihrem Aufstieg auf den Nordsattel. Dies war definitiv kein Ort, an dem sie auf eine Absicherung verzichten sollten. Offenbar hatten die Sherpas am Tag zuvor schwer schuften müssen, ihren Spuren nach waren sie an mehreren Stellen bis zu den Oberschenkeln im Tiefschnee versunken. Martin ließ den Blick bergab wandern. Wo er stand, betrug die Steigung vielleicht vierzig Grad, aber nur wenige Meter darunter fiel das Gelände viel steiler ab, fast schon senkrecht. Wenn er hinunterstürzte, würde er wahrscheinlich erst am Rongbuk-Gletscher aufkommen, dreitausend Meter tiefer.

Die Steigung auf dem Weg nach oben lag bei mehr als fünfzig Grad. Martin war kein Experte für Lawinen, aber wer auch immer diese Route gewählt hatte, konnte ebenfalls keiner sein, dessen war er sich sicher. Fünfzig Grad Steigung und riesige Schneemengen. Er musste schlucken. Eine Lawine würde sie alle mit nach unten auf den Gletscher reißen. Plötzlich erfasste ihn ein heftiges Unbehagen darüber, als Letzter zu gehen. Ohne etwas zu sagen, stapfte er an den anderen vorbei und nahm das Schneefeld in Angriff.

Er hatte sich nicht geirrt. Selbst mit der vorgetretenen Spur wurde es nach nur wenigen Metern äußerst anstrengend. Martin wog mehr als die Sherpas, die die Spuren ausgetreten hatten, und er spürte, wie er bei jedem Schritt bis zu den Knien in den trockenen Pulverschnee sank. Immer wieder musste er das hintere Bein freirütteln, heben und einen halben Meter weiter in die nächste Fußspur setzen. Hier eine neue Spur auszutreten, kam nicht infrage. Schon nach zwei Runden mit jeweils fünf Schritten lag Martin bäuchlings im Schnee, er war vollkommen erschöpft.

Unter der Maske hatte er das Gefühl, als hätte ihm jemand die Sauerstoffzufuhr gekappt, er glaubte, jeden Moment zu ersticken. Er kannte das Gefühl vom Tauchen, wenn einem die Luft ausging und man ein Vakuum einatmete. Hätte er sich jetzt dreißig Meter unter der Wasseroberfläche befunden, hätte er gewusst, was zu tun war. Aber hier oben gab es niemanden, der ihm ein zusätzliches Mundstück der eigenen Sauerstoffflasche hätte reichen können.

Allmählich strömte wenigstens wieder etwas Sauerstoff, es rauschte in seinen Ohren. *Lass es ruhig angehen*, ermahnte er sich selbst. *Es eilt nicht.*

Aber er wusste, dass das nicht stimmte.

»Sollten wir uns nicht damit abwechseln, wer als Erster geht?«, fragte Manuela hinter Martin. Sie musste zweimal Luft holen, um die Frage herauszubringen.

Spar dir den Atem und setz die Maske auf, dachte er. Trotzdem zog auch er seine Maske herunter. »Frauen zuerst, selbst im Tiefschnee. Das war schon immer mein Motto«, sagte er und bat sie mit einer theatralischen Geste vor sich. Sie blieb stehen.

Martin warf einen Blick nach hinten. Sir Richard stand vornübergebeugt, eine Hand auf den Eispickel gestützt, die andere auf das Knie gelegt. Der Brite atmete so schwer, dass sich sein Rucksack bei jedem Atemzug hob und wieder senkte.

Martin lief weiter, aber er schaffte nicht mehr als drei Schritte zwischen den Pausen. Die ganze Zeit starrte er auf den Schnee zwischen seinen eigenen Beinen und vermied es, zu den Felsen weiter oben zu sehen. Erneut verlor er jegliches Zeitgefühl und war überrascht, als er mit der Nase plötzlich gegen nackten Fels stieß.

Sie mussten die glatte Felspartie vor sich erklimmen, ohne Seil. Ihm wurde fast schwarz vor Augen bei der Vorstellung. *Nicht denken, einfach machen*, befahl er sich selbst. Zwar war die Wand nur fünf Meter hoch, aber er konnte keine guten Haltepunkte erkennen. Er zog die Handschuhe aus und stopfte sie unter seine Daunenjacke. Er konnte nur hoffen, dass er keine Erfrierungen davontrug, aber um hier hoch zu kommen, brauchte er seine Hände. Nach einiger Anstrengung gelang es ihm, den Eispickel an der Seite des Rucksacks zu befestigen, ohne ihn absetzen zu müssen. Dazu wäre er nicht in der Lage gewesen. Schließlich streckte er sich tastend nach oben und bekam eine winzig kleine Felsrinne zu fassen, in der er einigermaßen Halt fand, ehe er nach einer Stelle suchte, an die er seinen Fuß setzen konnte. Sich an den Händen hinaufzuziehen, war nicht möglich, also musste er Trittstufen im Fels finden und hinaufsteigen. Nur fand er keine Stelle, an der er seine Füße hätte platzieren können. *Es gibt sie,* redete er sich selbst zu, *gestern sind hier vier Menschen geklettert.*

Vorsichtig prüfend setzte er den rechten Fuß auf eine Felsnase, die einen halben Meter über dem Boden aus der Wand ragte. Ob die Steigeisen beim Klettern eher Vor- oder Nachteil waren, wusste er nicht, allerdings befürchtete er Letzteres. Dann atmete er tief ein, platzierte beide Hände in derselben Rinne und nutzte die Felsnase als Treppenstufe. Sein gesamtes Gewicht auf das rechte Bein verlagernd, hielt er Ausschau nach einer geeigneten Stelle für das linke, fand aber nirgendwo Halt.

»Hintern raus«, ermahnte er sich laut unter der Maske. So würde sein Körpergewicht nach innen gegen die Felswand drücken, anstatt ihn nach unten zu ziehen. Martin streckte seinen Po nach hinten und konnte den zweiten Fuß einigermaßen stabil auf den Fels setzen. Der Wind pfiff ihm um die Ohren, während er so an der Wand hing. Links über sich entdeckte er einen neuen, guten Griff für die Hand, und er musste seine gesamte Körperlänge nutzen, um ihn gerade so zu erreichen. In Kletterhallen hatte er schon einige Sportler mit enormen Armspannweiten beobachtet – also einem positiven »Affenindex«, wie es in Fachkreisen hieß –, die sich selbst auf Routen mit einem Minimum an Griffen mühelos fortbewegten. Nach und nach gelang es ihm, seinen rechten Fuß an die Stelle zu bringen, wo er sich mit beiden Händen festgehalten hatte, und fand auch für seinen linken Fuß einen sicheren Tritt, der noch etwas höher lag. Vor Anstrengung wurde ihm schwindelig. Immer brennender wurde ihm bewusst, dass er ungesichert war und ihm unter dem abschüssigen Schneehang dreitausend Meter im freien Fall drohten. Panisch presste er sich mit dem ganzen Körper an die Felswand und spürte, dass er im Begriff war, den Halt an beiden Füßen zu verlieren. Martin hielt sich krampfhaft mit gebeugten Armen fest, doch schon nach wenigen Sekunden begannen seine Muskeln durch die angespannte Stellung zu brennen. Er japste nach Luft, trotz der Maske. Ein bedrohlicher Gedanke stieg in ihm auf: Am besten wäre es, einfach loszulassen und nach hinten zu fallen. Erschrocken über das Gefühl drückte er sich noch näher an die Felswand. Schweiß rann ihm über den Rücken und das Gesicht. Martin schloss die Augen und spürte, dass er fiel.

Vielleicht waren es die Finger, der einzige Teil seines Körpers, der sich in direktem Kontakt mit dem Fels befand, und die Kälte, die so bitterlich in ihnen schmerzte, die ihn wieder aufweckten. Langsam streckte er die Arme, sodass sein Hintern wieder in die Luft ragte. Er fiel nicht. Mehrmals musste er blinzeln, um den Schweiß aus seinen Augen zu vertreiben und etwas zu sehen. Ein Stück rechts oberhalb erspähte er einen relativ breiten Riss, in dem all seine Finger Platz fanden, es war, als umfasse er den Rand eines Eimers. Mit der linken Hand bekam er einen weiteren guten Griff zu fassen, und er schaffte es, die Beine gegen den Fels zu stemmen, ohne abzurutschen. Ein nächster Griff mit der rechten Hand, dann wieder die linke, die Beine folgten.

Plötzlich wurde seine Hand von einer fremden Hand gepackt, und er richtete den Blick nach oben. Dawa beugte sich über die Kante der Felswand. Daneben streckte Celine ihm eine Hand entgegen, und Martin ergriff auch diese. Nach ein paar kräftigen Schüben mit den Beinen hatte er es geschafft. Er war oben. Verwirrt blickte er sich um. Die gesamte restliche Expeditionsgruppe stand vor ihm.

»Bist du völlig verrückt? Wieso hast du nicht das Seil benutzt?«, fragte Celine anklagend.

Das Seil? Martin schaute nach rechts, wo das gelb-grüne Seil über die Kante gespannt war. Er war so auf die vorgetretene Spur fokussiert gewesen, dass er seinen Aufstieg mit völligem Tunnelblick nach oben fortgesetzt hatte, als er an der Felswand angekommen war. Das Seil war nur wenige Meter neben ihm verlaufen. Selbstverständlich hatten die Sherpas an einer Passage wie dieser Sicherungen angebracht. Ihm fehlten die Worte, Übelkeit stieg in ihm auf, und er ließ sich auf den Schnee fallen.

»Beeindruckende Kletterpartie«, zollte ihm Sir Richard Anerkennung, die Sauerstoffmaske um den Hals baumelnd. »Wir kapieren ja, dass du uns unbedingt beweisen willst, wie gut du klettern kannst, aber diese Aktion war mehr als waghalsig.«

Durch langsames Atmen bekam Martin die Übelkeit schrittweise unter Kontrolle. Erst danach begutachtete er seine Hände, zwei Fingerkuppen waren völlig weiß. Als er die Handschuhe wieder überstreifte, glühten die Finger. Wie ein alter Mann kam er auf die Beine. Das nächste Schneefeld war noch länger und ebenso steil, und am oberen Ende erwartete sie eine neue Kletterpassage. Martin fühlte sich völlig kraftlos. Er befürchtete, dass es eine Ewigkeit dauern würde, bis sie dorthin gelangten, obwohl sie eine bereits ausgetretene Spur vor sich hatten.

Dawa ging als Erster. Auch er hatte nun sichtlich zu kämpfen. Direkt hinter ihm folgten Celine und Manuela, während Mark und Sir Richard Mühe hatten hinterherzukommen. Nur selten schafften sie mehr als zwei Schritte zwischen den Pausen. Martin war schwindelig und musste bei jedem Schritt den Eispickel zu Hilfe nehmen. Wenn sie sich für längere Zeit nicht bewegten, wich alle Wärme aus seinem Körper. Die Kälte packte ihn mit unerbittlichen Klauen, und er begann sofort zu zittern.

Er beschloss, Sir Richard und Mark zu überholen. Er verließ die Spur und watete in den losen Schnee, um an ihnen vorbeizukommen. Schon beim ersten Schritt sank er bis zum Oberschenkel ein, genau wie beim zweiten. Er steckte hoffnungslos fest, sein hinteres Bein ließ sich nicht mehr bewegen. Weder Mark noch Sir Richard sahen auf, während er sich abrackerte, sie hielten den Blick starr auf den Schnee vor sich gerichtet. Der innere Drang, sich einfach hinzulegen, wurde immer stärker.

»Reiß dich zusammen, verflucht, reiß dich zusammen«, murmelte Martin vor sich hin.

Es fühlte sich wie ein Sieg an, als er endlich wieder mit beiden Beinen in der ausgetretenen Spur stand, und das sogar vor Sir Richard und Mark.

An der nächsten Felswand übersah er das Seil nicht. Mit der Steigklemme brauchte er bloß den Hintern herauszustrecken und sich am Seil nach oben zu ziehen. Für einen kurzen Augenblick überkam ihn ein Triumphgefühl. Bald würde er das höchstgelegene Zeltlager der Welt erreichen, direkt in der Nordwand des Mount Everest. Er würde es schaffen, bei Gott, er würde den Gipfel besteigen.

Als er die Zelte entdeckte, lagen nur noch wenige Meter zwischen ihm und Camp 3. Es handelte sich um die kleinsten und leichtesten Zelte der Branche, die lediglich den nötigsten Schutz, aber keinerlei Komfort boten. Sie standen verstreut auf dem einzigen Fleck der Nordwand, der nicht jäh nach unten abfiel. Zusätzlich hatten die Sherpas den Schnee mit Schaufeln zu Plateaus geformt. Martin zählte fünf Zelte. Seine Uhr zeigte halb fünf und 8320 Höhenmeter an.

Das Lager wirkte verlassen. Ihre Sherpas befanden sich irgendwo in der Nähe des Gipfels und verlegten die Seilroute, also hielt sich vermutlich niemand im Lager auf. Dawa stoppte am ersten Zelt, während Martin sich das am obersten gelegene ausgeguckt hatte. Von dort hatte er einen kürzeren Weg zum Gipfel. Vor dem Zelt ging Martin auf die Knie, nahm den Rucksack ab und lehnte ihn gegen die Zeltwand. Dann zog er den Reißverschluss am Eingang nach oben und registrierte zufrieden, dass ihm die Aufgabe gelang, ohne sich dafür seiner wärmenden Handschuhe entledigen zu müssen. Als er den Kopf ins Zeltinnere streckte, schrak er zurück und stammelte ein ersticktes »Entschuldigung« in seine Maske.

Eine Person in voller Bergsteigermontur, inklusive Klettergurt und Steigeisen lag ausgestreckt auf dem Rücken. Es war kein Sherpa, und die anderen Teilnehmer seiner eigenen Expedition befanden sich hinter ihm. Also war es das falsche Zelt. Das falsche Lager. Martin wollte sich schon wieder aus dem Zelt zurückziehen, doch etwas an der Position des Körpers ließ ihn zögern. Er betrachtete den Bergsteiger genauer: Er trug keine Sauerstoffmaske, und er lag mit dem Rucksack auf dem Rücken im Zelt. Die Augen des Mannes waren geöffnet, seine Haut aschfahl, die Bartstoppeln dunkelgrau. Ein Europäer. Oder ein Amerikaner. Eigenartigerweise verspürte Martin keine Furcht, er sah den Mann nur an. Sein Alter zu bestimmen, war unmöglich, er konnte ebenso gut dreißig wie sechzig sein.

Draußen sprach jemand. Martin drehte sich um und schaute hinaus. Dawa unterhielt sich gerade mit Manuela, und Martin setzte seine Sauerstoffmaske ab und winkte, um auf sich aufmerksam zu machen. »Hier drin liegt ein Toter.«

In aller Ruhe kam Dawa zum Zelt, beugte sich nach unten und schaute hinein. Er nickte, als er den Leichnam entdeckte. Auch Sir Richard kam hinzu.

»Stellt euch in die Schlange für die Totenschau«, sagte Martin.

Dawa stand auf. »Er hat sich wohl einfach in irgendein zufälliges Zelt gelegt, wahrscheinlich um auszuruhen. Nur ist er nie wieder aufgewacht. Eine gewöhnliche Todesursache hier oben.«

»Wer ist er?«, fragte Sir Richard. »Ich dachte, wir wären die Einzigen am Berg.«

»Vermutlich ein Deutscher oder ein Tscheche, die mit Asia Climb unterwegs sind«, antwortete Dawa mit einem Schulterzucken. »Dort kümmern sie sich nur um die nötigen Genehmigungen und bieten einen Service im Base Camp an, für den ganzen Rest muss man selbst sorgen. Aber sie sind billig.«

»Hätten wir nicht von ihm wissen müssen?«, fragte Martin.

»Ich habe gehört, dass zwei Bergsteiger vorhatten, ohne Sauerstoff aufzusteigen, bevor die Fixseile verlegt werden«, sagte Dawa. »Sie waren der Meinung, das sei authentischer und sauberer.«

»Wir haben jetzt aber ein Problem«, stellte Sir Richard fest. »Das Zelt gehört uns. Und wir brauchen den Platz.«

»Wir legen ihn hinter das Zelt«, bestimmte Dawa.

»Und lassen ihn dort liegen?«, fragte Martin ungläubig.

»Wenn du Lust hast, ihn nach unten zu tragen, dann nur zu«, meinte Sir Richard.

»Von hier aus ist es möglich, Leute ins Tal zu holen«, erklärte Dawa. »Wenn jemand willig ist, für den Job zu bezahlen, und jemanden dazu überreden kann.«

Martin merkte, dass es ihm eigentlich gleichgültig war, ob die Leiche des Mannes abgeholt wurde oder nicht. Vage stellte er sich die Frage, ob er selbst nach unten verfrachtet werden wollen würde. Tiefgekühlt auf dem Dach der Welt zu liegen, war wohl angenehmer, als in feuchter Erde zu verrotten. »Bringen wir ihn raus«, sagte er.

Dawa und Martin packten je ein Bein des Toten und zogen ihn ins Freie. Der Rucksack blieb an der Zeltöffnung hängen, und es kostete sie einige Mühe, den Oberkörper loszubekommen. Celine und Mark übernahmen die Beine, und als sie den Leichnam endlich vollends aus dem Zelt geschafft hatten, trugen sie ihn zu viert ein Stück weiter, ehe sie den steilen Hang einige Meter hinabbalancierten. Martin hielt den Toten unter der Schulter, um ihn behutsam abzulegen, doch die drei anderen ließen den Körper nur schlaff auf den Boden plumpsen wie einen Kartoffelsack. Dort blieb der Mann in einem unnatürlichen Winkel liegen, und Martin fand, dass er so noch lebloser aussah.

Vor dem Zelt hatte Sir Richard die Hände auf den Rücken gelegt und übernahm erneut die Rolle des Anführers. »Heute war ein weiterer harter Tag. Wir sind spät dran, und wir brauchen alle Erholung, die wir bekommen können. Legt euch in die Zelte, in wenigen Stunden ziehen wir weiter.« Er deutete mit dem Kopf in Martins und Marks Richtung. »Das Zelt ist immer noch eures, jetzt ist es ja wieder frei.«

Martin merkte, wie sein Zeltkamerad sich sträubte. »Entspann dich«, beruhigte er ihn. »Ich nehme die Isomatte, auf der der Kerl lag.«

Trinken, trinken, trinken. Das war das einzig Wichtige. Seit Sonnenaufgang hatte er nur zwei Liter geschafft, obwohl es doppelt so viel hätten sein sollen. Martin stand mit einer Thermoskanne in der Hand vor dem Zelt, die Sauerstoffmaske hing lose um seinen Hals, und er versuchte, sich das lauwarme Wasser einzuflößen.

»Du musst trinken«, sagte er zu Mark, der sich neben ihn gestellt hatte und ebenfalls keinen Gebrauch vom bereits knapp gewordenen Sauerstoff machte.

»Ich kriege es nicht runter. Die Biologie lässt mich im Stich.«

»Der Mensch ist nicht für Orte wie diesen geschaffen. Wenn du nichts trinkst, behält die Natur recht.« Martin unterstrich seine Pointe, indem er die Thermoskanne in mehreren langen Schlucken leerte.

Drei Liter hatte er hinuntergebracht. Ob er in den nächsten Stunden noch einmal so viel schaffte?

Ein lautes Rufen ließ sie herumwirbeln. Vier Männer kamen vom Nordostgrat über ihnen auf das Lager zu. Martin erkannte sie an den ausgeblichenen Daunenjacken sofort wieder. Es war das Sherpa-Team, das von seinem erfüllten Auftrag zurückkehrte. Das früher einmal knallrote Material hatte inzwischen eine hellrosa Farbe angenommen.

Dawa kroch aus seinem Zelt und hob zum Gruß die Hand. Die vier Männer bewegten sich schnell in dem steilen Terrain, sie waren mit nur einem Karabiner im Seil gesichert und führten eine Hand lose nach. Als sie im Lager ankamen, umarmte Dawa sie der Reihe nach, während

Martin und Mark die Begrüßung aus einigen Metern Abstand beobachteten.

»Wenigstens erfahren wir aus erster Hand, welche Verhältnisse dort oben herrschen«, kommentierte Mark.

Martin sah, wie einer der Sherpas in Richtung Gipfel deutete und den Kopf schüttelte. Ein eisiges Gefühl ergriff Besitz von ihm, und er ging auf die Gruppe zu. Die Männer wichen respektvoll zurück und machten ihm Platz, während der Sherpa, dessen Name Martins Erinnerung zufolge Tenzing war, mit seinem Bericht fortfuhr.

Martin wartete, bis er eine Pause einlegte. »Was stimmt nicht?«, fragte er.

»Gar nichts«, entgegnete Dawa.

Martin blieb stehen, während die Sherpas weiter miteinander diskutierten. Als das Gespräch beendet war und Dawa mehrmals genickt hatte, schüttelten die vier Männer kurz Dawas Hand. Zu Martins großer Überraschung stiegen sie in raschem Tempo weiter ab. Er starrte ihrer Lebensversicherung lange nach, ehe er sich zu Dawa umwandte.

»Was ist los?«

»Sie haben die Gipfelroute verlegt, ohne Sauerstoff zu benutzen. Sehr, sehr gefährlich. Lapsang und Nima geht es schlecht, sie müssen so schnell wie möglich ins Lager 2, sie dürfen auf keinen Fall länger hier bleiben. Auch die anderen laufen Gefahr, ihren Zustand zu verschlimmern, wenn sie nicht nach unten steigen.«

Und natürlich können sie uns nicht mehr helfen, dachte Martin verärgert. Gleichzeitig begriff er, dass es das war, was ihn an Sir Richards Erklärung gestört hatte, bevor sie ihren Gipfelversuch gestartet hatten: Sie waren unweigerlich auf sich allein gestellt. Die Sherpas mussten das Fixseil bis zum Gipfel anbringen, deshalb konnten sie nicht hier in Camp 3 auf die Expedition warten, geschweige denn sie beim Aufstieg zum Gipfel unterstützen. Die Sherpas konnten nur einmal aufsteigen. Diesen Umstand hatte Dawa schon vor vielen Tagen vorausgesehen, er hatte gewusst, wie alles ablaufen würde. Was wusste er noch alles, das er ihnen nicht erzählte?

»Ist mit dem Seil alles in Ordnung?«

Dawa nickte. »Fast«, antwortete er.

»Fast? Was soll das heißen?«

»Sie konnten nicht genug Seil für die gesamte Strecke tragen, daher müssen wir an manchen Stellen die alten Seile nutzen.«

Martin brach der kalte Schweiß aus. »Alte Seile?«

»Bekanntermaßen werden die Seile jedes Jahr am Berg zurückgelassen. Deshalb findet man dort oben ein regelrechtes Gewirr aus Kletterseilen in allen möglichen Farben vor«, erläuterte Dawa. »Im letzten Jahr war das Fixseil blau, es liegt noch nicht allzu lange dort, nehmt also am besten dieses, wo ihr kein gelb-grünes findet.«

Martin verstummte. Unterhalb ihres Lagers waren die Sherpas bereits außer Sicht. Dawa bedachte Martin mit einem intensiven Blick, bevor er sich wieder in sein Zelt zurückzog.

»Was hast du herausbekommen?«, wollte Mark wissen, als Martin wieder vor ihrem eigenen Zelt stand. »Was haben die Sherpas vor?«

»Wir müssen uns von hier an allein zurechtfinden, die Sherpas werden uns nicht helfen. Sie kommen nicht wieder zurück, sie sind höhenkrank.« Das Seil erwähnte Martin nicht, ohne genau zu wissen, wieso.

»Ich bin zu erschöpft, um mich aufzuregen«, sagte Mark.

»Das ist nur für uns etwas Neues«, sprach Martin weiter. »Dawa und Sir Richard wussten es schon vor ein paar Tagen. Dawa hat sogar einen zusätzlichen Bonus für die Sherpas rausgeschlagen, damit sie das Seil unter diesen Bedingungen bis zum Gipfel anbringen.«

»Wenn ich mein Geld nicht zurückbekomme, bringe ich den alten Sack um!«

Martin bezweifelte, dass eine Morddrohung Eindruck auf Sir Richard machen würde. Er deutete auf Marks Thermoskanne. »Trink lieber was, das ist deine beste Lebensversicherung.«

Im Zelt herrschten klaustrophobische Zustände, denn eigentlich war es zu kurz und zu schmal für zwei erwachsene Personen. Auf diesem engen Raum einen Benzinkocher mit offener Flamme zu betreiben, war ein Hochrisikosport. Widerwillig hatte Dawa ihnen einen seiner beiden Kocher überlassen, nachdem Martin darauf bestanden hatte, sich selbst um das Schneeschmelzen zu kümmern.

Jetzt kramte Martin einen Beutel Nudeln mit Bolognesesoße hervor, den er sich mit Mark teilen wollte. Vorsichtig goss er kochendes Wasser in den geöffneten Aluminiumbeutel, ehe er gründlich umrührte und ihn wieder verschloss.

Mark lag zur Hälfte im Schlafsack und hatte die Augen geschlossen. »Ich habe niemanden verpfiffen«, sagte er plötzlich, ohne die Augen zu öffnen. »Sie haben mich erpresst, haben meine Eltern bedroht, ich hatte keine andere Wahl.«

»Das dachte ich mir«, erwiderte Martin.

Mark richtete sich auf und sah Martin direkt an. »Niemand kann sich vorstellen, was für Methoden die bei der SEC anwenden. Es ist der absolute Terror, sie scheuen vor gar nichts zurück. Obwohl es nur die Börsenaufsicht ist, stehen die dem FBI in nichts nach. Mit Freuden hätte ich selbst den Mord an Kennedy gestanden.«

Martin hielt ihm den Beutel mit dem Abendessen hin. »Es ist gleich fertig gezogen, wir können meinen Löffel nehmen.«

Sie reichten sich den Beutel abwechselnd hin und her, doch schon nach wenigen Bissen gab Mark auf. »Mir ist übel«, klagte er und legte sich hin.

Martin stopfte weiter Nudeln in sich hinein, auch wenn das Essen in seinem Mund nicht weniger zu werden schien. Die Tüte war immer noch halb voll, als er sie beiseite stellte. Alle redeten vom Trinken, dabei konnte es doch auch nicht ganz unwichtig sein, genug Nahrung zu sich zu nehmen. Konnte er wirklich mehr als vierundzwanzig Stunden nichts essen und trotzdem erwarten, dass sein Körper mehr leistete als jemals zuvor?

Am meisten Sorgen bereitete ihm der Sauerstoff. Wenn er ausreichen sollte, bis sie wieder unterhalb der Achttausendmetermarke waren, wie viel Zeit blieb ihnen dann noch für Auf- und Abstieg? Und wie hoch durften sie die Zufuhr stellen? Immer wieder musste er die Rechnung von vorn beginnen, ständig kam er durcheinander. Zwei Flaschen waren genug für vierundzwanzig Stunden auf der niedrigsten Stufe, so viel wusste er noch, aber danach wurde es chaotisch. Die Zeit drängte, das war das Einzige, dessen er sich absolut sicher war. Martin klopfte sich selbst an die Schläfe, um das Gedankenspiel zu beenden. Trinken, er musste mehr trinken. Er nahm den Topf von der Flamme, setzte die Sauerstoffmaske ab und trank direkt aus dem Gefäß.

Mark hatte lange mit geschlossenen Augen dagelegen, jetzt schlug er sie auf und schaute Martin ins Gesicht, ehe er seine Sauerstoffmaske herunterzog. »Seit wir Kathmandu verlassen haben, hast du kein einziges Mal jemanden zu Hause angerufen.«

»Wen sollte ich anrufen? Wie oft hast du dich bei deiner Modelfreundin gemeldet?«

»Es ist aus zwischen uns. Seit ich verdächtigt wurde, Insidergeschäfte gemacht zu haben, will sie nichts mehr von mir wissen.«

»Dann erwartet dich zu Hause also nicht besonders viel?«

Von außen wurde der Reißverschluss am Zelteingang nach oben gezogen, und Dawa setzte sich vor ihnen in die Hocke. Wie gewöhnlich trug er keine Sauerstoffmaske. »Wir brechen heute Nacht auf, um Mitternacht müssen alle startklar sein«, sagte er. »Versucht, ein wenig zu schlafen. Aber noch wichtiger ist das Trinken.«

»Warum ausgerechnet Mitternacht?«, wunderte sich Mark.

»Wir brauchen ein paar Stunden Ruhe, aber wir wollen so schnell wie möglich wieder nach unten. Wenn wir um Mitternacht losgehen, sollten wir gegen neun Uhr morgens auf dem Gipfel stehen. Wer absehen kann, dass er oder sie den Gipfel nicht vor zwölf Uhr erreicht, muss umkehren. Ansonsten kommt man beim Abstieg nicht weiter als hierher, bevor die Dunkelheit einsetzt, und es gehen einem sowohl Sauerstoff als auch Wasser aus. Dann stirbt man.«

Mark erwiderte nichts darauf.

»Ab hier wird der Aufstieg zunächst extrem steil, mit vielen Felsen und Kletterpassagen durch die Exit Cracks. Danach wird es einfacher, bis wir an die erste Felsstufe, den First Step, kommen, eine glatte Felswand. Vom First Step bis zum Second Step ist es ein schmaler und exponierter Weg. Der Einstieg zum Second Step ist ein wenig problematisch, schaut dort besser nicht nach unten«, mahnte Dawa.

»Wieso nicht?«

»Weil es dreitausend Meter senkrecht in die Tiefe geht. Anschließend führt die Route über eine schmale und steile Rinne zur berühmten Felswand des Second Step, wo die Leiter angebracht ist. Sobald wir diese Leiter nach oben gestiegen sind, müssen wir queren und wieder klettern. Auch dort seht ihr am besten nicht nach unten. An dieser Stelle gibt es eine Mulde, in der mehrere Leichen liegen. Man erkennt sie an ihren bunten Jacken, dazwischen ragt ab und zu ein Arm oder ein Bein heraus. Die dritte Felsstufe, der Third Step, ist wieder leichter zu ersteigen und führt uns auf ein abschüssiges Schneefeld, bevor die Route um einen letzten Aufschwung biegt und wir den eigentlichen Gipfelgrat erreichen. Dort erwarten uns zwar keine klettertechnischen Schwierigkeiten, aber wir befinden uns auf über 8800 Metern.« Dawa beendete seine zusammenfassende Routenbeschreibung, indem er einige Male leicht nickte.

Mark setzte die Sauerstoffmaske wieder auf, bevor er sich hinlegte, den Schlafsack bis zu den Schultern heraufzog und die Augen zumachte. Martin hingegen füllte vier Thermoskannen mit Schmelzwasser, zwei für jeden von ihnen. Dann trank er das restliche Wasser aus dem Topf und löschte die Kocherflamme, ehe auch er sich auf den Rücken legte und seinen Rucksack als Kopfkissen nutzte. Es dämmerte bereits, und er versuchte, einzuschlafen. Im schwindenden Tageslicht wirkte das Zeltdach dunkelgelb. Widerstrebend zog er die Sauerstoffmaske über das Gesicht, sie war kalt und feucht.

Als Martin aufwachte, herrschte vollkommene Dunkelheit. Er lag nicht bequem, im Schlaf hatte er sich auf die Seite gerollt, dicht an die Zeltwand. Seine Uhr zeigte Viertel vor elf.

»Mark, aufwachen.«

Sein Zeltkamerad regte sich, und allmählich kamen eine Mütze und eine Sauerstoffmaske aus dem Schlafsack zum Vorschein. Mark zog die Maske herunter. »Wir haben schlechtes Wetter bekommen«, sagte er.

Erst in diesem Moment nahm Martin den Wind wahr, der am Zelt rüttelte, und er hörte, wie die Schneekörner dagegen prasselten. »Im Zelt hört es sich immer schlimmer an, als es ist«, entgegnete er.

Im selben Moment bemerkten sie jemanden am Reißverschluss des Zeltes zerren, und Dawa streckte seinen Kopf hinein. »Das Wetter ist schlechter geworden«, sagte er. »Ich würde gern mit euch über den Rest der Expedition sprechen.«

»Du kannst das Risiko am besten einschätzen«, erwiderte Martin. »Oder du fragst unsere Meteorologin.«

»Sie will auf den Gipfel. Sie ist nicht hier, um Wetterprognosen abzugeben, sagt sie.«

Martin kam auf die Knie, schob Dawa zur Seite und warf selbst einen Blick durch die Zeltöffnung. Ein Windstoß peitschte ihn mitten ins Gesicht, und er spürte, wie die Kälte auf der Haut prickelte. Leichte Schneeflocken stoben durch die Luft, aber so wie er die Verhältnisse einschätzte, war das Wetter nicht *schlecht*, genauso gut konnte es sich um eine kleinere Wolke handeln, die gerade die Bergspitze umgab. Er zog den Kopf wieder ein. »Ich habe nicht vor, mich von ein bisschen Wind und ein paar Schneeflocken aufhalten zu lassen. Wir gehen«, entschied er und deutete mit dem Kinn auf Mark. »Er ist auch bereit.«

»Wir werden sehen«, sagte Dawa und verschwand.

Entschlossen machte sich Martin ans Umziehen, doch allein den Hintern in dem engen Zelt anzuheben, jagte seinen Puls auf einhundertvierzig. Er achtete darauf, sich möglichst langsam zu bewegen, und legte sich währenddessen immer wieder hin. Die ganze Zeit über behielt er die Sauerstoffmaske auf.

Als er endlich fertig war, schnaufte er wie ein gestrandeter Wal. Er drehte die Sauerstoffzufuhr auf vier. Während er gierig die Luft inhalierte, beobachtete er, wie Mark sich bereit machte. Um mehr Armfreiheit zu haben, legte Mark seine Maske neben sich ab. *Das wirst du noch bereuen*, dachte Martin.

»Wirst du deinen Vater heute Nacht stolz machen?«, fragte Mark.

Die Frage kam so überraschend, dass Martin zunächst glaubte, er hätte sich verhört. Mark stellte sie noch einmal. Nachdem er einen Moment überlegt hatte, zog Martin seine Maske herunter. »Ich denke nicht. So tickt er nicht. Er hat wohl eher davor Angst, dass ich scheitere.«

»Seid ihr eine berühmte Familie?«

Martin musste lachen, auch wenn ihn das einiges an Sauerstoff kostete. »So würde ich es nicht nennen.«

Inzwischen hatte Mark die Daunenhose übergestreift und ruhte sich nach der anstrengenden Prozedur im Liegen aus.

»Hast du dich in deiner Kindheit und Jugend mit deinem Vater gemessen?«

»Er hat mir ein Paar neue Langlaufski versprochen, sobald ich es schaffen würde, ihn auf einer bestimmten Distanz zu schlagen, von zu Hause bis zu einem Ausflugslokal vor Oslo.«

»Wie alt warst du, als du gegen ihn gewonnen hast?«

»Ich habe es nie geschafft.«

Draußen im Schnee ertönten Schritte, und kurz darauf erschien Dawas Gesicht erneut in der Zeltöffnung. »In einer halben Stunde gehen wir los.«

Als Martin sich vor dem Zelt auf die Beine stellte, wurde ihm schwindelig. Er musste eine ganze Weile still stehen, ehe er in der Lage war, seinen Rucksack zu schultern und die Sauerstoffmaske wieder aufzusetzen. Die Daunenkleidung war derart überdimensioniert, dass er sich darin kaum bewegen konnte. Aufgrund des riesigen Volumens hatte er Schwierigkeiten, den Klettergurt und die daran hängende

Ausrüstung überhaupt zu sehen. Dazu kamen die Sauerstoffmaske, die Skibrille, die gegen den Wind aufgestellte Kapuze und die Stirnlampe – er fühlte sich wie ein Astronaut. Das Nächste, was er spürte, war das Gewicht des Rucksacks. Er war bleischwer.

Vor den anderen Zelten leuchteten mehrere Kopflampen auf. Martin hatte keine Möglichkeit, die Leute voneinander zu unterscheiden.

Als Mark aus dem Zelt hinter ihm kroch, packte Martin ihn an der Hand und zog ihn auf die Beine. »Viel Glück heute Nacht!«, rief er ihm durch die Maske zu.

»Dir auch«, erwiderte Mark.

Schon nach wenigen Minuten war Martin klar, dass seine Kleiderwahl ein Fehler gewesen war. Unter der dicken Daunenschicht herrschten Saunazustände. Möglicherweise war es gar nicht so kalt, wie er erwartet hatte, oder er hatte den Effekt des Rucksacks unterschätzt. Trotzdem weigerte er sich, die logische Konsequenz daraus zu ziehen, denn der Gedanke daran, weit hinter Dawa und Celine zurückzufallen, die als Erste vorangingen, war nur wenig verlockend. Zuletzt traf das Unvermeidliche schließlich doch ein, der Schweiß troff von seinem Oberkörper und dem Gesicht, und Martin musste sich eingestehen, dass ihm das bei vierzig Grad unter null äußerst gefährlich werden konnte. Auf einem Felsabsatz blieb er stehen, setzte Rucksack und Sauerstoffmaske ab, legte die dicke Daunenjacke auf den Rucksack und entledigte sich der Fleecejacke, die er darunter trug.

Mit einigem Pressen stopfte er die dünne Jacke zwischen die Sauerstoffflaschen in den Rucksack und zog sich wieder an. Vor Anstrengung rang er um Atem, und er erhöhte die Sauerstoffzufuhr auf die zweite Stufe. Einer der anderen stand geduldig hinter ihm und wartete darauf, dass er sich wieder in Bewegung setzte.

Martin richtete den Blick nach oben, die beiden an der Spitze hatten durch seinen Zwischenhalt einen ordentlichen Vorsprung bekommen. Sein Instinkt drängte ihn dazu, das Tempo zu erhöhen, um sie einzuholen, aber sein Verstand und sein Körper sagten etwas anderes. Als die Route zum ersten Mal einen Steilhang hinaufführte, fand Martin nur schwer Halt, musste sich im Seil hängen lassen und keuchte nach Luft.

Urplötzlich rasten zwei Eisbrocken durch die Luft, der erste traf Martins Arm, während der zweite mit seinem Eispickel kollidierte und ihm das Hilfsmittel aus der Hand schlug. Nur die Schlaufe um das Handgelenk verhinderte, dass der Pickel in der Tiefe verschwand. Trotz der recht soliden Polsterung durch die Daunen schmerzte sein Unterarm, und es war ein reiner Glücksfall, dass das Eis nicht seinen Kopf getroffen hatte. Losgetretene Fels- und Eisbrocken zählten zu den gängigsten Gefahren am Berg.

Als Martin den Kopf nach hinten neigte und die Wand hinaufsah, stockte ihm der Atem. Dort oben, im Strahl seiner Stirnlampe, fast senkrecht über ihm, befanden sich seine Kameraden. Er wusste zwar, dass es hier steil war, aber im Dunkeln wirkte alles um ein Vielfaches beängstigender.

Der Rucksack zerrte an ihm wie ein Bleigewicht, und der Untergrund bestand aus einer lockeren Mischung aus Schnee, Eis und Geröll. Jedes Mal, wenn er die Steigeisen auf den Boden setzte, lösten sich kleinere Steine und rollten bergab. Er war froh, die Sauerstoffzufuhr auf Stufe zwei erhöht zu haben. Für einen Moment erwog er sogar, sie noch eine Stufe höher zu stellen, doch auf diese Weise würde er die Flasche binnen vier Stunden komplett aufgebraucht haben. Außerdem war es viel zu beschwerlich, den Rucksack ein zweites Mal ab- und wieder aufzusetzen. Das schaffte er nicht.

Während der ganzen Zeit behielt er den Schein der beiden Lampen über sich im Auge, aber mit einem Mal waren sie nicht mehr zu sehen. Die Erklärung für das plötzliche Verschwinden bot sich ihm, nachdem er sich mühsam an einer Felskante vorbeigeschoben hatte und erkannte, dass die Route schräg nach rechts oben abbog. Er stand auf dem Nordostgrat, der bis zum Gipfel führte. Also hatte er gerade eben die sogenannten Exit Cracks durchstiegen. Er zögerte. Sollte er auf eigene Faust weitergehen, ohne Kontakt zu den Leuten vor und hinter sich? Oder bewältigte er den Aufstieg besser gemeinsam mit den anderen?

Martin entschied sich für eine Trinkpause. Er löste die Sicherungen und setzte sich einen Meter oberhalb des Seils in den Schnee. Dort haute er den Eispickel so tief wie möglich in den Untergrund. Mit der Schlaufe um sein Handgelenk stellte das eine relative gute Sicherung dar, zumindest solange er ruhig sitzen blieb. Noch immer wehte ein kräftiger Ostwind, und Martin wandte das Gesicht ab, Schneeflocken tanzten im Schein seiner Stirnleuchte. Das Wetter hatte sich nicht verschlechtert, wenigstens darüber musste er sich aktuell keine Gedanken machen.

Der Erste, der nach ihm aus den Exit Cracks nach oben kam, war offensichtlich am Rand der Erschöpfung und brauchte ziemlich lange für die kurze Distanz von dort bis zu der Stelle, an der Martin saß. Es war Mark, der sich mit beiden Händen schwer auf seinen Eispickel stützte und Martin mehrere Sekunden ansah, ehe er seine Maske abnahm. »Alles in Ordnung?«, erkundigte er sich. Er stöhnte mehr, als dass er sprach.

»Ich pausiere freiwillig«, erklärte Martin und winkte ihn weiter. Wie erwartet, war Mark nicht sonderlich um ihn besorgt und setzte seinen Weg über den schmalen Grat langsam fort.

Die Lichter zweier weiterer Stirnlampen erschienen. Es mussten Manuela und Sir Richard sein, auch wenn er im Schneetreiben lediglich zwei Lichtpunkte erkannte, die sich langsam voran bewegten. Ihn beschlich das Gefühl, dass er irgendetwas Wichtiges tun sollte, und er konzentrierte sich intensiv. Trinken. Wie konnte er das Allerwichtigste vergessen, wo er sich doch gerade erst genau dafür hingesetzt hatte? Er nahm die Sauerstoffmaske ab, streifte den Rucksack von den Schultern und griff in die rechte Außentasche. Er musste den Handschuh ausziehen, um die glatte Thermoskanne zu fassen zu bekommen, und merkte, dass die Tasche von innen aufgefroren war. Die Kanne hatte kopfüber in der Tasche gesteckt, Martin zog sie heraus und schüttelte sie. Leer. Im Licht der Stirnlampe begriff er sofort, warum. Er hatte den Deckel nicht fest genug zugeschraubt. Noch zweimal schüttelte er die Kanne, dann schraubte er den Deckel ganz ab und schaute hinein. Er konnte es nicht fassen. Wie oft hatte er in seinem Leben schon eine Thermoskanne befüllt? Solche Unachtsamkeiten waren nicht akzeptabel, schon gar nicht, wenn das eigene Überleben davon abhing. Voller Zorn schleuderte er die Kanne in die Dunkelheit, hinaus in den bodenlosen Abgrund.

»Was war das?« Manuela hatte direkt vor ihm angehalten. Sie zog die Maske vom Gesicht und schaute von Martin zum Abhang unter ihnen.

»Eine leere Thermoskanne«, sagte er und stand auf.

»Du wirfst die leeren weg, um Gewicht zu sparen? Clever.«

In Martin flammte eine störrische Wut auf, und er stand kurz davor, seinen Rucksack der Thermoskanne hinterherzuschicken. Er atmete tief durch, dann setzte er sich das Gepäckstück wieder auf den Rücken und klinkte sich vor Manuela ins Fixseil ein. Nach zwei Schritten fiel ihm ein, dass er trotz allem noch immer keinen Tropfen getrunken hatte. Drei Liter Flüssigkeit waren eigentlich ohnehin zu wenig für den Gipfelaufstieg und den Rückweg ins Camp 3, aber mehr Schnee hatte er vorher nicht schmelzen können. Jetzt blieben ihm nur noch zwei Liter. Er musste sie rationieren. Dasselbe galt für den Sauerstoff, dessen Verbrauch er erneut auszurechnen versuchte. Bei der aktuellen Zufuhr, auf Stufe zwei, würde die Flasche noch sechs Stunden halten. Wenn er die

Zufuhr aber auf Stufe drei erhöhte, sobald die Flasche zur Hälfte leer war, wie lange würde sie ihn dann mit Sauerstoff versorgen? Martin wusste, dass es eine simple Kopfrechnung war, aber sie wollte ihm nicht gelingen. Alles verschwamm und geriet durcheinander.

Er war derart versunken in seine eigenen, verworrenen Gedankengänge, dass er die Felswand vor sich erst bemerkte, als er beinahe direkt in sie hineinlief. Mark mühte sich nur wenige Meter über ihm damit ab, die Wand zu erklimmen. Unmittelbar vor Martin befand sich ein Schneeanker, von dem ein regelrechtes Wirrwarr aus Kletterseilen den Berg hinaufführte. Die zahlreichen Expeditionen der vergangenen Jahre hatten ihre Hausmarken hinterlassen, nur war unter den vielen bunten Seilen kein gelb-grünes mehr zu sehen. Und Martin konnte nicht erkennen, in welches Seil Mark sich eingeklinkt hatte. Vergeblich versuchte er, sich daran zu erinnern, was Dawa über die Farbe des Seils gesagt hatte, das sie benutzen sollten, wenn kein neues Fixseil verlegt war. Richtig, es war das rote.

Die Felswand vor ihm war glatt. Zwar nicht völlig senkrecht, die Steigung schätzte er auf annähernd siebzig Grad, aber Martin konnte nicht erkennen, wo er mit den Füßen Halt finden sollte. Insgesamt war der Felsaufschwung etwa dreißig Meter hoch, aber im Dunkeln fiel es ihm schwer, die Höhe richtig einzuschätzen. Es musste der berühmte First Step sein, die erste der drei herausfordernden Felsstufen vor dem Gipfel. Wenn er sich nicht täuschte, befand er sich auf 8500 Metern.

Mitten in der Wand saß ein Sicherungsanker, und Martin wartete, bis Mark ihn passiert hatte, bevor er selbst mit dem Klettern begann. Er wollte unbedingt vermeiden, dass sie zu zweit an derselben Befestigung eines alten Seils hingen, zumal es unter ihnen dreitausend Meter in die Tiefe ging.

Es dauerte eine Ewigkeit, bis Mark an der Sicherung vorbeigeklettert war, Martin kapierte nicht, was der Kerl da trieb. Manuela hatte bereits wieder zu ihm aufgeschlossen, als er loskletterte. Seine Steigeisen rutschten auf dem Fels ab, und er schwenkte den Lichtstrahl seiner Lampe in alle Richtungen, um die kleine Felsnase wiederzufinden, die er für den ersten Schritt ausgewählt hatte. Schließlich saß sein Fuß wieder einigermaßen sicher, und er hob das andere Bein weiter hinauf. Es rutschte augenblicklich ab, Martin fluchte. Ihm wurde klar, dass es nur eine Methode gab, um hinaufzukommen: Er musste sich mit den Armen an der Steigklemme nach oben ziehen, während er die Beine gegen die Felswand stemmte und den Hintern herausstreckte. Zwar nicht gerade elegant und auch nicht das, was man gemeinhin unter Klettern verstand, aber es funktionierte.

Allmählich näherte er sich dem Sicherungsanker. Das Seil verlief immer dichter am Fels, was es erschwerte, sich daran nach oben zu ziehen. Es fehlte nicht viel, und Martin hätte sich in die Sauerstoffmaske erbrochen. Es wäre besser gewesen, wenn er die Sauerstoffzufuhr vorher von zwei auf drei gestellt hätte, denn genau bei diesen schwierigen Passagen brauchte er den zusätzlichen Sauerstoff. Er hing lange an der Steigklemme im Seil, während er versuchte, an die Sicherungshaken seines Klettergurts zu kommen. Das Gewicht des Rucksacks zog ihn nach unten.

Reiß dich zusammen, spornte er sich selbst an. *Es ist für alle schwer, immerhin sind wir auf über 8500 Metern.* Sein Puls beruhigte sich, und er streckte die Hand nach oben, löste den Sicherheitskarabiner und schaffte es, ihn oberhalb des Felsankers wieder ins Seil einzuklinken, ohne den Handschuh auszuziehen. Ohne einen wirklich vertrauenerweckenden Halt mit den Füßen zu haben, ließ er sein komplettes Gewicht am Sicherheitskarabiner hängen, während er die Steigklemme nach oben schob. Oberhalb des Ankers kam er leichter voran, es war einfacher, auf dem Fels Fuß zu fassen, und auch die Steigklemme glitt besser. Der nächste Sicherungsanker des roten Seils schien sich an einer anderen Stelle zu befinden als die der anderen Seile, denn das rote Seil führte über die Kante der Felswand auf den darüberliegenden Absatz. Martins Lampe strahlte direkt auf den Punkt, wo das Seil über die Kante scheuerte, und selbst aus zwei Metern Abstand sah er es deutlich: Das Seil war mindestens bis zur Hälfte eingerissen.

Das Wissen um die hundert Kilogramm, die noch vor wenigen Sekunden an ebendiesem roten Faden gezerrt hatten, ließen ihn in absoluter Reglosigkeit verharren. Er versuchte, sich irgendwie leichter zu machen, während er sich umsah. Sein Seil verlief ein Stück seitlich der anderen Seile, vielleicht konnte er dorthin pendeln, wenn er die Füße benutzte, allerdings würden die Bewegungen das Seil nur weiter strapazieren. Und wie sollte er so weit oben in der Wand die Seile wechseln? Es war ein unmögliches Unterfangen, jedenfalls hatte er nicht den Hauch einer Ahnung, wie er es anstellen sollte, ohne bis zum letzten Sicherungspunkt nach unten zu rutschen. Erneut warf er einen Blick auf die Schwachstelle. Riss das Seil, stürzte er in den Abgrund. Unendlich langsam schob er die Steigklemme weiter nach oben, während er versuchte, so viel Gewicht wie möglich mit den Beinen abzufangen. Zehn Zentimeter vor der zerschlissenen Stelle hielt Martin inne, er wagte nicht, die Steigklemme weiterzuschieben. Stattdessen lehnte er sich nach vorn, streckte sich mit beiden Händen über die Kante und griff dort nach dem Seil. Mit den Handschuhen bekam er es nicht zu fassen, es lag straff gespannt im Schnee.

Von unten glitt ein Lichtstrahl an seiner Schulter vorüber, Manuela befand sich nun also auch auf dem Weg nach oben. Sobald sie den Sicherungspunkt in der Mitte der Wand passierte, würde die Last am Seil um weitere sechzig Kilo steigen. Er musste jetzt handeln.

Verzweifelt warf er beide Daunenhandschuhe in die Finsternis über sich, ehe er das Seil oberhalb der verschlissenen Stelle mit bloßen Händen packte und so weit aus dem Schnee hob, dass er einen sicheren Griff hatte. Mit einigen kraftvollen Zügen hievte er sich über die Felskante auf den kleinen Absatz und blieb dort knien. Im Licht der Stirnlampe sah er die Handschuhe in der Mitte des Absatzes liegen, der Wind zupfte bereits an ihnen. Fieberhaft griff Martin nach ihnen und zog sie an.

Er stand auf und richtete den Lichtstrahl auf die Felspartie, die er gerade erklommen hatte. Manuela war direkt hinter ihm, und weiter unten machte er eine weitere Stirnlampe aus, Sir Richard. Er musste sie warnen. Noch einmal leuchtete er auf das rote Seil. Nun lag es allerdings ohne Spannung auf der Kante. War Manuela an einem der anderen Seile gesichert?

Martin wandte sich um und starrte in die Dunkelheit und das Schneetreiben. Kein Licht war zu sehen, weder vor noch über ihm. Irgendetwas versperrte ihm die Sicht auf die anderen Bergsteiger. Eine kräftige Bö ließ ihn taumeln. Er stützte sich mit einer Hand auf den Eispickel und hielt mit der anderen das Kletterseil fest umklammert. Wachsam wartete er auf den nächsten Windstoß. Für mehrere Sekunden umgab ihn eine bedrohliche Stille, ehe eine neue, starke Bö heranwehte. Kurz vor dem Gipfel des Everest in einen Sturm zu geraten, war einer seiner schlimmsten Albträume gewesen. Jetzt kehrte das Gefühl aus dem Traum wieder. Wenn der Wind noch stärker wurde, wäre es wahnsinnig, den Aufstieg fortzusetzen, zumal in der Dunkelheit. Niemand überlebte einen Sturm in Gipfelnähe.

Angespannt wartete er auf den nächsten Windstoß. Falls es schlimmer wurde, musste er seine eigene Entscheidung treffen, er konnte sich nicht auf die anderen verlassen. Er blieb lange still stehen, aber die Bö blieb aus. Derselbe leichte Wind wie zuvor spielte nun wieder mit den Schneeflocken, und langsam wich die Anspannung aus Martins Körper.

Jetzt kroch Manuela über die Kante und betrat den Absatz, auf dem er stand. Sie fiel auf die Knie und keuchte schwer.

Martin ging neben ihr in die Hocke und hob seine Sauerstoffmaske an. »Wieso hast du nicht das rote Seil genommen?«

Mit Gesten gab Manuela ihm zu verstehen, dass sie erst wieder zu Atem kommen musste. Nach einer Weile nahm auch sie die Maske ab. »Sir Richard meinte, ich solle das blaue nehmen, wo kein neues Fixseil verlegt ist. So wie Dawa gesagt hat.«

Aber er hat doch rot gesagt, dachte Martin verwirrt. Wortlos stand er auf und leuchtete hinab zu Sir Richard, dem der Aufstieg bedeutend leichter zu fallen schien als ihm selbst.

Nach einer Weile setzte Martin seinen Aufstieg fort, es ging jetzt entlang des Grats, der immer spitzer zulief und auf dem er mit jedem Schritt ungeschützter war. Hier hatten die Sherpas wieder das neue, gelb-grüne Seil verlegt, es verlief teilweise ein paar Meter unterhalb des eigentlichen Grats, wo der Berg so steil war, dass die sich lösenden Schneeklumpen unter ihm in die Tiefe stürzten. An einigen Stellen führte die Route über den Grat selbst, sodass es sich für Martin anfühlte, als balanciere er wortwörtlich auf Messers Schneide. Auf der anderen Seite des Bergs ging es, wenn möglich, noch steiler hinab. Dort befand sich die dreieinhalbtausend Meter emporragende und bisher nur zweimal erfolgreich bestiegene Kangshung-Wand. Martin schob alle anderen Gedanken beiseite und konzentrierte sich intensiv auf jeden einzelnen seiner Schritte.

Direkt vor einem Schneeanker rutschte er mit dem vorderen Fuß weg und stürzte. Die Steigklemme hielt ihn glücklicherweise am Seil, sodass er nur einen knappen Meter hinabfiel. Dennoch ließ das Wissen um den finsteren Abgrund unter ihm seinen Puls in die Höhe schnellen, während er sich wieder nach oben zog. Er zitterte am ganzen Körper, und es dauerte einen Moment, bis er seine Angst wieder unter Kontrolle hatte. Erst danach passierte er die Sicherung und klinkte Steigklemme und Karabiner dahinter ins Seil ein.

Die drei Personen vor sich erkannte er erst, als sie nur noch wenige Meter entfernt waren. Sie standen unter einer sonderbaren Steinformation, die er von Bildern wiedererkannte. Es war der sogenannte »Mushroom Rock« auf 8550 Metern, eine der seltenen Stellen, die breit genug waren, um nebeneinander stehen zu können.

»Jetzt sind wir höher als der K2, der zweithöchste Berg der Welt«, hielt Mark fest, als Martin sich neben ihn stellte.

Dawa beugte sich nach hinten und hinüber zu Martin. »Von hier geht es zum Second Step, wir müssen nur noch über diesen schmalen Absatz«, sagte er und deutete in die Dunkelheit. »Wir warten auf die anderen.«

Martin fehlte jegliches Gespür dafür, wie spät es sein mochte. In dieser Höhe ging die Sonne weit vor sechs Uhr auf, aber das bewölkte Wetter absorbierte viel Licht. Er schaute nach Osten. Bahnte sich dort die Dämmerung an? Im besten Fall würde es noch lange dauern, bis es hell wurde, denn je weniger Zeit sie bis zum Second Step gebraucht hatten, desto besser.

Dawa streckte die Hand in die Luft, als er die Stirnlampen der beiden Letzten aus der Gruppe herannahen sah. Die Kletterroute unmittelbar vor ihnen führte leicht abwärts unter eine Felswand, die wie ein Überhang aussah. Martin kam die Passage aus unerfindlichen Gründen bedrohlicher und ungeschützter vor als das Gehen auf dem Grat, wo es zu beiden Seiten steil bergab gegangen war.

Nach kurzer Zeit stoppte die Gruppe erneut. Martin beugte sich vorsichtig zur Seite, um nach vorn sehen zu können. Dawa verschwand gerade hinter einer großen Felsnase, die seitlich in die Luft ragte und ihnen den Weg versperrte. Celine machte sich bereit, dem Sherpa zu folgen. In diesem Moment begriff Martin, dass sie sich am berüchtigten Einstieg zum Second Step befanden. Als Celine den Felsen umrundet hatte, war Mark an der Reihe. Er schien Probleme damit zu haben, auf dem glatten Gestein Halt mit den Steigeisen zu finden. Für einen langen Moment hing Mark genau vor der

Ecke des Felsens, und Martin glaubte, Panik aus seiner Körpersprache zu lesen. Dann fand Mark einen brauchbaren Tritt mit dem vorderen Bein und war nicht mehr zu sehen.

Dawas mahnende Worte, bloß nicht nach unten zu sehen, hallten in Martins Ohren nach, als er selbst an der Außenseite des Felsens hing – von Stehen konnte keine Rede sein. Obwohl er versucht hatte, darauf zu achten, wo er seine Beine am besten platzierte, war es ein Kampf, einen geeigneten Tritt zu finden. Sein Körper verkrampfte beinahe, als er mit dem Steigeisen des hinteren Fußes endlich Halt fand. Er verlagerte sein gesamtes Gewicht auf das sichere Bein und schwang das andere um die Felsnase. Auf wundersame Weise griff das Steigeisen sofort, und Martin zog das Hinterbein rasch nach. Er japste nach Luft, als er endlich wieder festen Boden unter den Füßen spürte. Martin genoss die Freude, einen Wegpunkt hinter sich gelassen zu haben, vor dem er sich gefürchtet hatte. Jetzt würde er auch den Gipfel bezwingen, es war wie eine Energiespritze.

Er befand sich am Fuß einer engen und steilen Felsspalte. Mark mühte sich direkt über ihm ab, und dort, wo er versuchte, seine Steigeisen in den Fels zu treten, fielen Eisstücke und Schneeklumpen hinab. Schnell hatte Martin ihn eingeholt. Mark tat sich immer noch schwer, die Füße gegen den Fels zu stemmen. Und Martin erkannte auch, warum. An Marks rechtem Schuh hatte sich das Steigeisen gelockert und baumelte lose herunter. Er zog kräftig an Marks dicker Hose und deutete auf den rechten Schuh, als Mark nach unten sah. Nachdem auch er das herunterhängende Eisen entdeckt hatte, breitete er ratlos die Arme aus. Mit Gesten bedeutete Martin ihm, das Gewicht auf den linken Fuß zu verlagern, und während Mark den anderen anhob, lehnte Martin sich vornüber und zurrte das Steigeisen wieder fest. Zwar zweifelte er, dass es fest genug saß, aber fürs Erste würde es hoffentlich reichen.

Hinter Martin kamen nun auch die letzten beiden ihrer Gruppe, Manuela und Sir Richard hatten das Felshindernis relativ mühelos überwunden. Mit Mark an der Spitze kletterten sie den Spalt hinauf, bis sie das untere Ende der berühmten Leiter erreichten.

Ungefähr vierzehn Sprossen waren es, an denen Martin nach oben blickte. Er hatte geglaubt, es seien mehr. In der Welt der Kletterei gab es keine Stelle, über die heftiger debattiert wurde als diese. War es Mallory 1924 tatsächlich gelungen, diese grifflose Felswand ohne Leiter zu erklimmen? Oder war das mit der damaligen Ausrüstung unmöglich gewesen?

Martin wartete, während Mark eine Sprosse nach der anderen nach oben stieg. 1960, zu Maos Zeiten, hatten die Chinesen behauptet, die Ersten gewesen zu sein, denen ein Aufstieg auf den Everest von Norden her gelungen war. Angeblich hätten sie den Second Step bezwungen, indem sie sich gegenseitig auf die Schultern gestellt hatten. Von ihrem Gipfelerfolg selbst aber gab es keine Bilder.

Martin musterte die Umgebung. Wer ernsthaft an die Geschichte mit dem Schulterstand glaubte, konnte noch nie hier gewesen sein. Wahrscheinlich hatte es niemand geschafft, den Second Step hinaufzuklettern, bis die Chinesen 1975 eine Leiter anbrachten und damit die erste Expedition darstellten, der es gelang, den Everest über die Nordroute zu besteigen.

Gedankenversunken wartete Martin am Fuß der Leiter, bis Manuela ihn anstieß und nach oben deutete. Mark hatte das obere Ende so gut wie erreicht. Vorsichtig, um die Steigeisen nicht zu verkeilen, trat er auf die erste Sprosse. Unter höchster Konzentration stieg er hinauf, während er gleichzeitig die Steigklemme nach oben schob und sich an der Leiter festhielt. Eine leichte Aufgabe, wie er fand, wahrscheinlich war es die einfachste Passage der gesamten Aufstiegsroute.

Oben angekommen gestaltete sich die Lage weitaus kniffliger. Die Seilsicherungen an der Verankerung aus- und wieder einzuhängen, funktionierte noch reibungslos, aber im Anschluss musste Martin von der obersten Sprosse nach schräg rechts oben und über eine Felskante klettern. Im selben Moment wurde ihm der Abgrund unter ihm bewusst, und er war plötzlich wie gelähmt. Martin versuchte, tief und ruhig einzuatmen, aber er bekam keine Luft. Für eine panische Schrecksekunde glaubte er zu ersticken. Er warf einen Blick zwischen seinen Beinen hindurch auf seine Füße, die noch auf der Leiter standen, wo sich etwas Schnee von einem Steigeisen löste und in der pechschwarzen Finsternis unter ihm verschwand. Die Dunkelheit drohte ihn zu verschlucken. Wie ein schwarzes Loch schien sie alle Materie in sich hineinzuziehen.

»Nur keine Panik, nur keine Panik«, redete er sich wieder und wieder mit geschlossenen Augen zu.

Irgendetwas klopfte auf sein Bein. Langsam öffnete er die Augen und drehte sich nach links. Das Licht einer Stirnlampe blendete ihn von unten. Erst als der Lichtstrahl wieder von seinem Gesicht wegschwenkte, registrierte sein Gehirn, dass es Manuela war. Sie zog ihre Maske herunter und rief etwas zu ihm hoch, aber er verstand sie nicht.

Mit einem lauten Röcheln schob er die Steigklemme mit der rechten Hand am Seil entlang, zog sich selbst hinterher und trat von der obersten Sprosse neben die Leiter. Auf dem festgepressten Schnee fand er kniend Halt, und er spürte, wie sich die Anspannung löste. Seine Schultern senkten sich, und er konnte wieder atmen. Mit der Luft kamen auch seine Gedanken wieder in Fahrt. Genau diese Stelle hatte ihm die größten Sorgen beschert. Allerdings nicht für den Aufstieg, sondern für den Rückweg. Wie sollte er es von dort oben wieder hierher nach unten zur Leiter schaffen?

Es gab keine andere Möglichkeit, keinen anderen Weg. Auf den Knien sitzend starrte er bergauf in die Dunkelheit. Das Seil verschwand irgendwo schräg rechts oberhalb von ihm. Obwohl die Stelle nicht senkrecht abfiel, war sie trotzdem viel zu steil, um dort herunter zu *gehen*, sie würden sich von dem oberhalb liegenden Felsvorsprung abseilen müssen. Bei diesem Akt würde er die Leiter nicht sofort erreichen, da sie nicht direkt unterhalb des Vorsprungs stand. Er würde am Seil hängend seitlich schwingen müssen, um an das obere Ende der Leiter zu gelangen.

Martin bemerkte, dass er mit einer Hand krampfhaft die Steigklemme und mit der anderen das Seil umklammerte.

Die Panik kehrte zurück, er begann zu hyperventilieren. Erneut stieß Manuela ihn an. Langsam löste sich der Krampf, und er machte einen weiteren Schritt hinauf.

Als er es ein Stück weiter hinauf geschafft hatte, konnte er es nicht unterlassen, einen Blick nach unten zu wagen. Er schaute geradewegs in eine Kluft. Im Licht seiner Stirnlampe erkannte er grelle Farben, Rot, Blau und Gelb, ein buntes Chaos. Er starrte lange hinab, ehe ihm klar wurde, dass es sich um die Leichen handelte, die Dawa beschrieben hatte. Ein Arm in einer blauen Jacke zeigte anklagend in seine Richtung, und Martin musste sich dazu zwingen, den Blick abzuwenden.

Am Horizont im Osten erahnte er einen schwachen Schimmer. Der Wind und das leichte Schneegestöber hatten sich nicht verändert, aber die Dunkelheit erschien weniger kompakt als zuvor. Die Dämmerung setzte ein, es musste gegen fünf Uhr sein, vielleicht auch halb sechs. Sie würden den Gipfel vor neun Uhr erreichen.

Martin stieg weiter nach oben. Zwei Schritte, dann eine Pause. Während er Kraft sammelte, versuchte er, langsam bis dreißig zu zählen, geriet aber schon bei zwanzig aus dem Konzept und gab es auf. Stattdessen pausierte er so lange, bis sich seine Atmung für die nächsten beiden Schritte ausreichend beruhigt hatte. Inzwischen befand er sich auf einem leicht abschüssigen Plateau. Nachdem er den nächsten Sicherungspunkt passiert hatte, löste er sich aus dem Seil, stellte den Rucksack ab und setzte sich daneben in den Schnee. Es kam ihm vor, als hätte er einen Bulldozer mit sich herumgeschleppt.

Die Anzeige an der Sauerstoffflasche verriet ihm, dass sie so gut wie leer war. Er zog sie aus dem Rucksack, sie bis zum Gipfel zu tragen, wäre reine Idiotie. Wenn es sich ergab, konnte er sie auf dem Rückweg aufsammeln. Mit trägen Bewegungen schloss er die letzte volle Sauerstoffflasche an die Maske an und stellte die Zufuhr auf Stufe drei. Erneut versuchte er, auszurechnen, wie lange der Sauerstoff reichen würde, wenn er gleichmäßig zwischen den Stufen zwei und drei abwechselte, aber er scheiterte am Zusammenrechnen und Dividieren. Auch beim Trinkwasser musste er rechnen. Zwei Liter waren alles, was er noch hatte. Sie mussten ihm für den neunstündigen Aufstieg und eventuell weitere fünf Stunden für den Abstieg reichen, ehe sie ins Camp 3 zurückkehrten. Vierzehn Stunden, und nur zwei Liter zu trinken. Wie musste er das Wasser einteilen? Er bemühte sich, die nötige Konzentration aufzubringen, um die einfache Rechenaufgabe zu lösen, doch er musste abermals aufgeben. Stattdessen kam ihm der Gedanke, dass es wohl besser war, zu trinken, solange er noch in der Lage dazu war. Er zog die Sauerstoffmaske herunter und nippte an der Thermoskanne, während sich die anderen Expeditionsteilnehmer auf dem Plateau sammelten. Noch einmal schaute er nach Osten, Richtung Sonnenaufgang. Ohne Zweifel, über dem Everest brach ein neuer Tag an.

Ein Schrei riss ihn zurück in die Realität. Manuela deutete auf die Felsaufschwünge direkt hinter ihm. Martin fuhr herum und war gezwungen, einen Ausfallschritt zur Seite zu machen, um nicht zu stürzen.

Ein Mann mit nacktem Oberkörper wankte auf sie zu, während er hektisch mit den Armen fuchtelte. Der Mann blieb vor Martin stehen und nahm die Arme herunter. Er trug Bergsteigerschuhe mit Steigeisen, eine rote Daunenhose, deren Träger unter den Knien hingen – und einen Klettergurt. Im dämmernden Morgenlicht wirkte sein magerer nackter Oberkörper ebenso grau wie die Umgebung, in der sie sich aufhielten. Seine Haare waren halblang und fettig, sie klebten am Kopf, als wären sie mehrere Wochen unter einer Mütze verborgen gewesen. In den Augen des Kerls leuchtete ein intensiver Blick. Dann sagte er irgendwas Unverständliches.

Martin schüttelte den Kopf und breitete die Arme aus, um zu signalisieren, dass er ihn nicht verstand. »Wer bist du?«, fragte er ihn auf Englisch.

Wieder antwortete der Mann in einer Sprache, die Martin nicht einordnen konnte. Es klang ein wenig wie Niederländisch. Als er an Martin vorbeigehen wollte und einen Schritt zur Seite machte, streckte Martin den Arm aus und hielt ihn auf.

»Ich muss schwimmen, es ist so heiß hier.« Diesmal kam die Antwort in fehlerfreiem Englisch mit einem leichten Akzent.

Martin schaute über seine Schulter zum Steilhang und den schwindelerregenden, drei Kilometer tiefen Abgrund hinunter zum Rongbuk-Gletscher. »Wo willst du hier denn schwimmen?«

»Da«, sagte der Fremde und deutete mit wilden Augen auf den Hang. Er konnte nicht stillstehen und verlagerte ständig das Gewicht von einem Bein auf das andere. Sir Richard und Mark kamen hinzu, packten den Mann je an einem Arm und zwangen ihn, sich in den Schnee zu setzen.

»Wo sind deine Kleider?«, fragte Mark, der sich seiner Sauerstoffmaske und des Rucksacks entledigt hatte. Der Mann gab keine Antwort, sondern starrte nur geradeaus.

Martin setzte seine eigene Maske auf und holte tief Luft, ehe er unter Anstrengung die wenigen Meter bis zu den Felsen stapfte, aus deren Richtung der Mann gekommen war. Geschützt unter einer schrägen Felsplatte entdeckte er eine grüne Fleecejacke und ein schwarzes Funktionsshirt neben einem blau-gelben Rucksack. Martin ging auf die Knie und durchsuchte den Rucksack mit beiden Händen. Eine Seilrolle, eine Kamera und eine Thermoskanne. Sonst nichts. Wo war seine Daunenjacke? Er sah sich um. Zwei Schritte entfernt von ihm fiel die nach Osten weisende Kangshung-Wand senkrecht in die Tiefe. Den oberen Teil der Wand bildeten hauptsächlich Hängegletscher, während der untere Abschnitt aus senkrechten und teils überhängenden Felsen bestand. Martin wusste, dass es nahezu unmöglich war, diese Wand zu ersteigen. Er ging einen Schritt nach vorn und schaute hinab, überrascht über seinen eigenen Wagemut. Im zunehmenden Morgenlicht erkannte er gut, dass die Wand tatsächlich senkrecht verlief. Er stellte sich eine rote Daunenjacke vor, die daran entlang nach unten segelte, man würde sie nie finden.

Mit dem Rucksack in der einen und den Kleidungsstücken in der anderen Hand stapfte er breitbeinig zurück zum Rest der Gruppe. Sie standen um die absurde Gestalt herum. Martin reichte die Kleider an Manuela, die vor dem Fremden im Schnee kniete.

»Er sagt, sein Name sei Dean Fransman«, wandte sich Sir Richard an Martin. »Ich glaube, er kommt aus Südafrika. Vielleicht war er mit dem Bergsteiger unterwegs, den wir gestern Nachmittag tot in unserem Zelt gefunden haben?«

»Er hat keinen Sauerstoff dabei«, sagte Martin und hielt Fransmans Rucksack in die Höhe.

»Was einiges erklärt«, kommentierte Sir Richard.

Neben ihnen versuchte Manuela, dem Mann die Kleider überzuziehen, doch der setzte sich heftig zur Wehr.

»Er denkt, er ist auf einem Segelboot, und will kopfüber ins Meer springen«, fuhr Sir Richard fort. »Wenn man stark unterkühlt ist und kurz vor dem Tod steht, verspürt man eine große Hitze. Das ist das letzte Stadium.«

Manuela gab ihre Bemühungen auf, Fransman etwas anzuziehen.

»Was tun wir?«, wollte Martin wissen.

»Nichts«, erwiderte Sir Richard.

»Er stirbt, wenn wir ihn nicht in die Kleider bekommen«, warnte Martin.

»Er stirbt so oder so«, sagte Sir Richard. »Weder können noch sollten wir etwas unternehmen.«

Fassungslos schaute Martin in die Runde. Manuela, Mark, Sir Richard, Dawa, Celine. Und er selbst. Sechs Menschen. Sie konnten nicht einfach an einem sterbenden Bergsteiger vorbeigehen, niemand konnte das.

»Was, wenn du das wärst?«

»Dann solltet ihr mich auf jeden Fall liegen lassen«, sagte Sir Richard.

»Ist es möglich, ihn von hier nach unten zu bringen?«, fragte Martin an Dawa gewandt.

Der Sherpa haderte. »Vielleicht«, sagte er schließlich.

»Unsinn«, widersprach Sir Richard. »Niemand schafft es, eine unzurechnungsfähige Person von hier nach unten zu bringen. Sollen wir ihn etwa tragen? Er ist verloren.«

Während ihrer Diskussion war der Südafrikaner neben Martins Rucksack im Schnee völlig in sich zusammengesunken. Martin beugte sich zu ihm hinunter und versuchte, ihm seine eigene Sauerstoffmaske überzuziehen.

»Hör sofort damit auf, er hat sich selbst dazu entschieden, ohne Sauerstoff hier zu sein«, sagte Sir Richard zornig.

»Das ist nicht dein Ernst«, entgegnete Martin und blickte Sir Richard tief in die Augen.

»Es ist jedes Mal das Gleiche. Sie müssen den Helden mimen und den Everest ohne Sauerstoff besteigen, und dann erwarten sie, dass andere ihr Leben riskieren, um sie zu retten, falls etwas schiefgeht.«

»Menschen in Not zu retten, ist das einzig Anständige, auch wenn sie die Situation selbst verschuldet haben. Fragst du das Opfer bei einem Verkehrsunfall auch erst, ob es seine Schuld war, bevor du ihm hilfst?«

»Er ist nicht in Not, er ist *tot*«, erwiderte Sir Richard.

Erneut wandte Martin sich an Dawa und deutete auf den zusammengekauerten Fremden. »Stimmt das? Stirbt er?«

Dieses Mal zögerte Dawa nicht, bevor er mit »Ja« antwortete.

Manuela setzte sich neben den Südafrikaner und versuchte, ihm etwas von ihrem eigenen Wasser einzuflößen. Martin stellte sich zur Gruppe um Sir Richard. Sie alle hatten die Sauerstoffmasken heruntergenommen.

»Wenn sich jemand freiwillig dazu bereit erklärt, dem Selbstmordkandidaten zu helfen, werde ich ihn nicht aufhalten. Aber Dawa bleibt bis zum Gipfel bei uns, dafür wird er bezahlt«, hielt Sir Richard fest.

Niemand sagte etwas.

»Wahrscheinlich ist er zwei Tage vor uns aus Camp 3 aufgebrochen, gemeinsam mit dem Kerl, der tot im Zelt lag. Als er das Lager verlassen hat, hatte er bereits vierundzwanzig Stunden ohne Sauerstoff auf über achttausend Metern verbracht. Jetzt sind zwei weitere Tage vergangen, und das auf einer Höhe über 8500 Metern. So etwas überlebt keiner, seht ihn euch nur mal an.«

»Ich sehe ihn mir an, und er lebt«, sagte Martin.

»Wenn du unbedingt den Helden spielen willst, gib ihm deine Daunenjacke, deinen Sauerstoff und die Wasserflasche, dann sterbt ihr beide. Dein Tod wäre vollkommen umsonst, aber ich werde dich nicht aufhalten.«

Martin blickte reihum, sah jedem seiner Kameraden in die Augen. »Ihr lasst einen Bergsteiger in Not also im Stich?«

»Stopp!«, unterbrach Sir Richard ihn. »Dawa hat keine Wahl. Für seine Dienste haben wir bezahlt, er tut, was ich will.«

»Und damit könnt ihr leben?« Martin schaute von Mark zu Manuela und Celine.

»Er ist tot«, sagte Mark und wich Martins Blick aus.

»Vergiss ihn«, flüsterte Celine.

»Ich begleite dich«, sagte Manuela.

Martin sah auf den Südafrikaner. Er war auf die Seite gekippt, sein Kopf ruhte auf dem blau-gelben Rucksack. Welchen Zweck hatte es, jemanden retten zu wollen, der nicht zu retten war und der seine Probleme noch dazu selbst verursacht hatte? War es sein innerer Wunsch danach, ein Held zu sein, oder war es in Wahrheit eine Form von Feigheit, die Angst davor, im Nachhinein kritisiert zu werden? Martin hatte eine gute Vorstellung davon, wie die restliche Welt ein Ereignis wie dieses bewerten würde. Sie stiegen über einen sterbenden Menschen, um auf den Gipfel zu kommen. Aber die restliche Welt war nicht vor Ort, sie konnte sich nicht in die Situation hineinversetzen.

Nochmals versuchte Manuela, dem Südafrikaner ein wenig zu trinken zu geben. Niemand hinderte sie. Martin nahm den Fotoapparat aus dem Rucksack, den er gefunden hatte, und schaltete ihn ein. Er rief die gespeicherten Bilder auf, das letzte schien auf dem Gipfel aufgenommen worden zu sein. Der Fotograf hielt die Kamera am Arm von sich gestreckt, hatte aber nur das halbe Gesicht und einen vermutlich im Triumph in den Himmel gereckten Arm aufs Bild bekommen. Das Bild davor war ähnlich unbrauchbar, doch dann folgte ein Foto, das wahrscheinlich aus Camp 3 stammte: zwei Männer im Sonnenschein, mit dem Selbstauslöser aufgenommen. Martin blätterte in die entgegengesetzte Richtung. Das erste

Foto zeigte die Abflughalle irgendeines Flughafens. Zwei kleine Mädchen in Sommerkleidern lächelten und winkten dem Fotografen zu, hinter ihnen kniete eine junge, blonde Frau, vermutlich die Mutter. Sie schaute ernst drein, ihr Blick war finster.

Martin hielt Celine die Kamera hin und tippte auf das Display, auf dem das Familienfoto angezeigt wurde. Sie warf einen raschen Blick darauf, dann drehte sie sich weg. Martin schaltete die Kamera wieder aus, nahm die Speicherkarte heraus und steckte sie in die Innentasche seiner Daunenjacke. Manuela gab es auf, den Südafrikaner zum Trinken zu bewegen, und stand auf. Der halb nackte Mann lag immer noch reglos im Schnee.

Irgendwo hatte Martin einmal gelesen, dass der Gehörsinn als Allerletztes versagt. Er fragte sich, ob der offensichtlich bewusstlose Mann die Diskussion mitbekam, die in englischer Sprache direkt über seinem Kopf geführt wurde.

»Bergsteigen und der Tod sind untrennbar miteinander verbunden, ich habe es schon einmal gesagt«, erklärte Celine. »So wird es immer sein. Die Menschen steigen nicht auf Berge, weil es einfach ist, sondern wegen der Gefahr.«

»Blödsinn«, wandte Martin ein. »Beim Bergsteigen geht es darum, das Risiko zu minimieren.«

»Zu minimieren, aber nicht zu eliminieren, denn das ist unmöglich.« Sie machte eine Handbewegung, mit der sie eindeutig klarstellte, dass sie die Diskussion für beendet hielt, ehe sie einen kleinen grünen Beutel aus ihrer Jacke zog. Die anderen standen teilnahmslos um sie herum und sahen zu, wie sie eine Spritze und eine Kanüle herausholte und für eine Injektion vorbereitete. Dann kniete sie sich vor den südafrikanischen Bergsteiger.

»Was machst du?«, fragte Martin erstaunt.

»Dasselbe, was ich in den Alpen tun würde, wenn ein Kletterer nicht mehr zu retten ist und unter Schmerzen leidet. Ich nehme sie ihm.«

»Er hat keine Schmerzen«, widersprach Martin.

Celine blickte ihm mehrere Sekunden in die Augen, dann stach sie die Spritze in den Unterarm des Mannes, der inzwischen seitlings im Schnee lag, seine Augen waren geschlossen. Sie injizierte den Inhalt der Spritze und stand auf. »Gehen wir weiter?«

»Scheiße«, fluchte Mark. »Auf dem Rückweg müssen wir über ihn drüber steigen. Dann ist er tot.«

»Du kannst dir ja einen anderen Weg nach unten suchen«, entgegnete Celine und stapfte an ihnen allen vorbei.

Martin setzte seine Sauerstoffmaske wieder auf und stellte die Zufuhr auf das Maximum, ehe er seinen Rucksack schulterte und ihr folgte. Der Unterschied zu vorher war deutlich, zum ersten Mal spürte er unter der Maske einen Windhauch. Ob es klug war, den kostbaren Sauerstoff auf diese Weise zu verbrauchen, wusste er nicht, aber ihm fehlte die Energie, weiter darüber nachzudenken. Er wollte auf den Gipfel, die obligatorischen Beweisfotos knipsen und sich dann so schnell wie möglich an den Abstieg machen. Jeder Meter bergab bedeutete mehr natürlichen Sauerstoff und einen weiteren Schritt in Richtung Sicherheit.

In der folgenden Stunde heftete Martin sich an Celines Fersen, erkletterte den weniger anspruchsvollen Third Step und erreichte den jäh ansteigenden Hang oberhalb der Felsstufe. Celine wurde beständig langsamer, immer öfter legte sie lange Pausen ein. Martin zog an ihrem Rucksack, damit sie sich umdrehte, und setzte seine Maske ab. »Hast du die Sauerstoffzufuhr voll aufgedreht?«

Celine nickte.

Martin stellte sich neben sie, öffnete das Deckelfach und schaute in ihren Rucksack. Erst glaubte er, er hätte sich verguckt, dann drehte er den Kopf, sodass er die Anzeige aus einem anderen Winkel ablas. »Dein Sauerstoff ist leer«, sagte er. »Die Anzeige steht auf null.«

Ein weiteres Nicken von Celine.

»Warum hast du deine Flasche nicht gewechselt, als wir es getan haben? Wo ist deine zweite Flasche?«

Sie nahm die Maske ganz ab. »Ich habe nur eine dabei.«

Martin begriff nicht, was sie meinte. »Jeder von uns hat zwei.«

»*Ich* habe nur eine.«

Noch immer verstand Martin nur Bahnhof. »Aber wo ist deine zweite Flasche?«

Celine gab keine Antwort, und allmählich dämmerte es Martin. Erneut hob er ihren Rucksackdeckel an und griff tastend ins große Staufach. Mit einem kräftigen Ruck zog er ihre Kameratasche heraus, die das halbe Fach ausfüllte. »Du hast die hier anstelle von Sauerstoff mitgenommen?«

Celine richtete sich auf, ihre Augen funkelten ihn trotzig an. »Das ist meine Entscheidung.«

»Du weißt, welche Konsequenzen es haben kann, wenn du ohne Sauerstoff weitergehst?«, brüllte Martin und merkte, dass er Celine schüttelte. »Verdammt, du hast einem sterbenden Bergsteiger gerade eine Todesspritze verpasst.«

Celine antwortete nicht und schloss ihre Augen.

Dawa trat an ihre Seite. »Was ist los?«

Martin hatte schon den Mund geöffnet, konnte sich aber beherrschen. »Ich motiviere sie zu einer Spitzenleistung«, sagte er.

»Geh einfach weiter, Dawa«, sagte Celine. »Wir kommen gleich.«

Nacheinander sah Dawa sie an, aus seinen Augen konnte Martin nichts ablesen. Der Sherpa-Anführer stieg in den tiefen Fußspuren weiter nach oben. Celine kehrte Martin den Rücken zu und setzte die nun nutzlose Maske wieder auf. Er beschloss, an ihr vorbeizugehen, und trat in Dawas Spur. Nach fünf Schritten flehten seine Lungen um Gnade, und er blieb stehen. Im hereinbrechenden Tageslicht musterte Martin das steile Schneefeld über ihnen. Es endete unterhalb einer schroffen Felswand. Glücklicherweise kamen sie um eine weitere Kletterpartie herum, denn ihre Route führte nach rechts und umrundete die Spitze, die sich dramatisch über ihren Köpfen erhob. Man konnte sie leicht für den Gipfel halten, aber Martin wusste, dass der wahre Gipfelpunkt sich weiter hinten verbarg.

Dawa war bereits am Ende des Schneefelds angekommen und querte nach rechts. Für einen Blick auf den Höhenmesser fehlte Martin die Energie, aber er meinte sich zu erinnern, dass nur noch hundert Höhenmeter vor ihnen lagen, wenn sie die Mitte dieses Schneehangs erreicht hatten. Er befand sich auf 8750 Metern. Unglaublich.

Nach dem Third Step warteten keine weiteren Schwierigkeiten mehr. Jetzt galt es lediglich, ein Bein vor das andere zu setzen, und tat er das oft genug, würde er schließlich auf dem höchsten Punkt der Welt stehen.

Der Wind kam noch immer in Böen, so als könne er sich nicht entscheiden, ob er aufbrausen oder sich ganz legen wollte. Schneeflocken tanzten vor ihnen in der Luft, aber es waren weniger als zuvor, und das Wetter wirkte insgesamt ruhiger. Martin beugte sich nach vorn und lehnte sich auf seinen Eispickel, während er verschnaufte. Jeder Schritt war eine reine Kraftanstrengung, dennoch schaffte er es auf fünf Schritte zwischen jeder Pause. Oberhalb von ihm geriet Dawa außer Sichtweite. Offenbar gab es auf dem exponierten Grat weniger Schnee, und die Verhältnisse dort waren einfacher. Hier, wo Martin sich befand, reichte der Schnee tiefer als an allen vorherigen Passagen, an einigen Stellen waren die Sherpas bis zu den Oberschenkeln eingesunken. Ohne ihre Spur wäre es ein unmöglicher Kraftakt gewesen, hier entlangzugehen.

Ein Stück hinter sich bemerkte Martin, dass Sir Richard mit Problemen zu kämpfen hatte. Der Brite machte einen Schritt, dann hing er lange an seinem Eispickel. Wenn er bis zum Gipfel durchhielt, war es ein Sieg des Willens über die Physik. Martin konnte nicht umhin, die zähe Ausdauer und die Entschlossenheit des Expeditionsleiters zu bewundern. Es gab nichts, das er zu seiner Unterstützung hätte unternehmen können. Sie alle hatten genug mit sich selbst zu tun. Seine eigene Motivation wuchs mit jedem Schritt, mit dem er dem Gipfel näher kam, er hatte keine Zweifel mehr, dass er es schaffen würde.

Sobald er den Grat erreichte, kam er spürbar leichter voran, der Schnee war vom Wind zusammengepresst, wie er vermutet hatte. Endlich war der Gipfel in Sicht. Dawa wartete einige Meter vor der kleinen Gipfelpyramide. Martin vermutete, dass der Sherpa niemandem die Ehre streitig machen wollte, den Gipfel als Erster der Gruppe zu besteigen. Es konnten nicht mehr als dreißig oder vierzig Höhenmeter sein, vielleicht waren es sogar weniger. Martin musste sich im Zaum halten, um das Tempo nicht noch weiter zu erhöhen. Er würde auf dem Gipfel stehen, zum Teufel. Er, der Skiläufer war und kein Bergsteiger.

Der Abstand betrug nun kaum mehr als hundertfünfzig Meter, also dreihundert Schritte. Vergebens versuchte Martin ausgehend von der Anzahl der Schritte pro Minute zu berechnen, wie lange es noch dauern würde. Seine Uhr war unter den vielen Bekleidungsschichten verborgen, er musste ohne sie auskommen. Stattdessen versuchte er, langsam bis sechzig zu zählen, sodass jede Zahl einer Sekunde entsprach. Unter normalen Umständen beherrschte er diese Kunst bis zur Perfektion, aber nicht in diesem Moment. Ständig verhaspelte er sich. Möglicherweise war das ein Anzeichen von Gefahr, dachte er. Doch auch dieser Gedanke verflog wieder, und er kam mit sich selbst überein, dass es eine halbe Stunde dauern würde, auch wenn er es nicht schaffte, diese Zeitangabe in die Schrittzahl pro Minute zu übersetzen. Eine halbe Stunde für einhundertfünfzig Meter.

Schritt für Schritt kämpfte Martin sich voran, fast spürte er seinen hämmernden Puls nicht, sein Blick war fest auf den Gipfel gerichtet, und er ging wie in Trance. Inzwischen musste er nach jedem zweiten Schritt pausieren statt nach jedem fünften. Als er plötzlich an Dawas Seite stand und einen anerkennenden Klaps auf die Schulter erhielt, fuhr er zusammen. Der Sherpa deutete auf die kleine Kuppe vor ihnen, auf der sich eine Schneewechte erhob.

Der höchste Punkt der Welt.

Die letzten Meter durfte er als Erster beschreiten. Der Untergrund war hart, die extremen Winde hatten den losen Schnee weggefegt. Er trat Stufen in den verwehten Schnee und nahm den Eispickel zu Hilfe. Auf dem verbliebenen Wegstück zum Gipfel gab es kein Fixseil mehr.

Martin hielt sich an den gleichen Rhythmus wie zuvor, zwei Schritte gehen, verschnaufen, wieder zwei Schritte und wieder eine Pause. Kein Gedanke durfte sich festsetzen, alles war auf die Atmung fokussiert. Plötzlich blickte er geradewegs einen Abhang hinunter. Im ersten Moment dachte er, den falschen Weg eingeschlagen zu haben. Verwirrt schaute er nach rechts und nach links, ehe es ihm klar wurde.

Er stand auf dem Gipfel des Mount Everest.

Zum ersten Mal seit längerer Zeit hob er den Kopf und schaute sich um. Alle Bilder, die er vom Gipfel kannte, hatten denselben einzigartigen Hintergrund: eine Welt voll weißer Gipfel weit unten, blau schimmernde Bergrücken, das perfekte Motiv für ein Foto, das sich die allermeisten an die Wohnzimmerwand hängen würden. Doch ringsum war alles in Weiß und Grau gehüllt. Wo er die atemberaubendste Aussicht der Welt hätte genießen sollen, war nichts als Nebel. Die Sicht betrug kaum mehr als dreißig Meter. Ihre Expedition würde in dieser Hinsicht die Ausnahme bilden, denn niemand bestieg ansonsten den Everest bei schlechtem Wetter.

Einige kräftige Böen zwangen ihn auf die Knie. Er dachte zurück an das erste Mal, als sie unten im Rongbuk-Tal einen Blick auf den Everest geworfen und gesehen hatten, wie sich der Jetstream wolkenförmig um den Gipfel wand.

Er saugte das Gefühl in sich auf. Auf der Spitze des Everest, er, der Skiläufer. Das Erreichen eines Berggipfels hatte etwas Besonderes an sich, es war etwas Konkretes, Messbares. Eine schier unendlich lange Skitour zu vollenden, hinterließ dagegen manchmal einfach ein Gefühl der Leere.

Celine fiel neben ihm auf die Knie und reckte die Arme in den Himmel. Sie umarmten sich. Martin verspürte eine feierliche Stimmung, an der Grenze zum Pathetischen.

»Gratulation, ich wusste, du schaffst es!«, rief er in Celines Ohr. Er war unsicher, ob sie ihn durch die Maske hörte. Sie erwiderte nichts, sondern drückte ihn noch fester an sich. Dann drehte er sich zu Dawa um, nahm die Maske ab und jubelte: »Wir haben es geschafft!«

Dawa hob abwehrend die Hände. »Wir sind erst bei der Hälfte. Der gefährlichste Part steht uns noch bevor.«

Der Freudentaumel überwog die Warnung des Sherpas, aber Dawa hatte recht. Die meisten starben beim Abstieg.

Jetzt musste er aber unbedingt dieses Foto schießen. Runter mit dem Rucksack, auch die Sauerstoffmaske zog er ab. Aus dem oberen Fach des Rucksacks holte er eine norwegische Flagge und faltete sie auseinander. Ein Windstoß drohte sie ihm zu entreißen, aber er hielt sie mit beiden Händen fest und kniete sich auf die kleine Flagge, während er nach der Kamera kramte. Celine nahm sie entgegen und wich einige Schritte zurück. Martin spannte die Fahne zwischen den Händen und hielt sie hoch in die Luft, das klassische Everest-Gipfelmotiv. Er probierte sich an einem Siegesgrinsen, es war ein glücklicher Moment des Triumphs.

Celine signalisierte ihm, verschiedene Posen einzunehmen, während sie nach dem bestmöglichen Winkel suchte. Ihm wurde klar, dass er sie aufhalten musste, von allein würde sie nie aufhören. Als er schließlich die Kamera wieder an sich nahm, packte sie ihre gesamte Fotografentasche aus dem Rucksack und ging auf die Knie, um das Objektiv zu wechseln. Der Anblick, wie sie dort ohne Handschuhe und Sauerstoff mit der Kameraausrüstung hantierte, ließ Martin nervös werden. Er zerrte sie auf die Beine, schnappte sich die schwere Kamera und schob Celine auf die Gipfelwechte. Wie sie dort mit über den Kopf erhobenen Händen stand, wirkte sie glücklich auf Martin, vielleicht zum ersten Mal während ihrer Expedition. Nachdem er einige Bilder geknipst hatte, gab er ihr die Kamera zurück, und sie besah sich sofort die Resultate.

»Nicht schlecht«, meinte sie anerkennend, während Martin ihr über die Schulter schaute.

Er starrte immer noch auf das Display, als Manuela auf ihn zustürmte und die Arme um ihn schlang. Kurz fürchtete er, sie verlören das Gleichgewicht und stürzten die vielen Kilometer entlang der Südwand ab. Es gelang ihm jedoch, sich schwer in den Schnee plumpsen zu lassen, Manuela halb auf ihm sitzend. Auch sie hatte ihre Sauerstoffmaske heruntergezogen. »War jemand hier?«, fragte sie atemlos.

Martin schob sie behutsam von sich herunter und rappelte sich auf. Auf dem Grat, der von der gegenüberliegenden Seite, aus Nepal, hinaufführte, waren keine Spuren zu erkennen. Er deutete nach unten. »In den letzten Stunden war hier niemand, und es liegt kein Seil. Ich schätze, du bist die Erste.«

Noch einmal warf sich Manuela an seinen Hals. Im nächsten Moment erhielten sie eine riesige Umarmung von Mark, der ihnen etwas Unverständliches ins Ohr brüllte und einen kleinen Kriegstanz vollführte.

Die Gipfelfotos mussten auf der obersten Spitze der Schneewechte gemacht werden, auch wenn das trübe Wetter dafür sorgte, dass auf den Bildern niemand erkannte, an welchem Ort sie sich befanden. Zuerst knipste Martin Manuela und

Mark zusammen, danach jeden einzeln. Beide hatten Flaggen ihrer Länder dabei, die sie hoch über ihre Köpfe hielten.

Dawa beteiligte sich nicht an der allgemeinen Euphorie, sondern hielt Ausschau nach Sir Richard, der sich auf dem Gipfelgrat langsam näherte. Martin ging zu Dawa und streckte ihm die Hand entgegen. Der ergriff sie und drückte zu, mit einem Lächeln, das nicht bis zu den Augen reichte. »Die Zeit wird knapp«, sagte er düster.

Martin warf einen Blick auf seine Uhr unter den vielen Bekleidungsschichten. Kurz vor acht. Sie hatten die Strecke vom High Camp bis zum Gipfel in etwa acht Stunden zurückgelegt, ohne Zweifel eine gute Leistung. Hielten sie auf dem Rückweg ein hohes Tempo, sollte ihnen nichts passieren. »Ich kann auf Sir Richard warten«, bot Martin sich an. Er wusste nicht, warum, aber ihm war noch nicht danach, wieder abzusteigen. Das Gefühl, auf dem Dach der Welt zu stehen, war so mächtig, dass es ihn fast überwältigte. Ihm war bewusst, dass er es nie wieder erleben würde.

Dawa überlegte lange. Er kickte einige kleinere Eisstücke in Sir Richards Richtung. »Okay«, willigte er schließlich ein. »Gib den anderen Bescheid, dass sie sich für den Rückweg bereit machen sollen.«

Celine hatte erneut das Kameraobjektiv gewechselt, Martin kapierte beim besten Willen nicht, wozu. Überall ringsum schwamm eine trübe Suppe, die sich kaum für eine Veröffentlichung im *National Geographic* eignete. Mit der rechten Hand griff er nach ihrem Arm und deutete mit der anderen auf den dichten Nebel. »Für das hier setzt du dein Leben aufs Spiel. Pack jetzt zusammen und mach dich auf den Weg.«

Im selben Augenblick vollzog sich eine magische Verwandlung, als hätte ein Zauberer einen Vorhang zur Seite geschoben. Die Wolkendecke, die den Gipfel eingehüllt hatte, brach auf, und innerhalb von Sekunden badeten der Gipfel und der Rest des Himalaya in strahlendem Sonnenlicht.

Martin ließ Celines Arm los, völlig gebannt von der bezaubernden Aussicht, und holte seine eigene Kamera aus dem Rucksack. Er stellte den Videomodus ein und schwenkte die Kamera langsam um dreihundertsechzig Grad. Dann, ebenso plötzlich, wie sie aufgebrochen waren, zogen sich die Wolken wieder zusammen, und der Nebel war ebenso dick wie vorher.

»Un-fucking-fassbar«, murmelte Mark andächtig.

»Genau das ist es wert, sein Leben aufs Spiel zu setzen«, sagte Celine zu sich selbst. Ihr Mund stand offen, als wäre sie gerade Zeugin eines wahrhaftigen Wunders geworden.

»Wir müssen jetzt los«, brach Dawa den Bann. »Martin bleibt hier und wartet auf Sir Richard.«

Sir Richard stützte sich mit beiden Händen auf den Eispickel, vor ihm lagen nur noch wenige Meter. Er starrte gedankenlos auf den Boden.

»Komm schon«, versuchte Martin ihn durch die Maske zu motivieren.

Der Brite löste den Eispickel aus dem Schnee und machte zwei schnelle Schritte bergauf, er taumelte von einer Seite zur anderen. Mit einem großen Satz war Martin bei ihm und bekam ihn zu fassen, ehe er stürzte. Er griff Sir Richard unter die Arme und schleifte ihn geradezu auf die Gipfelwechte, wo er ihn sanft niederließ. Der Expeditionsleiter lehnte sich im Sitzen zurück und schloss die Augen. Mühsam hob er die Hände und setzte die Sauerstoffmaske ab. Sein Gesicht hatte dieselbe graue Farbe wie der Nebel.

»Ich mache das obligatorische Gipfelfoto von dir«, sagte Martin mit heruntergezogener Maske. »Warte kurz.«

Martin setzte seinen Rucksack wieder ab und regelte die Sauerstoffzufuhr von vier auf zwei herunter. Die Flasche war deutlich mehr als halb leer. Er musste so schnell wie möglich nach unten. Er nahm die Kamera aus seinem Rucksack, und mit festem Griff unter der Achsel hievte er Sir Richard in eine stehende Position. Selbst mit Rucksack war der Brite erschreckend leicht. Martin schob ihn ein Stück höher auf die Wechte, sodass man erkennen konnte, dass er auf der Spitze von etwas stand. Die Sauerstoffmaske war Martin beim Fotografieren im Weg, also setzte er sie ab. Sir Richard hob die Hände über den Kopf, während Martin drauflosknipste, anschließend schoss er noch einige Nahaufnahmen. Es kam ihm vor, als fotografiere er eine Leiche. Nach der Anstrengung setzte sich Sir Richard augenblicklich wieder in den Schnee. Seine Maske baumelte ihm um den Hals.

»Hoch mit dir, wir müssen runter vom Berg«, drängte Martin und packte den Arm des Briten.

»Ich bleibe hier«, sagte Sir Richard.

Verdutzt lockerte Martin den Griff und starrte den Expeditionsleiter an.

»Du hast mich gehört«, insistierte Sir Richard. »Ich bleibe hier. Auf dem Gipfel.«

»Zwing mich nicht dazu, dich nach unten zu tragen.«

Sir Richard lächelte. »Nichts, was mich dort unten erwartet, hat noch eine Bedeutung für mich.«

»Warum wolltest du überhaupt hierher? Du warst doch schon einmal hier oben.«

»Nein, war ich nicht«, erwiderte Sir Richard. Als Martin ihn entgeistert ansah, senkte er seinen Blick und starrte in das Nebelmeer. »Ich habe die Welt zwanzig Jahre glauben lassen, ich sei auf dem Gipfel gewesen. Dabei bin ich auf 8700 Metern umgekehrt. Einige wenige Personen hatten einen starken Verdacht, aber ich habe wie ein Löwe gegen ihre Behauptungen angekämpft. Zwanzig Jahre lang habe ich mit dieser Lüge gelebt und mit der Scham. Kein anderes Gefühl zerfrisst einen innerlich so sehr wie die Scham.« Seine Stimme klang kraftvoll. Er richtete den Blick wieder auf Martin. »Kannst du dir einen passenderen Ort zum Sterben vorstellen, mit meinem Leben, meiner Geschichte? Ich gebe mich auf dem Gipfel geschlagen.«

»Manche von den Teilnehmern der letzten Expedition haben sich standhaft geweigert, dir zu glauben, nicht wahr?« Sir Richard nickte. »Wusstest du, dass einer von ihnen Celines Vater ist?«, fragte Martin.

»Natürlich. Sie kann sich nennen, wie sie will, die Ähnlichkeit ist unverkennbar.«

»Hast du das hier geplant, oder ist es eine spontane Eingebung?«

»Welche Rolle spielt das? So oder so ist es das Richtige.«

Resigniert breitete Martin die Arme aus.

»Entweder du gehst jetzt«, sagte Sir Richard, »oder du setzt dich neben mich. Aber vielleicht hast du das Gefühl, noch unvollendete Dinge vor dir zu haben.«

Sie blickten sich tief in die Augen. Erschöpfung machte sich in Martin breit, und es erschien verlockend, sich einfach in den Schnee zu setzen und die Augen zu schließen. Ein grelles Licht weckte ihn aus seiner Reglosigkeit. Von Neuem riss die Wolkendecke an einigen Stellen auf, und nach Tibet im Norden hin offenbarte sich ihnen ein blau schimmernder Bergrücken nach dem anderen. Dort unten lag die Welt, und es war ihm, als drangen deutliche Rufe zu ihm herauf.

»Ich komme«, rief er zurück.

Verwundert sah Sir Richard ihn an.

»Danke für die Reise«, sagte Martin und reichte ihm die bloße Hand. Er spürte dieselbe Vogelklaue, die er im Hotel in Kathmandu gedrückt hatte. Damals hatte er dem Tod die Hand gegeben.

»Das klingt schon besser«, antwortete Sir Richard. »Die Fotos auf deiner Kamera könnten wertvoll werden, glaube ich.«

»Was soll ich mit ihnen machen?«

»Mach dir darüber keine Gedanken, ich habe ein Testament. Geh jetzt.«

Martin nickte ein paarmal, ehe er die Sauerstoffmaske wieder über sein Gesicht zog. Dann machte er kehrt und ging mit langen, vorsichtigen Schritten abwärts.

Eigentlich hatte er beschlossen, sich nicht noch einmal umzudrehen, aber er tat es trotzdem. Sachte hob der Brite die Hand zu einem letzten Gruß. Martin erwiderte den Gruß, ehe er seinen Weg nach unten fortsetzte.

»Wo ist Sir Richard?« Celine saß am oberen Ende des Schneehangs, der hinunter zum Third Step führte. Sie stand auf, als Martin herangerutscht kam. Ihre Sauerstoffmaske hatte sie anscheinend im Rucksack verstaut.

»Er hat uns gebeten, schon einmal vorzugehen.« Martin zog die Maske herunter, sah Celine aber nicht an, als er es sagte.

»Sollten wir nicht auf ihn warten, falls er Hilfe braucht? Er ist völlig erschöpft.«

Martin packte sie am Arm und schob sie vor sich her. »Du sollst auf niemanden warten. Uns läuft die Zeit davon, dir läuft die Zeit davon. Los jetzt.«

Celine begnügte sich damit, nur den Karabiner ins Kletterseil einzuhängen, er war ihre einzige Absturzsicherung. Sie hielt den Haken mit der linken Hand fest und nutzte den Eispickel in der rechten Hand als Stütze. Solange sie nur einen steilen Schneehang abstiegen, war das in Ordnung, also folgte Martin ihrem Beispiel. Sie hielten sich in den tiefen Fußspuren und blieben auf dem Weg nach unten kein einziges Mal stehen.

Er versuchte auszurechnen, wie viel Sauerstoff noch übrig war. Nach seiner Schätzung würde er ihm in etwa einer Stunde ausgehen. Über 8700 Meter ohne zusätzlichen Sauerstoff – vielleicht hätte er Sir Richards Flasche einstecken sollen, aber hätte er es überhaupt fertiggebracht, den Rucksack eines sterbenden Mannes auszuräumen? Wahrscheinlich nicht.

Seit mehreren Stunden hatte er nun nichts mehr getrunken. Im Gipfelrausch hatte er es schlicht vergessen. Sein Körper fühlt sich schlaff und kraftlos an, die Energie, die er oben am

Gipfel verspürt hatte, war verschwunden. Mechanisch ging er hinter Celine her, und er merkte, dass er unaufmerksam wurde. Gleichzeitig folgten die Windstöße immer dichter aufeinander, und sie mussten die Eispickel zu Hilfe nehmen, um nicht umgeweht zu werden. Martin heftete den Blick auf Celines Rucksack und konzentrierte sich darauf, ihm zu folgen. Die große Kapuze, die Skibrille und die Sauerstoffmaske machten den Tunnelblick komplett. So hätte er beinahe übersehen, was wenige Meter rechts von ihm auftauchte. Nur aus dem Augenwinkel nahm er etwas Rotes wahr und hielt sofort an.

Eine Gestalt in einer roten Daunenjacke kauerte zusammengekrümmt im Schnee. Martin zog einmal kräftig am Seil, sodass Celine stehen blieb und sich umdrehte. Er klinkte sich aus dem Seil und kroch die kurze Strecke durch den Tiefschnee zu der Gestalt. Martin bekam die Schulter zu fassen, woraufhin Mark langsam den Kopf hob.

»Du kannst hier nicht sitzen bleiben«, sagte Martin über die Maske hinweg.

Mark murmelte irgendwas in seine eigene Maske, und Martin zog sie ihm herunter.

»Ich muss mich nur kurz ausruhen«, wiederholte Mark.

»Dann stirbst du. Komm auf die Beine.« Martin rüttelte an ihm, doch Mark reagierte nicht. Schließlich öffnete Martin dessen Rucksack und kontrollierte die Sauerstoffzufuhr. Sie stand auf vier, aber die Flasche war leer. Mark war die ganze Zeit bei maximalem Verbrauch gelaufen, bis nichts mehr übrig war. Was Martin nicht wirklich überraschte.

Celine kniete sich mit einer Thermoskanne vor Mark. »Hier, trink.«

Mark schüttelte nur schwach den Kopf. Ungeduldig zerrte Martin ihm die Maske herunter, zog die leere Sauerstoffflasche aus dem Rucksack und warf sie in den Schnee. Danach setzte er seinen eigenen Rucksack ab, holte den Sauerstoffbehälter heraus und packte ihn in Marks Rucksack, ehe er ihm seine eigene Maske überstreifte. Mark saß reglos da, er half weder mit noch leistete er Widerstand.

»Das ist sinnlos«, sagte Celine.

»Celine, du musst ihm etwas zu trinken geben«, drängte Martin sie. Dann griff er zu seiner eigenen halb vollen Thermoskanne und versuchte selbst, etwas von dem lauwarmen Wasser herunterzubekommen, auch wenn es ihm zuwider war. Er probierte es mit winzigen Schlucken, während Celine ihre Kanne an Marks Mund hielt. Das meiste Wasser rann über das Kinn des Amerikaners und tropfte auf die Sauerstoffmaske, die ihm auf Brusthöhe hing.

Als ein kräftiger Windstoß drohte, Martin rücklings den Schneehang hinunterzuwehen, gab er den Versuch auf, etwas zu trinken. Er verstaute die Thermoskanne in der großen Tasche seiner Daunenjacke und stieß Celine an. »Gib ihm den Sauerstoff und hilf mir, ihn auf die Beine zu stellen.«

Es schien, als hätten die Sauerstoffzufuhr und das Wasser Marks Lebensgeister geweckt, oder es lag schlicht daran, dass er wieder auf zwei Beinen stand. Martin ahnte zwar nicht, wie der Amerikaner es schaffte, aber es gelang ihm, einen Fuß vor den anderen zu setzen, bis sie zurück am Seil waren.

So liefen sie weiter bergab, Celine voran und Mark in der Mitte, jetzt allerdings sehr viel langsamer. Mark torkelte bei jedem Schritt, und hätten seine Beine nicht bis zu den Knien im Schnee gesteckt, wäre er mehrmals gestürzt.

Als sie die Felsvorsprünge erreichten, die den Third Step bildeten, warf Martin einen Blick über die Kante. »Schaffst du es da runter?«, fragte er Mark, der mit leerem Blick in den Nebel starrte. Dann drehte Mark sich langsam zu ihm um und nickte mehrmals.

Martin sah erneut nach unten. Er musste sich eingestehen, dass es zwecklos war. Der problematische Abschnitt bestand aus nicht mehr als sieben oder acht Metern, die Wand war nicht komplett senkrecht, aber sie erforderte Konzentration, und man musste Kraft aufbringen, um runterzukommen, ohne abzustürzen. Nicht für eine Sekunde traute er Mark diesen Abstieg zu. Er schaute seinen Kameraden prüfend an. Mit der Ausrüstung wog der Amerikaner gut und gerne über hundert Kilo. Schaffte er es, ihn für die wenigen Meter auf dem Rücken zu tragen? Zugegeben, der Gedanke war lächerlich, aber gab es eine andere Möglichkeit?

Ehe er etwas unternehmen konnte, tauchte Dawa unter ihnen auf. Er warf ihnen ein zusätzliches Seil nach oben, und Celine fing es auf. Mit ausschweifenden Handbewegungen bedeutete der Sherpa Celine, was sie tun sollte, und offenbar begriff sie sofort. Martin ging auf die Seite und hielt Mark fest, damit er nicht von einer Windbö erfasst wurde. Er bekam nicht wirklich mit, was genau Celine tat, außer dass sie das neue Seil irgendwo verankerte, bevor sie das Seilende durch einen Haken an Marks Klettergurt und zurück zu sich selbst führte. Offenbar wollte sie Mark abseilen.

Dann gab Celine Martin ein Zeichen, Mark nach vorn zu schieben. Der Sauerstoff schien Mark neue Energie verliehen zu haben, und er begab sich vorsichtig rückwärts über die Kante, beide Hände fest am Seil. Sein Blick war starr auf Celine gerichtet, die ihn behutsam am zusätzlichen Sicherungsseil hinunterließ. Unten nahm Dawa ihn entgegen und setzte ihn in den Schnee, während auch Martin und Celine am Seil nach unten glitten.

In langsamem Tempo setzten sie ihren Abstieg fort, Mark ging nun zwischen Dawa und Celine. Mehrmals schwankte er und war kurz davor zu stürzen, aber jedes Mal packte

Celine seinen Rucksack und hielt ihn aufrecht. Auf der Leiter am Second Step würde niemand Mark sichern können, wurde Martin klar. Ebenso wenig auf den schmalen Absätzen, die weiter unten folgten. Marks einzige Chance bestand darin, dass Dawa einen cleveren Einfall hatte.

Plötzlich tauchte im Schneetreiben vor ihnen eine weitere rote Jacke auf. Manuela saß zusammengekrümmt im Schnee und hatte den Kopf vom Wind abgewandt. Sie zeigte keinerlei Reaktion, bis Dawa auf ihre Schulter klopfte.

Martin erkannte die Art, wie sie dasaß, wieder. Er kniete sich vor sie und blickte ihr in die Augen. »Du darfst dich nicht hinsetzen, das ist dein Tod.«

Manuela nickte geistesabwesend, stand aber nicht auf. Martin nahm sie an der Hand und zog sie hoch. Verwirrt sah sie sich um und schaute zu Dawa und Mark, der von Celine gestützt wurde. *Sie fragt nicht nach Sir Richard*, dachte Martin. *Ein schlechtes Zeichen*. Er überprüfte ihre Sauerstoffflasche. Leer. »Du hast es geschafft, jetzt gehen wir nach Hause!«, rief er ihr ins Ohr. Sie antwortete, indem sie überraschend fest die Arme um ihn legte.

Nachdem er sich aus der Umarmung gelöst hatte, schaute Martin um sich und warf erneut einen musternden Blick auf Mark. Seiner Körpersprache nach war er etwas lebhafter, denn der Amerikaner stand mit geradem Rücken, nicht mehr halb gebückt, und es hatte den Anschein, als sauge er den Sauerstoff gierig ein. Martins Sauerstoff. Lange würde er nicht mehr reichen.

Celine wandte sich an Martin. »Sir Richard kommt nicht, oder?«

»Nein.«

»Wer leitet jetzt die Expedition?« Celine stellte sich mit dem Rücken zu den anderen und sprach leise zu Martin.

Sie standen auf dem Plateau oberhalb des Second Step, nicht weit von ihnen lag der reglose Körper des Südafrikaners Fransman im Schnee. Nur mit Mühe widerstand Martin dem Drang, nachzusehen, ob der Mann noch lebte. Um nicht weiter in die Richtung des Körpers sehen zu müssen, wandte er sich ab.

Celine wiederholte ihre Frage. Obwohl es logisch war, dass sie einen Expeditionsleiter brauchten, hatte Martin keinen Gedanken daran verschwendet. »Du bist die beste Bergsteigerin«, erwiderte er.

»Auf keinen Fall. Mark und ich hassen uns, Manuela und ich können uns nicht ausstehen, und Dawa würde niemals Anweisungen von einer Frau entgegennehmen.«

»Dann wird es Dawa. Er ist ohnehin der Einzige, der uns alle lebendig nach unten bringen kann«, sagte Martin, obwohl er in Bezug auf diese Frage nichts als Gleichgültigkeit verspürte. In Bezug auf alles, wenn er ehrlich war.

Bevor Celine etwas darauf antworten konnte, stand Dawa neben ihnen. »Manuela hat keinen Sauerstoff mehr, der von Mark hält nicht mehr lange. Meine Flasche ist noch fast voll«, sagte der Sherpa.

»Meine ist leer«, entgegnete Celine.

Falls Dawa davon überrascht war, ließ er es sich nicht anmerken. Martin wusste, dass Celine bereits seit mehreren Stunden ohne Sauerstoff unterwegs war und er Dawa eigentlich darüber informieren sollte, aber er schwieg.

»Ich kann auf meinen Sauerstoff verzichten«, bot Dawa an.

Martin ahnte, worauf er damit hinauswollte. Der Sherpa überließ die Entscheidung darüber, wer die Sauerstoffflasche bekommen sollte, Celine und ihm. Entweder gaben sie sie Mark oder Manuela. Wer von beiden sollte sie bekommen, und wer sollte den Tod riskieren? Celine schwieg, an ihren Augen konnte Martin nichts ablesen, sie waren hinter der Skibrille verborgen. Es gab nur eine Lösung, dieses Dilemma zu lösen. »Dawa, du bist jetzt unser Expeditionsleiter«, sagte er.

»Na gut«, erwiderte Dawa ungerührt.

Du fragst nicht, warum. Also weißt du wahrscheinlich schon, dass Sir Richard tot ist, dachte Martin. *Du kanntest seine Pläne, deshalb hast du den Gipfel verlassen.*

»Du entscheidest, wer den Sauerstoff bekommt.«

»Ich gebe Manuela meine Flasche.« Dawa drehte sich um, aber Martin griff seinen Arm und hielt ihn zurück.

»Was ist mit Mark?«

»Ich treffe die Entscheidungen.«

»Ich frage noch mal: Was ist mit Mark?«

»Mark schafft es nicht bis nach unten, egal ob mit oder ohne Sauerstoff.«

Martin sah zu Mark, der inzwischen nicht mehr aufrecht stand, sondern sich in den Schnee gesetzt hatte, und er spürte, wie Zorn in ihm aufstieg, und das wunderte ihn. Wieso wollte er unbedingt, dass alle ihr Leben riskierten, um jemanden zu retten, der nicht zu retten war? Erneut wurde sein Blick auf die Leiche im Schnee ein Stück neben ihnen gelenkt. Er war nicht in der Lage, das Gesetz des Dschungels zu akzeptieren, die erbarmungslose Logik der Todeszone.

Währenddessen war Dawa schon dabei, seine Sauerstoffflasche an Manuela zu übergeben. Martin zog seine letzte volle

Thermoskanne heraus und kniete sich vor Mark. »Hier, trink«, sagte er und zog Marks Maske herunter.

Mit beiden Händen nahm Mark die Kanne entgegen und führte sie an den Mund. Zwar lief viel daneben, aber es schien, als bekäme er auch etwas von dem Wasser hinunter. Als er fertig getrunken hatte, stellte er die Kanne in seinen Schoß und starrte sie an. Martin nahm sie wieder an sich und trank selbst einige Schlucke.

»Bist du bereit zum Gehen?«

»Ja«, antwortete Mark überraschend kräftig.

Martin setzte ihm die Sauerstoffmaske wieder auf und überprüfte den Füllstand der Flasche. Jetzt stand auch die Nadel dieser Flasche auf null. Vielleicht half der Placeboeffekt Mark ein wenig. Als Martin ihn zum Aufstehen aufforderte, schaffte er es immerhin aus eigener Kraft auf die Beine. *Dawa, du Mistkerl, dir werde ich's verdammt noch mal zeigen*, dachte Martin.

Als hätte er in Martins Kopf geschaut, wandte Dawa sich zu ihm um. »Mark bleibt bei uns, solange er allein gehen kann. Ohne Rucksack ist es leichter, er muss ihn absetzen.«

Martin wollte schon protestieren, damit Mark die Sauerstoffflasche behalten konnte, doch er nahm sich zurück. Seit er Dawa zum Expeditionsleiter ernannt hatte, waren kaum fünf Minuten vergangen, und er hatte sich schon zweimal geweigert, seinen Anweisungen Folge zu leisten. Außerdem war die Flasche leer und der Placeboeffekt nichts weiter als eine verzweifelte Hoffnung. Also zog er Mark den Rucksack von den Schultern, auch die Sauerstoffmaske nahm er ihm ab, und ließ beides einfach in den Schnee fallen.

»Ohne Rucksack bewegst du dich leichter und schneller«, sagte Martin aufmunternd. »Okay?«

»Okay«, antwortete Mark, und Martin glaubte, den Anflug eines Lächelns im Gesicht des Amerikaners zu erkennen.

Gerade noch rechtzeitig fielen Martin die Thermoskannen in Marks Rucksack ein, und er verstaute sie rasch in den Seitentaschen seines eigenen Rucksacks. Im selben Moment fegte ein gewaltiger Windstoß über das Plateau und stieß Martin völlig unvorbereitet gegen Mark, der nach hinten umfiel. Nur mit Mühe gelang es Martin, sich auf den Beinen zu halten.

Wir müssen hier runter, und zwar sofort.

In all seinen Tagträumen und Fantasien, jedes Mal, wenn er an den Everest gedacht hatte, war es genau dieser Augenblick, diese Situation gewesen, die sich vor ihm aufgetan hatte. Wie würde er den Second Step hinabsteigen? Gut möglich, dass die Passage nicht schlimmer als viele andere war, aber dennoch war sie für ihn zu einem mentalen Hindernis geworden.

Hier stand er nun. Im Wissen, dass der Sauerstoff- und der Flüssigkeitsmangel ihn bereits stark geschwächt hatten. Außerdem hatte er sich vorgenommen, jemand anderen zu retten, jemanden, der noch schwächer war als er selbst. Eine Person, die nach der Einschätzung der erfahreneren Bergsteiger unmöglich gerettet werden konnte.

Martin nahm seine Kräfte zusammen und ging die wenigen Meter am Rand des Abhangs entlang zu Dawa. Ein Teil seines Gehirns registrierte, dass sie alle ungesichert auf dem abschüssigen Plateau umherliefen. Er wagte einen Blick in den Abgrund und spürte nach, ob sich die Höhenangst bemerkbar machte. Sie blieb aus. Vielleicht lag es daran, dass außer einer grauen Suppe aus Nebel und Wolken unter ihnen nichts zu sehen war.

»Fast unmöglich, Mark hier nach unten zu bekommen«, sagte er zu Dawa und deutete über die Kante. Sie mussten an der senkrecht abfallenden Wand schräg zur Seite klettern, um zum oberen Ende der fest installierten Leiter zu gelangen. Martin glaubte nicht, dass Mark genügend Kräfte für die Anstrengung besaß, die es erforderte, sich an der Wand entlangzuhangeln. Dawa sah ihn nicht einmal an, sondern bereitete dasselbe zusätzliche Seil vor, mit dem sie Mark schon zuvor abgeseilt hatten. Nur würde es diesmal bedeutend schwieriger werden.

Zwei kräftige Windstöße zwangen sie alle auf die Knie, sonst hätte der Wind sie über die Felskante geblasen. Inzwischen folgten die orkanartigen Böen immer dichter aufeinander und erinnerten sie daran, wie wenig Zeit ihnen blieb. Unvermittelt drehte Dawa sich um, packte Mark auf fast brutale Weise an der Jacke und zerrte ihn bis zur Felskante. Mit geübten und schnellen Handgriffen hängte er Mark ins Seil ein, während Celine ungesichert auf der anderen Seite neben Mark stand, mit dem Rücken zum Abgrund. Sie hielt ihn fest, damit er von den Windstößen nicht umgeweht wurde. Martin ging vorsichtig einige Schritte zur Seite und beobachtete sie. Er fragte sich, ob es an ihrer Guide-Ausbildung lag, dass Celine sich automatisch auch um die Leute kümmerte, die sie nicht leiden konnte.

Celines Eispickel hing an einer Schlaufe außen am Rucksack. Als sie bei der nächsten Bö einen Ausfallschritt zur Seite machte, löste sich der Eispickel und fiel hinter ihr auf den Boden. Er blieb wippend auf der Kante liegen, und der Schwerpunkt des Pickels neigte sich bedrohlich in Richtung Abgrund. In zwei langen Sätzen preschte Manuela nach vorn, um das Klettergerät vor dem Absturz zu bewahren. Bei ihrem zweiten Schritt blieb das Steigeisen ihres rechten Schuhs am linken Hosenbein der weiten Daunenhose hängen, und Manuela fiel. Kopf voraus.

Martin hatte sich beinahe im selben Augenblick in Bewegung gesetzt wie Manuela und war einen halben Schritt hinter ihr, als sie stürzte. Gerade so schaffte er es, ihre Jacke zu berühren, aber auf dem glatten Stoff der Daunenjacke fand er mit seinen Handschuhen keinen Halt.

Er sah Manuela in die Tiefe fallen. Erst ganz langsam, dann mit einer urplötzlichen Beschleunigung, von der sich nur diejenigen eine Vorstellung machen können, die schon einmal einen Fallschirmsprung von oben betrachtet haben. Ihr Körper rotierte vorwärts, beinahe in sich erstarrt, ehe sie mit dem Rücken voran weiter hinabstürzte. Ungefähr hundert Meter unter ihnen schlug sie gegen einen Felsvorsprung, an dessen Kante sie für einen Augenblick hängen blieb, dann aber sanft hinabrutschte und weiter fiel, bis sie im dichten grauen Nebel verschwand.

Martin hörte jemanden schreien, als sie gegen den Felsen stieß, er begriff nicht, dass er selbst es war. Dann spürte er, wie zwei Arme sich von hinten fest um seinen Oberkörper schlossen, doch er riss sich los. Seine Gedanken rasten, während er Manuela hinterherstarrte. Er stellte sich vor, wie ihr Körper mehrere Tausend Meter weiter hinabfiel und wie eine schlaffe Stoffpuppe immer wieder gegen die senkrechte, schwarze Felswand geschleudert wurde. Zum Schluss würde sie weit unten in irgendeiner Gletscherspalte landen.

Er starrte weiter in die endlose graue Leere unter ihnen, als erwarte er, dass sie zurückkäme, dass sie wieder aufstiege. Es war Dawa, der ihn zurück ins Hier und Jetzt holte. Mit einem entschlossenen Griff um seinen Unterarm zerrte er ihn weg von der Kante.

Zum ersten Mal meinte Martin, Furcht in Dawas Augen zu erkennen.

Die Natur hielt den Atem an, fast als gewähre sie den vieren, die noch auf dem Felsabsatz standen, einen Moment der Stille. Doch dann entfesselte sie all das Zurückgehaltene mit einem fürchterlichen Gebrüll. Martin und die anderen kauerten sich vor dem Wind zusammen, der über sie hinwegfegte. Dieses Mal ließ er nicht nach einigen Sekunden nach, und sie blieben geduckt unten, während der Wind weiter auf sie eindrosch. *Manuela fällt immer noch*, dachte Martin. *Es dauert lange, bis ihr Körper den Gletscher erreicht. Dort wird sie nie gefunden werden.*

Als der Sturm sich endlich etwas legte, sprang Dawa als Erster auf. »Wir müssen sofort nach unten, ansonsten sind wir in kürzester Zeit tot.« Der Sherpa hievte Mark auf die Beine, der angeleint an das Extraseil mit dem Rücken zum Abgrund stand. Martin fragte sich, ob er überhaupt mitbekommen hatte, was gerade mit Manuela geschehen war. Dawa sicherte Mark zusätzlich am Fixseil und stieß ihn gegen die Brust, damit er über den Felsvorsprung abstieg. Nichts passierte.

»Mach hin, du vermaledeiter Bankerarsch!«, rief Celine. »Ich habe keine Lust, wegen dir hier zu sterben.«

Fast wehte der Wind Mark über die Kante, und er behielt nur denkbar knapp die Kontrolle, als er mehr hinuntersegelte als -stieg. Dawa schaute nicht einmal nach ihm, sondern winkte Martin als nächsten heran. Mark hing wie ein schlaffer Sack im Seil, als Martin nach unten sah. Er packte Dawa am Oberarm und deutete hinab. Der Sherpa-Anführer trat bis an die Kante nach vorn und brüllte irgendetwas Unverständliches in Marks Richtung, aber der Wind verschluckte seine

Worte. Der Amerikaner hing genauso regungslos wie zuvor, nur die kräftigen Böen rüttelten an ihm.

Solange Mark ihnen den Weg versperrte, kamen sie nicht weiter. In einem aufziehenden Unwetter oberhalb des Second Step gefangen zu sein, wäre eine ausweglose Situation. Sie würden am Sauerstoffmangel und der Kälte sterben, sanft einschlummern, während sie im Schnee saßen. Genau so würde man sie in einigen Tagen finden, wenn das Wetter wieder aufklarte und neue Bergsteiger heraufkamen. Martin spürte, wie die Furcht erneut Besitz von ihm ergriff. Er warf einen Blick auf die Uhr, fast zwölf. Drei Stunden waren vergangen, seit sie den Gipfel verlassen hatten, den Großteil dieser Zeit hatte er ohne Sauerstoff verbracht. Wie lange konnte er so auf über 8700 Metern überleben?

Auf einmal stieß Mark sich mit beiden Füßen von der Felswand ab und pendelte hinüber zum oberen Ende der Leiter. Martin hielt den Atem an, während er das verfolgte, was er für Marks letzte Krämpfe hielt. Dann erreichte Mark tatsächlich die Leiter und blieb dort auf Knien liegen. Kaum eine Sekunde später gab Dawa Martin das Zeichen zum Absteigen.

Martin hatte geglaubt, unterhalb der Felskante sei der Wind schwächer. Doch das Gegenteil war der Fall. Die Böen rissen und zerrten an ihm, machten es schwierig, seine Bewegungen zu koordinieren. Für einen Sekundenbruchteil sah er sich selbst von außen, an einem acht Millimeter dicken Seil hängend, dreitausend Meter über einem unzugänglichen Gletscher. Vor seinem inneren Auge erschien das Bild von Manuela, wie sie für einen Moment an dem Felsvorsprung unter ihm hing, ehe sich ihr Körper wieder in den freien Fall begab. Ihm wurde schwarz vor Augen, er bekam keine Luft mehr. Hatte er den Atem angehalten? Die meisten Menschen hielten die Luft an, ohne sich dessen bewusst zu sein, wenn sie sich intensiv konzentrierten. Er hing kraftlos am Seil und schwang mit dem Wind zur Seite, bis er eine Stelle oberhalb der Leiter erreichte. Martin presste sich dicht an die Felswand, hier war sie nicht senkrecht, sodass er ein Knie auf einem winzigen Vorsprung absetzen konnte. Das verschaffte ihm zumindest etwas Sicherheit, wenn auch nur gefühlt. Es war ihm fast nicht möglich, sich zu bewegen, er hatte das Gefühl, einen Marathon zu laufen und dabei durch einen Strohhalm atmen zu müssen. Doch allmählich bekam er wieder Luft, und er hob den Kopf. Dawa befand sich unmittelbar über ihm und machte eine unmissverständliche Handbewegung. *Leg einen Zahn zu.* Erneut stieß er sich von der Felswand ab und ließ das Seil durch den Abseilachter nach unten gleiten, während er über die linke Schulter die Leiter anvisierte. Sie zu treffen, war einfacher, als er befürchtet hatte, allerdings landete er beinahe auf Mark, denn eigentlich bot die Stelle nicht genug Platz für zwei Personen.

Mark kniete noch immer dort und fummelte an seinem Karabinerhaken herum, um ihn unterhalb des Sicherungsankers am Kopf der Leiter einzuklinken. Martin beugte sich über ihn, um zu helfen, und bemerkte, dass Mark den rechten Handschuh ausgezogen hatte, um den Karabiner aufschrauben zu können. Er schob Marks Hand zur Seite und schaffte es, den Haken einzuhängen. »Wo ist dein Handschuh?«, brüllte er über den Wind hinweg. Mark gab keine Antwort, sondern krabbelte rückwärts auf die oberen Sprossen der Leiter. Der Handschuh war weg, so viel war Martin klar. Dasselbe würde auch für Marks Finger gelten, wenn sie nicht innerhalb der nächsten Minuten eine Lösung fanden. Mark stieg die Leiter hinab und war schnell außer Sicht. Das Letzte, was Martin sah, war eine nackte Hand, die sich um das eiskalte Metall krallte.

Sekunden später war Celine direkt über ihm. »Schnell, auf die Leiter«, sagte sie.

Auch er kroch rückwärts, während er mit den Füßen nach der obersten Sprosse suchte. Er fand sie nicht. Von oben rief Celine und deutete mit dem Finger neben ihn. Martin sah über die Schulter nach hinten und auch zwischen seine Beine, wo war die Leiter? Deutlich verärgert zog Celine ihn an seiner Kapuze. Jetzt erkannte er, dass er sich noch ein Stück neben der Leiter befand. Als er endlich mit beiden Füßen auf der obersten Sprosse stand, fühlte er sich plötzlich sicher.

Mark war schon so gut wie unten angekommen, und Celine drängte Martin, schneller abzusteigen. Hinter ihr stand Dawa und rief irgendetwas. Martin blendete alle Geräusche aus und kletterte hinab, Sprosse für Sprosse. Für einen Augenblick fragte er sich, ob die Leiter wohl vier Menschen gleichzeitig aushielt.

In der schmalen Rinne unterhalb der Leiter waren sie besser vor den beißenden Winden geschützt. Mark stand am Fuß der Leiter und starrte auf seine entblößte Hand. Die Finger waren bereits komplett weiß, aber vielleicht lag es nur am Licht, dachte Martin. Gerade als Mark Anstalten machte, weiterzugehen, hielt Martin ihn zurück. »Warte, ich habe eine Lösung.«

Er setzte seinen Rucksack ab und holte die Fleecejacke heraus. Dann nahm er den Leatherman aus dem Deckelfach, sein einziges Werkzeug seit mehr als zehn Jahren. Mit den Daunenfäustlingen konnte er ihn nicht bedienen, also zog er sie aus und gab sie Celine. Dawa blieb auf der untersten Sprosse der Leiter stehen, während sie zugange waren, denn der Platz in der schmalen Rinne reichte nicht für vier Menschen gleichzeitig. Der Sherpa rief ihnen etwas zu, aber Martin ignorierte ihn. Sein Leatherman hatte eine Schere, die er mit einiger

Mühe herausgeklappt bekam. Den dicken Fleecestoff damit durchzuschneiden, war nicht leicht, aber es gelang ihm schließlich, einen Ärmel abzutrennen. Er stülpte ihn um, sodass der Stoff zwei Schichten bildete, zwischen die er Marks nackte Hand schob, die Enden steckte er unter den Bund von Marks Jackenärmel. Den Rest der zerschnittenen Jacke stopfte Martin zurück in den Rucksack. Anschließend nahm er Marks Hand, öffnete und schloss sie mehrmals, während der bewegungslos dastand und Martin zusah. Zwar konnte Mark die Finger nicht benutzen, abgesehen davon würde es aber funktionieren. Martin setzte seinen Rucksack auf, zog seine Handschuhe wieder an und schob Mark vor sich weiter nach unten.

Die Erinnerung an einen *piteraq* geisterte in Martins sauerstoffunterversorgtem Gehirn herum, während er sich mit beiden Händen ans Seil klammerte, um nicht umgeweht zu werden. Damals hatte der Sturm die Zeltwände wie Reispapier zerrissen, und die Zeltstangen waren wie trockene Äste eingeknickt.

Was er jetzt erlebte, war mindestens ebenso schlimm. In einer Höhe von neuntausend Metern konnten Geschwindigkeiten von bis zu zweihundert Kilometern in der Stunde erreicht werden, und Martin glaubte, dass die topografischen Gegebenheiten entlang der Nordwand des Everest die Winde sogar noch weiter verstärkten.

Vorsichtig und in einem quälend langsamen Tempo querten sie über den schmalen Absatz vom Second Step zurück zum Mushroom Rock. Hätte der Wind nicht teilweise von hinten geweht, wäre es unmöglich gewesen, sich überhaupt vorwärts zu bewegen. Die Sicht war so schlecht, dass Martin in Mark hineinlief, als dieser stehen blieb. Er stieß den Amerikaner an, doch statt weiterzugehen, setzte Mark sich auf den Boden. Martin versuchte, ihn wieder nach oben zu ziehen, aber es nützte nichts. Zwischen den einzelnen Windstößen erkannte Martin die charakteristischen pilzförmigen Umrisse des Mushroom Rock, der nur wenige Meter vor ihnen stand. Noch immer befanden sie sich auf etwas über 8500 Metern. Solange sie auf dem Grat gingen, verloren sie so gut wie nicht an Höhe.

Dawa schob sich an der Felsseite an ihnen vorbei und rief ihm etwas zu, »Zustand checken«, waren die einzigen Worte, die er verstand. Also beugte Martin sich zu Mark hinunter und schüttelte ihn so stark, wie seine Kraftreserven es zuließen. »Keiner darf sitzen!«, brüllte er in sein Ohr.

»Lass mich in Ruhe«, lautete die leise Antwort des Amerikaners.

»Die Ratte in unserem Hotelzimmer in Nyalam vermisst dich.«

In Marks Gesicht zeichnete sich so etwas wie ein schwaches Grinsen ab.

Dawa ließ sich auf der anderen Seite neben Mark nieder. Er studierte sein Gesicht, danach zog er ihm den verbliebenen Handschuh und den Verband aus, den Martin improvisiert hatte, warf einen raschen Blick auf die Finger und stülpte beides wieder über die Hände, ehe er Martin signalisierte aufzustehen. »Mark schafft es nicht weiter als bis hierher«, konstatierte er.

»Wir können einen Kameraden doch nicht einfach hier sitzen lassen!«, protestierte Martin und schrie Dawa förmlich an.

»Er wird alle Finger verlieren, wahrscheinlich auch seine Zehen, sie sind der Kälte ebenso ausgesetzt. Sein Gesicht ist bereits so zerstört, dass seine Nase weggeschnitten werden muss, vielleicht sogar ein Großteil der Wangen. In diesem Zustand befindet er sich hier, auf 8500 Metern, ohne Sauerstoff. Wir können ihn nicht tragen, wir können nicht warten, mit jeder Minute wird alles schlimmer.«

»Das Wetter kann nicht noch schlimmer werden!«, rief Martin.

Dawa kam mit seinem Gesicht dicht vor Martins. »Glaub mir, das Wetter kann noch *sehr viel* schlimmer werden.«

»Was ist mit Mark?« Jetzt mischte sich auch Celine in ihr Gespräch ein.

»Dawa sagt, wir sollen ihn hier zurücklassen«, fasste Martin zusammen.

Celine beugte sich zu Mark hinunter und sah ihn an, dann schien es, als würde sie ihm irgendetwas mehrmals sagen, ehe sie sich wieder an Martin und Dawa wandte. »Er ist bei Bewusstsein, aber er kann nicht mehr. Oder er will nicht mehr. Jedenfalls sagt er, es reicht jetzt.«

»Bis ins High Camp ist es nicht mehr weit, dort gibt es Sauerstoff«, sagte Martin.

Dawa reagierte mit einem Kopfschütteln. »Erst in Camp 2 gibt es wieder Sauerstoff. Tenzing und Pemba hatten die Aufgabe, die Flaschen hoch ins Camp 3 zu tragen, aber in diesem Wetter? Ich bin sicher, sie sitzen in Camp 2 fest.«

Martins Mut schwand. Er war sicher gewesen, dass die Zelte in Camp 3 ihre Rettung waren. Der Weg bis auf 7900 Meter, bis sie die Todeszone verließen, fühlte sich unendlich weit an. Dawa holte eine Thermoskanne hervor und hielt sie ihm vors Gesicht. Er brauchte Wasser, aber allein der Gedanke ans Trinken bereitete ihm Übelkeit. Langsam griff Martin mit beiden Händen nach der Kanne, und Dawa schraubte ihm den Deckel ab. Einige wenige Schlucke zwang er herunter, fürchtete aber die ganze Zeit, dass er sie sofort wieder erbrechen würde.

Danach wollte Martin auch Mark etwas zu trinken geben, doch Dawa hielt ihn zurück. »Das hat keinen Zweck.«

Während Celine und Dawa sich bereit machten, weiterzugehen, setzte Martin sich noch einmal vor Mark in die Hocke. »Ein Stück schaffst du es noch«, sagte er. Es war seine Absicht gewesen, es wie ein Befehl klingen zu lassen, aber selbst in seinen eigenen Ohren hörte es sich jämmerlich flehend an. Mark sah ihn mit trägen Augen an. Dann hob er seine umwickelte Hand und streckte sie Martin entgegen. Martin zog seinen Handschuh aus, nahm Marks Hand und hielt sie einen Moment fest. Im selben Augenblick, in dem Martin spürte, wie jemand kräftig an der Kapuze seiner Jacke riss, verschwand Marks Gesicht unmittelbar vor ihm im Schneetreiben. Er konnte nicht länger sitzen bleiben und Marks Hand halten, also drückte er sie kurz und stand auf. »Leb wohl«, murmelte er und war froh, dass niemand es hören konnte.

Nach einigen Metern drehte er sich um und warf einen letzten Blick auf Mark. Zwischen den Windböen konnte er sehen, dass sein verlorener Kamerad ihm mit den Augen folgte. Er spürte sie selbst dann noch auf seinem Rücken, als er einen Felsen umrundet hatte und außer Sicht war.

Sich hinzusetzen und auszuruhen, wenigstens für einen kurzen Augenblick, war alles, wonach er sich sehnte. Aber wenn er es tat, wäre das sein Ende, so viel wusste er.

Beinahe blind tastete er sich weiter voran. Der Wind musste gedreht haben, denn jetzt blies er zum Teil von vorn. Ohne Sicherung wäre es nicht möglich gewesen, sich zu bewegen, er wäre abgestürzt. Manchmal machte er Schatten vor sich aus, andere Male sah er nichts als Weiß. Ihm wurde bewusst, dass sich eine Menge Eis auf seiner Skibrille festgesetzt hatte, und die Sicht wurde besser, als er sie etwas nach oben schob und darunter hindurchblickte. Er unternahm einen missglückten Versuch, das Eis mit dem Handschuh abzukratzen, ehe er die Brille ohne ein Zögern einfach über den Kopf hielt und sie dem Wind überließ. Eine Entscheidung, die er augenblicklich bereute. Der Wind peitschte gegen seine Stirn und die Augen, die er vor dem Schnee zusammenkneifen musste, und er sah noch weniger als zuvor. »Du Idiot«, verfluchte Martin sich selbst. Solche Fehler kosteten Bergsteiger am Everest das Leben.

Mit geschlossenen Augen tappte er weiter am Seil entlang, dabei setzte er die Füße vorsichtig auf den Boden, wohl wissend, dass der Pfad nicht breiter als ein einzelner Fuß war. Dafür sah er aber auch den Abgrund direkt neben sich nicht, das war immerhin etwas. Bei jedem Sicherungspunkt musste er seine Augen ein Stück öffnen, um die beiden Karabiner, mit denen er im Seil hing, in den nächsten Abschnitt einzuhängen. Seine Augen schmerzten. Er war schlicht und ergreifend am Ende seiner Kräfte. Der Drang, sich einfach in den

Schnee zu setzen, wurde immer stärker. Wenn er sich doch nur ausruhen könnte, wenigstens ein bisschen. Hin und wieder erfassten ihn Hitzewallungen, und in ihm stieg das heftige Verlangen auf, die schwere Daunenjacke auszuziehen, um sich ein wenig zu erfrischen. Er registrierte es, verspürte aber keine Angst, sondern konstatierte lediglich, dass das Unausweichliche immer näher rückte.

Für einen Moment kehrte er dem Wind den Rücken zu und öffnete die Augen etwas weiter. Sie befanden sich auf einem schmalen Absatz, möglicherweise war es der an der Spitze des First Step. Es schien Ewigkeiten her zu sein, dass er die glatte Wand nach oben gekraxelt war, aber mehr als zehn Stunden konnten seitdem nicht vergangen sein. Oder vielleicht zwölf, er wusste es nicht, er war nicht in der Lage, es auszurechnen.

Erneut schwenkte Dawa eine Thermoskanne vor seinem Gesicht, die Martin zur Seite schob, aber der Sherpa gab sich nicht geschlagen. Martin zwang sich noch einmal dazu, einige kleine Schlucke zu trinken, und gab die Kanne zurück, bevor er riskierte, sich zu übergeben.

Dawa bereitete sich zum Abseilen vor.

»Ich seile mich als Erster ab«, meldete sich Martin unvermittelt. Zwar glaubte er, die anderen hätten ihn nicht gehört, aber niemand hinderte ihn, als er das Seil durch den Abseilachter führte und sich an die Kante stellte. Im heulenden Wind und dem heftigen Schneetreiben waren die beiden anderen auf dem Absatz schon nach wenigen Metern nicht mehr zu sehen. Am Seil spürte Martin jedoch, dass sich einer der beiden anderen direkt nach ihm abseilte, was alles erschwerte. Ein kleiner Zornesfunken stob in ihm auf – es war unnötig, die Dinge schwieriger zu machen, als sie ohnehin schon waren –, aber die Glut erlosch rasch wieder. Denn selbst ihm war klar, dass die Zeit inzwischen der einzig entscheidende Faktor war.

Martin musste das Seil finden, in das er sich nach dem Abseilen einhaken sollte. Vom Fuß der Felswand verlief es schräg nach rechts. Auf keinen Fall durfte er zu weit nach unten gleiten, am gelb-grünen Fixseil vorbei, sonst würde er aus dem Seil fallen, in dem er jetzt hing, und hilflos auf den Gletscher in der Tiefe stürzen. Die Angst, die auf diesen Gedanken folgte, ließ ihn nach Luft schnappen, obwohl es keine gab. Mit geschlossenen Augen presste er sich dicht an die Felswand.

Im dichten Schneewetter konnte derjenige, der über ihm abstieg, nichts sehen und stemmte mit großer Kraft ein Steigeisen auf Martins Schulter. Zwei Zacken glitten widerstandslos durch den Stoff seiner Jacke und das Netzshirt und drangen in eine Stelle hinter seinem Schlüsselbein ein. Der Schmerz fuhr durch seinen gesamten Körper, und er spürte etwas Warmes seinen Rücken herunterrinnen. Aber er schaffte es nicht, zu schreien, er hatte nicht genügend Luft. Als der Fuß wieder herausgezogen wurde, stieß er dennoch einen Laut aus, der aus seinem tiefsten Inneren zu kommen schien.

Eine offene Wunde.

Er blieb still am Seil hängen, während in seinem Kopf zwei Gedanken miteinander rangen: *Ich bin am Ende. Ich schaffe das. Ich bin am Ende. Ich schaffe das.*

Die Person über ihm klopfte ihm mit der stumpfen Seite des Eispickels auf die andere Schulter. Beweg dich, lautete die unmissverständliche Botschaft. Zorn wallte in Martin auf. Wäre sein eigener Eispickel nicht außen am Rucksack befestigt gewesen, hätte er ihn in das Bein des Arschlochs über sich gerammt. Durch das Adrenalin gelang es ihm, wieder Halt mit den Füßen zu finden, und er pendelte ein wenig zu beiden

Seiten, bis er das Knäuel aus alten Kletterseilen ausfindig gemacht hatte. Er orientierte sich an den alten Seilen nach unten, bis sie durch einen Schneeanker liefen und von dort neunzig Grad nach links abbogen. Mechanisch löste er sich aus dem Abstiegsseil, an dem er sich gerade heruntergelassen hatte, und klinkte sich ins Fixseil ein. Er wartete nicht auf seine beiden Kameraden, sondern setzte den Rückweg über einen nun etwas breiteren Felsabsatz fort. In seiner Schulter pochte der Schmerz, aber gleichzeitig verspürte er einen neu entfachten Wagemut. Er hatte den First Step passiert, jetzt ging es auf direktem Weg bergab, und in ein paar Stunden konnte er im High Camp in ein Zelt kriechen.

Martin starrte mit gläsernen Augen auf die Uhr. Der Sekundenzeiger glitt gleichmäßig über das Zifferblatt, ohne zu stocken. Sein Blick blieb unbeweglich darauf haften, während seine Gedanken vor sich hintrieben. »Reiß dich zusammen, reiß dich zusammen«, murmelte er sich selbst zu. »Steh auf, hoch mit dir.«

Die Uhr zeigte vier Uhr an. Die Zeit ließ sich nicht anhalten, er musste etwas unternehmen. Neben ihm lag eine leere Thermoskanne. Eine weitere leere Kanne befand sich im Rucksack. Hatte er sie ausgetrunken? Er meinte, sich daran zu erinnern, Marks Kannen eingesteckt zu haben, aber er fand sie nicht. Vielleicht hatte er sie an irgendeiner Stelle verloren? Bald würde es dunkel werden. Er musste weiter.

Allein das Aufstehen verlangte ihm gewaltige Kräfte ab. Warum hatte er sich vom Seil entfernt? Damit riskierte er, nicht zurückzufinden. Bruchstückhaft fiel ihm ein, dass er sich nicht mitten in die Spur hatte setzen wollen, da die anderen sonst Schwierigkeiten gehabt hätten, an ihm vorbeizukommen. Also hatte er sich unter einen Vorsprung gesetzt, der ihm ein wenig Schutz bot. Seine Schulter schmerzte fürchterlich, er hatte eine Pause gebraucht.

Vielleicht waren die beiden anderen schon vorbeigegangen, vielleicht nicht. Es spielte keine Rolle. Martin stand auf und taumelte einige Schritte hinab, fand Halt mit den Füßen, rechnete aber jeden Moment damit, ins Leere zu treten. Dann spürte er das Fixseil an seinem linken Oberschenkel, es verlief stramm gespannt zwischen zwei Felsen. Mit unbeholfenen Bewegungen hakte er sich mit den Karabinern ein, ehe er weiter nach unten stieg.

Dawa hatte recht gehabt. Das Wetter konnte sehr wohl schlimmer werden. Jetzt blies der Wind schräg von vorn. Bei den heftigsten Böen kam er nicht mehr voran und musste sich stattdessen zusammenkauern, um nicht nach hinten umgeworfen zu werden. Der einzige Grund, weshalb er überhaupt weiterkam, war der steil abfallende Hang. Wenn er sich im freien Fall befand, konnte ihn selbst der Wind nicht aufhalten. Wieder schob sich der Anblick der abwärts trudelnden Manuela vor sein inneres Auge, doch es gelang ihm nicht, es zu verdrängen.

Die Sicht war gleich null, egal ob er die Augen zusammenkniff oder nicht. Wie ferngesteuert folgte er dem Seil, während er es doppelt durch die Karabinerhaken gleiten ließ, um nicht abzustürzen. Bei jedem Schritt trat er die Steigeisen fest in den Boden. Jeder Schritt bergab war ein Schritt in Richtung Sauerstoffnachschub.

Ein plötzlicher Gedanke ließ ihn abrupt innehalten. Was, wenn er geradewegs am Camp 3 vorbeimarschierte? Er lief noch immer mit zusammengekniffenen Augen, und das Einzige, das er hin und wieder erahnte, waren seine eigenen Beine. Womöglich hatte er das Lager bereits verpasst? Noch mal dorthin aufzusteigen, war unmöglich.

Er versuchte, nachzudenken, während eine Orkanbö ihn dazu zwang, ein Knie auf den Boden zu setzen. Für eine Weile war es so steil bergab gegangen, dass er nahezu unkontrolliert nach unten geschlittert war. Es konnten nur die Exit Cracks gewesen sein. In welche Richtung er anschließend gelaufen war, ahnte er nicht. Alles sah gleich aus, und die Umgebung unterschied sich komplett von der, durch die sie im Dunkeln aufgestiegen waren. Als der Wind sich für einen Moment legte, verharrte er in derselben Position wie zuvor und blickte sich blinzelnd rundum. Dort war nichts. Oder? Irgendetwas versuchte, zu ihm zu sprechen, es prickelte unter seiner Haut.

Was war es, das er nicht sah? Sachte drehte er sich um die eigene Achse.

Gerade richtete er sich auf, um weiterzugehen, da registrierte er die schwachen Fußspuren zu beiden Seiten des Seils. Durch den Wind hätten jegliche Spuren längst verwischt sein müssen, an den meisten Stellen waren ihre eigenen Fußspuren, die sie beim nächtlichen Aufstieg hinterlassen hatten, verschwunden gewesen. Warum also gab es hier so deutliche Abdrücke? Allmählich verknüpfte sein Hirn die Informationen. Es konnte nur daran liegen, dass hier viele Leute hin- und hergelaufen waren. Es konnte Camp 3 sein.

Martin versuchte, sich daran zu erinnern, wie weit vom Seil entfernt die Zelte standen. Zehn Meter, kaum mehr. Es war ein furchterregender Gedanke, das Fixseil erneut zu verlassen, seinen einzigen Halt und Orientierungspunkt. Als der Wind von Neuem auf ihn losging, traf er eine Entscheidung. Wenn er das Lager nicht fand, bedeutete das sein Ende. Nach zwei Schritten zur Seite meinte er, etwas Gelbes zu erahnen. Einen Schritt weiter, und er war sicher. Kaum zu glauben, dass das Zelt dem Wind trotzte. Um nicht über die Abspannschnüre zu stolpern, krabbelte er auf Knien zum Zelteingang und nestelte am Reißverschluss herum. Seine Hände wollten ihm nicht recht gehorchen, aber er schaffte es trotzdem, das Zelt weit genug zu öffnen, um den Kopf hineinzustrecken. Es spielte keine Rolle, wessen Zelt es war, im Inneren lagen zwei Daunenschlafsäcke und Isomatten. Er schob seinen Rucksack vor sich hinein und kroch bäuchlings hinterher. Vor Anstrengung röchelte er laut. Es war ihm völlig egal, dass er noch Steigeisen an den Schuhen trug, und er wickelte sich sofort in die beiden Schlafsäcke. Im Zelt war der Lärm des Sturms noch ohrenbetäubender, aber ohne den Wind fühlte es sich dort mindestens dreißig Grad wärmer an.

Zitternd warf er einen Blick auf seine Uhr. Bald sechs Uhr. Zehn Stunden seit dem Gipfel. Und nicht mehr lange, bis die Dunkelheit hereinbrach. Wobei das nur eine untergeordnete Rolle spielte, schließlich waren sie in pechfinsterer Nacht zum Gipfel aufgestiegen. Martin versuchte, logisch und rational zu denken, Schritt für Schritt vorzugehen. Sich im Schlafsack zu verkriechen, fühlte sich vielleicht wie die Rettung an, dabei war es Selbstmord. In kürzester Zeit würde er einschlafen und nie wieder aufwachen. Erst vor einem Tag hatten sie einen Mann an den Beinen aus dem Zelt gezogen, einen Kerl, der sich nur für einen Augenblick hatte erholen wollen.

Trinken. Darin bestand seine Rettung. Er musste ein Zelt mit Kocher finden. Entweder direkt oberhalb oder unterhalb von ihm gab es eines, das wusste er. Martin bebte vor Kälte, selbst eingepackt in die beiden Schlafsäcke. Er merkte, wie er langsam in den Schlaf fiel, obwohl er zitterte. Das besiegelte die Sache, und er kroch zur Zeltöffnung, wo er sich auf die Ellbogen stützte und nach draußen sah, erst nach oben, dann nach unten. Seine Entscheidung fiel für einen Versuch weiter unten aus, einfach weil es weniger anstrengend war. Martin öffnete den Reißverschluss ganz und begab sich ins Freie. Einen Schlafsack nahm er nicht mit, da er ihn im Wind ohnehin nicht würde festhalten können. Auch seinen Rucksack ließ er liegen.

Fünf Schritte brauchte er, während der Wind seitlich auf ihn eindrosch, dann war er am Seil, und er griff danach. Mit beiden Händen hielt er es umklammert und bewegte sich bergab, dem Wind entgegen. Er musste den Kopf zur Seite drehen, um die Augen öffnen und etwas erkennen zu können. So wie er es sich erhofft hatte, stieß er bald auf ein weiteres Zelt. In gebückter Haltung stapfte er darauf zu und streckte den Kopf hinein. Ein Volltreffer beim ersten Versuch. Die Erleichterung ließ ihn laut auflachen. In einem Topf lagen zwei Benzinkocher. Rasch legte er die Brenner beiseite, nahm den Topf und schob mit beiden Händen Schnee zusammen, bis der Topf randvoll war. Dann kroch er ins Zelt. Erst als er sich gesetzt hatte, bemerkte er, dass in diesem Zelt kein Schlafsack lag, sondern nur eine dünne Sitzunterlage. Trotzdem würde er die zehn Meter nicht zurückgehen, um einen Schlafsack zu holen. Nicht bei der Aussicht, bald in den Genuss der Wärme des Kochers zu kommen.

Schon tausendfach hatte er Kocher wie diesen bedient, aber es gelang ihm nicht, eine Flamme zu entfachen. Das Feuerzeug ließ sich nicht anzünden. Glücklicherweise lag im Zelt auch eine Streichholzschachtel, und er mühte sich damit ab, die Hölzchen über die Zündfläche an der Seite der Schachtel zu streichen. Seine Finger gehorchten den Befehlen des Gehirns nicht, die Fingerkuppen waren weiß vor Kälte. Martin fluchte innerlich, und Tränen stiegen ihm in die Augen. Die Erleichterung wich Verzweiflung.

Zu guter Letzt schaffte er es, ein Streichholz zu zünden. Doch es brannte ab, ehe er genügend Benzin aus der Brennstoffflasche in die Schale gepumpt hatte. Martin stand kurz davor aufzugeben, das spürte er deutlich. Hektisch pumpte er, um die Schale zu füllen, bevor er einen neuen Versuch wagte. Auch das nächste Streichholz zündete, und mit zitternder Hand legte Martin es in die winzig kleine Schale, den Brennertopf. Eine schwache, bläulich schimmernde Flamme brannte auf, und Martin drehte den Regler auf die maximale Stärke, ohne dass die Flammen kräftiger wurden. Der Sauerstoffmangel in einer solchen Höhe erschwerte das Nutzen von Benzinbrennern, und womöglich durfte er nicht mehr erwarten als diese kleine Flamme.

Aus dem Augenwinkel nahm er eine weitere blaue Flamme wahr, eine Flamme, die eigentlich nicht existieren sollte. Durch das intensive Pumpen war Benzin über den Zeltboden geflossen, und jetzt brannte es hinter dem Kocher. Martin schlug mit seinen Handschuhen auf die Flammen ein. Zwar nur halb so schnell, wie sein Gehirn befahl, aber es gelang ihm trotzdem sie zu löschen.

Anschließend begutachtete er die Schäden. Ein paar Löcher im Zeltboden fielen nicht weiter ins Gewicht. Behutsam stellte er den mit Schnee gefüllten Topf auf die Flamme und legte den Deckel darauf. Für einen kurzen Moment war er drauf und dran, sich anders zu entscheiden, denn die Flamme würde den Topf aufheizen statt das Zelt. Und er sehnte sich sehr viel verzweifelter nach Wärme als nach Wasser.

Erst jetzt, als er wartend vor dem Topf saß, begann er das kräftige Pochen in der rechten Schulter wirklich zu spüren. Mit der linken Hand fuhr er unter die Jacke und fühlte vorsichtig nach. Soweit er den Rücken betasten konnte, war alles feucht und klebrig. Nur das Netzshirt, das er unter der Kleidung trug, hatte verhindert, dass die Textilien in den Wunden klebten. Aber in diesen Verhältnissen war eine offene Verletzung wie eine zusätzliche Uhr, die erbarmungslos tickte.

Er hob den Topfdeckel an und schaute hinein. Der Schnee war bereits zusammengesunken, und selbst bei geringer Hitze würde er in wenigen Minuten zu Flüssigkeit geschmolzen sein. Martin lieferte sich eine Diskussion mit sich selbst, ob er die Kraft besaß, zur Zeltöffnung zu kriechen, um noch mehr Schnee zu holen; er sollte so viel wie möglich davon schmelzen, falls die anderen hinzukamen, andererseits war es gut möglich, dass er der Letzte war. Die Vernunft siegte, und Martin holte mehr Schnee. Presste ihn in den Topf, in dem sich inzwischen Schneematsch gebildet hatte, und wartete ein wenig, ehe er den Deckel wieder daraufsetzte. Am Boden war der Schnee wahrscheinlich schon flüssig, also nahm er den Topf, hob ihn an den Mund, kippte ihn und trank. Auch wenn sein Körper nichts davon aufnehmen wollte, zwang er die Flüssigkeit in winzigen Schlucken hinunter.

Mit dem Topf vor dem Gesicht fand Dawa ihn, als dieser plötzlich ins Zelt kroch. »Gut«, war sein einziger Kommentar, dann nahm er den Topf, füllte ihn vor dem Zelt ein weiteres Mal mit Schnee und gab ihn zurück an Martin, ehe er auf dem Hintern ganz ins Zelt rutschte.

»Bist du allein?«, fragte Martin.

Dawa deutete mit dem Kopf nach oben. »Celine ist im Zelt schräg über uns. Ich wollte die anderen Zelte nach dir absuchen, wir hatten dich eine Weile nicht mehr gesehen.«

»Jetzt sind wir jedenfalls gerettet«, stieß Martin erleichtert aus.

Dawa beäugte ihn mit einem schiefen Blick. »Gerettet? Das hier ist das Ende.«

Martin starrte ausdruckslos in den Topf. Der Schneematsch hatte sich größtenteils in Wasser verwandelt, vereinzelte Eisklumpen schwammen langsam im Kreis. In wenigen Minuten würde das Wasser kochen. Ob ihm das Trinken leichter fiel, wenn die Flüssigkeit warm war? Wohl kaum.

»Wir bleiben hier, bis sich das Wetter beruhigt hat«, sagte Martin nach einer Weile.

»Es kann mehrere Tage lang auf diese Art stürmen. Es wird immer schlimmer. Ohne Sauerstoff überlebt hier keiner von uns länger als achtundvierzig Stunden. Vielleicht überleben wir nicht einmal die nächsten zwölf.«

Zwölf Stunden. Martin wusste, wovon Dawa sprach. Die achtundvierzig Stunden galten für den Sherpa selbst, die zwölf für ihn, Martin. Mehr gab es nicht zu bereden. Martin nahm den Topf vom Kocher, stellte ihn auf den Zeltboden und wärmte sich über der offenen Flamme.

»Du frierst hier drinnen, in der Daunenjacke?«, fragte Dawa.

Martin nickte. Er fror schon seit einigen Stunden, inzwischen wechselten sich Schüttelfrost und Hitzewallungen ab. Es gab keinen Grund, Dawa genauer darüber ins Bild zu setzen, er verstand es vermutlich auch so und wusste, was es bedeutete.

Obwohl die Kocherflamme nur schwach brannte, wurde es doch spürbar wärmer in dem kleinen Zelt, und Martin hörte auf zu zittern. Innerlich trieb ihn der Wunsch an, Dawa etwas zu beweisen, und er griff mit beiden Händen zum Topf. Wieder schaffte er es, einige kleine Schlucke direkt aus dem

Topf zu trinken. Vom Sherpa erhielt er dafür allerdings keinen Jubel oder Anerkennung.

»Ich muss den Schlafsack aus dem anderen Zelt holen«, sagte Martin.

Dawa wackelte mit dem Zeigefinger. »Du darfst nicht schlafen. *Keiner* darf schlafen.«

»Wie sollen wir denn eine ganze Nacht in einem warmen Zelt verbringen, ohne einzuschlafen?«, wunderte sich Martin.

»Indem wir die Nacht nicht in einem warmen Zelt verbringen.«

Martin verstand nicht, worauf Dawa hinauswollte. Ins Freie zu gehen, kam Selbstmord gleich. Er sagte es dem Sherpa.

Entschlossen schüttelte Dawa den Kopf. »Im Gegenteil, hier zu bleiben, ist Selbstmord. In Camp 2, auf 7900 Metern, haben wir Sauerstoff, dort haben wir die Möglichkeit, besseres Wetter abzuwarten. Vielleicht schaffen wir es so weit.«

Vielleicht. Das war das einzige Wort, das Martin wahrnahm. Dawa hatte es schon einmal getan, war schon einmal während eines Sturms aus dem High Camp abgestiegen. Aber jetzt tobte dort draußen ein Orkan. Konnte das Wetter noch schlechter werden? Schon jetzt war es fast nicht möglich, draußen aufrecht zu stehen. Wie zum endgültigen Beweis barst eine Zeltstange mit einem lauten Krachen entzwei. Der Wind drückte eine Seite des Zeltes nach innen, und die offene Brennerflamme züngelte nach der Zeltwand. Weder Martin noch Dawa verfielen in Panik, und der Sherpa stellte den Kocher in aller Ruhe auf die gegenüberliegende Seite, während Martin die Zeltwand wieder nach außen wölbte. Dafür musste er sich mit dem Rücken zur Wand setzen und sich gegen den Zeltstoff pressen. Der Wind besaß eine solche Kraft, dass er Martin beinahe zusammenfaltete.

»Ich muss meinen Rucksack holen«, sagte er.

»Wozu brauchst du ihn?«

»Die Kamera.« Auch wenn Dawa ihn nicht direkt ansah, verriet seine Körpersprache, was er davon hielt. »Und die Stirnlampe«, ergänzte Martin. Inzwischen war es fast vollkommen dunkel geworden.

Dieses Mal nickte der Sherpa. »Ich hole den Rucksack«, sagte er bestimmt. »Du gehst zu Celine. Lauf so, dass der Wind von links kommt, dann bist du in wenigen Schritten bei ihrem Zelt.«

Dawa blies die Kocherflamme aus und kroch ins Freie. Martin sah sich noch einmal im Zelt um, es gab nichts, das er gebrauchen konnte. Als er sich bewegte, fiel das Zelt beinahe komplett in sich zusammen. Der Wind würde es in kürzester Zeit in Fetzen reißen.

Draußen war es heller, als er gedacht hatte, wahrscheinlich lag es an der weißen Wand aus Schnee und Wind, die ihm entgegenschlug. Obwohl der Wind nur von der Seite wehte, beschloss er in Richtung des Zelts zu kriechen, in dem Celine saß, die ganze Zeit eine Hand schützend vor das Gesicht haltend. Nach einiger Anstrengung fand er den Reißverschluss, öffnete ihn zur Hälfte und robbte bäuchlings ins Zelt. Der Eingang stand beinahe direkt im Wind, und gemeinsam mit Martin presste sich eine Menge Schnee hinein. Falls Celine überrascht oder froh war, registrierte er es nicht, da er mit dem Gesicht nach unten auf einem ausgerollten Schlafsack liegen blieb. Sie rief etwas, und er zog seine Beine ins Zeltinnere, sodass sie den Reißverschluss wieder nach unten ziehen konnte.

Im Zelt war es warm, oder aber eine neue Hitzewoge rollte über ihn hinweg. Er drehte sich auf den Rücken, öffnete seine Daunenjacke und breitete sie unter sich aus. Erst in diesem Moment fiel ihm auf, dass Celine nur in ihrem Unterhemd dasaß. Mit Sicherheit waren es hier drinnen mehrere Grad über null. Beleuchtet wurde das Zelt durch eine Stirnlampe, die sie an die Decke gehängt hatte, sowie die Flamme des Benzinkochers.

»Wie geht es dir?«, erkundigte sich Martin.

»Ich dachte, du lebst nicht mehr.«

»Dawa sagt, wir müssen sofort weiter, meiner Meinung nach ist das der reinste Selbstmord.«

»Ich vertraue Dawa«, entgegnete Celine. »Lieber nutze ich die letzten Kräfte für den Versuch, nach unten zu kommen, als hier zu sitzen, bis ich einschlafe, um in ein paar Tagen als Leiche gefunden zu werden.«

Erneut öffnete sich der Reißverschluss, und Dawa schob sich blitzschnell ins Zelt, Martins Rucksack voran. Zu dritt nahmen sie den gesamten Platz des Zelts ein, und sie mussten sich nach hinten und zur Seite lehnen, um der gleichmäßig brennenden Flamme des dampfenden Kochers nicht zu nahe zu kommen.

Dawa deutete auf den halb vollen Topf mit Wasser, der neben dem Brenner stand. »Trinkt«, forderte er sie auf, und um zu unterstreichen, dass die Anweisung für sie alle galt, trank er einen großen Schluck aus dem Topf, ehe er ihn an Celine weiterreichte. Sie trank ebenso lang wie Dawa und streckte Martin den Topf entgegen. Er wollte den beiden in nichts nachstehen, aber nach dem ersten, großen Mundvoll musste er aufgeben. Er bekam es nicht hinunter. Trotzdem hielt er den Topf noch einen kurzen Moment vor das Gesicht, ehe er ihn abstellte.

»Sind die anderen Sherpas in Camp 2?«, fragte Celine.

»Sie sind erst vor etwa vierundzwanzig Stunden dort angekommen. Sie haben die Anweisung, dort zu warten oder, falls sie dazu in der Lage sind, Sauerstoff hierherzubringen. Aber bei diesem Wetter ist das unmöglich.«

Martin schloss die Augen, es war ein eigenartiges Gefühl, so dazusitzen in der Wärme. Er wollte nichts anderes, als weiter hier zu bleiben und zu spüren, wie das Wohlbehagen durch seinen Körper strömte.

»Du schläfst.«

Martin spürte, dass jemand fest an ihm rüttelte. Langsam kam er wieder zu sich. Es war ihm beinahe unmöglich, den behaglichen Zustand zu verlassen. Über einen Tag war es her, seit er zuletzt etwas gegessen hatte, aber er verspürte keinen Hunger. Martin starrte in den Topf, dessen Boden noch immer mit Schneematsch bedeckt war. Er ahnte nicht, wie viel er bereits davon getrunken hatte, aber er richtete seine Konzentration einzig und allein darauf, den Topf zu leeren. Dawa und Celine diskutierten miteinander, das hörte er, doch er beteiligte sich nicht am Gespräch.

»Wie lange brauchen wir von hier bis ins nächste Lager?«, fragte Celine.

Dawa antwortete nicht, auch nicht, als Celine ihre Frage wiederholte. »Wenn wir draußen sind, können wir einander nicht helfen«, sagte der Sherpa stattdessen. »Wir werden nichts sehen, und bei diesem Wind werden wir auch nicht miteinander reden können. Wir müssen allein zurechtkommen, so gut es geht. Wer sich hinsetzt, wird nicht mehr aufstehen.«

»In diesem Unwetter könnten wir an Camp 2 vorbeigehen, ohne es zu merken«, warnte Celine.

Dawa schwieg. Gegen etwas so Offensichtliches wollte er wohl keinen Protest einlegen, dachte Martin. Er selbst schloss wieder die Augen und spürte, wie er in einen angenehmen Traumzustand glitt, ehe er sich zwang, sie wieder zu öffnen. Der Topf stand immer noch vor ihm. Wollte er wirklich zurück in den Orkan? Der Gedanke daran, einfach sitzen zu bleiben, war alles andere als furchteinflößend. Würden Celine oder Dawa etwas unternehmen, wenn er ihnen mitteilte, dass er hierbleiben wollte? Er glaubte nicht. Schließlich hatten sie auch die anderen ohne große Regungen ihrem Schicksal überlassen. Hier drinnen hatte er eine Chance, immerhin würde er nicht erfrieren. Wenn sich das Wetter legte, kamen vielleicht einige andere Bergsteiger hierher, er musste sich nur einen weiteren Tag am Leben halten. Wenn nur das Wetter ruhiger würde. Es könnte funktionieren, 8350 Meter waren weniger schlimm als 8700. Im Zelt zu warten, während die anderen abstiegen, war eine gute Idee, es fühlte sich sicher an. Wieso hatte er das nicht schon früher verstanden?

»Los, wir gehen jetzt!«

Martin kam zu sich und blickte direkt in Celines blaue Augen. Sie drückte fest auf seine Hand.

»Zieh die Ausrüstung wieder an, es gibt keinen Grund, noch länger hier zu sitzen.«

Martin öffnete den Mund, um zu protestieren, aber Celine war schon dabei, ihm die Daunenjacke überzuziehen. Er überließ es ihr, den Reißverschluss zu schließen, die Kapuze aufzustellen und sie fest zuzuschnüren.

»Den Rucksack braucht er nicht«, hörte er Dawa sagen.

»Ich nehme ihn mit«, widersprach Martin und beugte sich vor, um ihn an sich zu nehmen. Inzwischen wog er nicht mehr viel. Er holte die Stirnlampe heraus, und Celine setzte sie ihm auf den Kopf, während Dawa in Martins Rucksack griff, die Kamera herausnahm und sie in seine Jackentasche steckte, ehe er das Gepäckstück in eine Ecke des Zelts schleuderte.

Dann spürte Martin, wie jemand ihn am Arm fasste, und er wurde zur Zeltöffnung gezogen. Dort drehte er sich um und krabbelte rückwärts ins Freie. Er richtete sich auf, musste aber mehrere schwankende Schritte zur Seite machen, um nicht vom Wind zu Boden gepresst zu werden. Der Wind und die Kälte hatten den Effekt eines Wachmachers. Seine Schläfrigkeit war mit einem Mal buchstäblich wie weggeblasen. Dawa reichte ihm den Eispickel, und mit einiger Mühe gelang es ihm, den bauschigen Daunenfäustling durch die Handschlaufe des Eisgeräts zu stecken. Dawa schob ihn vor sich, direkt in den Wind. Es war so gut wie unmöglich, sich vorwärts zu bewegen, selbst wenn er sich mit seinem ganzen Gewicht gegen den Wind stemmte, fiel er nicht auf den Boden.

Im Schein der Stirnlampe wirkte alles um ihn herum wie eine weiße, wirbelnde Wand aus Schnee. Martin neigte den Kopf, sodass der Lichtstrahl auf seine Stiefel und den Boden unter ihm fiel, und er tappte einige Meter voran. Das Fixseil wölbte sich in einem Bogen in ihre Richtung, er hielt direkt darauf zu. Es überraschte ihn selbst, wie wenig Schwierigkeiten es ihm bereitete, die beiden Karabinerhaken ins Seil einzuhängen. Von hinten stieß Dawa ihn an, möglicherweise ging es ihm zu langsam. Martin wollte nach ihm schlagen, schaffte es aber nicht, seine Bewegungen zu koordinieren. Stattdessen drehte er sich um, sodass er den Wind im Rücken hatte, und stieg den jäh abfallenden Hang rückwärts hinunter, wobei er die beiden Kletterhaken als Bremse zu nutzen versuchte. Allerdings war der Wind allein schon Bremse genug, Martin lief kaum Gefahr, in die Tiefe zu stürzen, wenn er sich nach hinten fallen ließ. Seine Stirnlampe leuchtete direkt auf Dawas Rucksack, der sich lediglich einen Meter über ihm befand. Martins Gemütszustand sprang abwechselnd zwischen Resignation und neuer Hoffnung hin und her. Es ging stetig bergab, Schritt für Schritt, und Martin glaubte, dass sie um einiges schneller waren als auf dem Hinweg. Vielleicht hatte das Trinken also doch geholfen.

Bloß nicht einknicken, ermahnte er sich ein ums andere Mal. *Wenn du bei Sonnenaufgang noch aufrecht stehst, kannst du das hier überleben.*

Der Flug der British Airways mit der Nummer BA142 aus Neu-Delhi landete unter einem wolkenlosen Himmel in London Heathrow. Es war der Morgen des 6. Juni, und die Uhr zeigte 08:35 an. Wie der Kapitän über den Bordlautsprecher mitgeteilt hatte, erwartete man bereits ab dem Vormittag Temperaturen um die dreißig Grad. Das monströse Flugzeug, ein Airbus A380-800, war bis auf den letzten der beinahe fünfhundert Plätze mit Passagieren belegt. Der Fluggast am Fenster in einer der hintersten Sitzreihen hatte es nicht eilig, das Flugzeug zu verlassen. Es gab keine Anschlussverbindung, die er hätte erreichen müssen.

Erst als alle anderen Passagiere ausgestiegen waren, stand er von seinem Sitz auf, allerdings nicht ohne eine gewisse Anstrengung. Sein Handgepäck bestand lediglich aus einer bescheidenen kleinen Plastiktüte, die er unter dem Vordersitz abgelegt hatte. Er nahm sie in die linke Hand und nickte der Stewardess zu, die ein Stück zur Seite ging und freundlich den Kopf neigte, als er an ihr vorbeiging. Der Kapitän stand noch an der Ausgangstür und bedankte sich für die angenehme Reise, erhielt von seinem letzten Passagier aber nur ein kurzes Nicken zum Abschied.

Geduldig reihte er sich in die Schlange an der Passkontrolle ein, sogar so früh morgens nahm sie einige Zeit in Anspruch. Nur wenige Monate zuvor hätte er sich fürchterlich darüber geärgert, jetzt war es ihm gleichgültig. Da er kein Gepäck aufgegeben hatte, konnte er geradewegs an den überfüllten Gepäckbändern vorübergehen, durch den Zoll und vorbei an all den Menschen, die gespannt auf einen

Verwandten, einen Freund, ihren Liebsten oder einen Geschäftspartner warteten. Er wusste, dass sein Name auf keinem der handgeschriebenen Zettel stand, die die Fahrer am Haupteingang vor sich in die Luft hielten. Ihn erwartete niemand.

In der großen Ankunftshalle blieb er stehen und blickte sich um. Ein Beobachter hätte wohl gesagt, dass er wie jemand aussah, der nicht wusste, wohin er gehen oder was er tun sollte. Auf einem großen Bildschirm erschienen abwechselnd Annoncen und Nachrichten. Als ein Foto von Sir Richard den Schirm ausfüllte, musste er sich mit einer Hand an der Wand abstützen. Triumphierend reckte der Adelsmann eine britische Flagge über seinen Kopf. »Sir Richard auf dem Dach der Welt« lautete die Schlagzeile, offenbar sollte das Bild seine Everest-Bezwingung illustrieren. Die Lüge lebte also weiter. In zwei Tagen sollte eine Gedenkfeier für »den legendären britischen Ehrenmann« stattfinden. Martin hoffte, dass die öffentliche Hand das Ereignis finanzierte.

Mit einem Gefühl der Leere trat er in die Morgensonne und sah sich um. Die Hitze kam ihm gelegen, denn er trug nicht mehr als Shorts, T-Shirt und Flip-Flops. In der Plastiktüte hatte er eine billige Überjacke. Einer Eingebung folgend, steuerte er auf den Taxistand zu und reihte sich in die Schlange ein. Dem Fahrer nannte er den einzigen Hotelnamen Londons, an den er sich erinnerte: St. Martins Lane.

Der Mann am Empfang beäugte ihn skeptisch. In einem der berühmtesten Londoner Designhotels war man es wohl nicht gewöhnt, dass ein Gast in Shorts und Badelatschen mit nicht mehr Gepäck als einer Plastiktüte aus dem Duty-Free-Shop eincheckte. Allerdings schien die Uhr an seinem Handgelenk für ihn zu sprechen, denn der Mann hinter dem Tresen warf mehrere Blicke auf das Schweizer Luxusmodell, so als beruhige es sein Gewissen.

»Wie viele Tage möchten Sie bleiben, Sir?«, fragte er, während er die Informationen aus dem Pass in seinen Computer tippte.

Martin warf ihm einen verwirrten Blick zu. Wie viele Tage? Er hatte keine Ahnung, darüber hatte er nicht einen Moment nachgedacht. Mit aufmerksamer Miene reichte der Mann ihm den Pass zurück. »Wir lassen das Abreisedatum vorerst offen.«

Martin streckte sich auf dem Bett in seinem Zimmer im sechsten Stock. Er wechselte die Zimmerbeleuchtung, sodass der Raum nun in einem hellen Blau erstrahlte, und bildete sich ein, es sei seine Lieblingsfarbe. Er nannte sie »Nordic Blue«, nach dem Licht des Nordens im Frühsommer.

Er döste und spürte in sich selbst nach. War er müde? Das war er eigentlich permanent, schon ein Fußweg von fünfzig Metern konnte ihn an den Rand der Erschöpfung bringen, oder wenn er sich bückte, um etwas vom Boden aufzuheben. Der Arzt hatte ihn verwundert angeblickt, als er gefragt hatte, ob Höhentraining nicht gut für die Kondition sei, müsste er eigentlich nicht in Topform sein?

»Sie waren gerade tot«, hatte der Arzt erwidert.

Wieso war er jetzt nicht mehr tot? Er wusste es nicht. Es gab so vieles aus den letzten Wochen, an das er sich nicht mehr richtig erinnerte. Dass man ihn für tot erklärt hatte, wusste er allerdings. Ihn und all die anderen. Sie waren sieben Tage unterwegs gewesen. Fünf Tage nach ihrem heimlichen Aufbruch aus dem Advanced Base Camp ins Nebelmeer hatte *The New York Times* einen Artikel über eine spurlos verschwundene Expedition veröffentlicht. Niemand konnte bestätigen, dass sie sich noch auf dem Mount Everest befanden, da keiner gesehen hatte, wie sie aus dem vorgeschobenen Basislager aufgebrochen waren, aber im Grunde wussten es alle. An einem anderen Ort konnten sie schließlich nicht sein. Die Meldung verbreitete sich wie ein Lauffeuer in der weltweiten Medienlandschaft. Die Presse liebte mysteriöse Rätsel wie dieses. Eine gesamte Expeditionsmannschaft, wie vom Erdboden verschluckt. Noch dazu nicht irgendeine beliebige Expedition. Sir Richards Name katapultierte die Geschichte in ungeahnte Dimensionen.

Es waren »Breaking News« bei *CNN* und den konkurrierenden Nachrichtenkanälen gewesen. Am schlimmsten waren jedoch die Briten. Einer ihrer adeligen Landsmänner war verschollen, ein Held, der Stolz der Nation. Auch in Norwegen sorgte ihr Verschwinden für Schlagzeilen, vorrangig wegen Martin. Mit dieser Expedition habe er das Schicksal einmal zu oft herausgefordert, hatten die Experten behauptet. Die Gruppe um Sir Richard und Martin habe versucht, den Gipfel unter Verhältnissen zu bezwingen, die gleichbedeutend mit einem Todesurteil waren. Ein unbegreifliches Vorhaben, das ihr Scheitern beinahe verdient erscheinen ließe.

Ohne es tatsächlich zu wissen, konnte Martin sich durchaus vorstellen, dass sein plötzliches Auftauchen, mehrere Tage nachdem er offiziell als »vermisst« galt und in den Augen der meisten bereits tot war, eine Spur allgemeiner Enttäuschung hervorgerufen hatte. Die Journalisten hatten sich trotzdem in den ersten Flieger nach Kathmandu gesetzt, mussten allerdings ohne die Hauptfigur des Dramas vorliebnehmen. Martin wurde zweimal in der Nepal International Clinic operiert, einem der beiden angesehenen Krankenhäuser Kathmandus, und konnte keinen Besuch empfangen. Abgesehen davon wünschte er auch keinen. Das hatte jedoch nicht etwa zur

Folge, dass die Medien die Story zurückhielten, sondern lediglich, dass jemand anderes als die Hauptquelle sie erzählte. Bei der Jagd auf jeden, der etwas zu der Geschichte beitragen konnte, und sei es auch noch so peripher, wurden weder Kosten noch Mühen gescheut. Sie belagerten Dawas Haus im Zentrum der Stadt, aber als der Sherpa letztendlich nachgab und mit den Journalisten redete, sprach er so wohlwollend und lobend über die Teilnehmer der Expedition, dass die meisten Medien seine Aussagen als gekauft abtaten. Auf der Suche nach der Wahrheit begaben sich zwei Reporter sogar ins mehrere Tagesmärsche entfernte Heimatdorf Dawas, um mit einigen anderen Sherpas zu sprechen, auch wenn diese am eigentlichen Drama überhaupt nicht beteiligt gewesen waren.

Martin schätzte, dass die Redakteure zwischen zwei Standpunkten schwankten: War Martin Moltzau ein Held? Oder war er ein tollkühner Draufgänger, der sich und andere unnötigen Gefahren ausgesetzt hatte?

Auch die britische Presse reiste nach Kathmandu, und sie hatte keine hehren Absichten. Ihr Held war Sir Richard, sein Schicksal stellte das einzig Relevante für ihre Leser dar. Der Letzte, der den Briten lebend gesehen hatte, war Martin, und dazu der Einzige, der die Wahrheit kannte, aber er stand aus bekannten Gründen nicht für Interviews zur Verfügung. Was die Boulevardzeitungen jedoch keineswegs aufhielt. Für die Briten war es offensichtlich, dass Sir Richard einem Unglück zum Opfer gefallen war oder vielleicht sogar noch schlimmer: einer Sabotage. Ein Journalist trieb es sogar so weit, zu behaupten, dass Martin die Schuld an Sir Richards Tod trug. Wie sonst hätte Martin Moltzau überleben können, während einer der besten und erfahrensten Bergsteiger und Abenteurer der Geschichte ums Leben gekommen war?

Martin hatte den Artikel im Krankenbett gelesen, auf seinem Laptop, den Dawa wundersamerweise auf seinen Nachttisch gelegt hatte, zusammen mit seiner Kamera, seinem Pass, seiner Kreditkarte und einem entladenen Handy. Er las alles, was über ihre Expedition geschrieben wurde, selbst wenn es ihn nur weiter deprimierte und verschlossener werden ließ. Auch als er wieder genügend Kräfte gesammelt hatte, um jeden Tag für einige Stunden aufzustehen, weigerte er sich, Besuch zu empfangen. Der Einzige, den er treffen wollte, war Dawa.

Auf dem Hotelbett spürte er, dass er sich nicht mehr länger wach halten konnte. Während der Flugreise hatte er nicht eine Minute geschlafen. *Dawa, du wusstest, wie es hätte enden können*, schwirrte ihm wieder und wieder durch den Kopf.

Dawa hatte unruhig auf der Türschwelle gestanden und dabei das Gewicht von einem Fuß auf den anderen verlagert. Als Martin ihn zu sich winkte, kam er langsam näher und setzte sich auf die Kante des Stuhls, der am Fußende des Krankenhausbettes stand.

»Ich kann mich an fast nichts erinnern, seit wir Camp 3 im Orkan verlassen haben«, sagte Martin. »Ich weiß noch, dass es hell wurde und wir auf Knien dem Wind entgegengekrochen sind. Und ich habe geglaubt, wir würden gerettet, als die Sonne aufging. Ziemlich naiv.«

»Du erinnerst dich nicht mehr daran, dass wir die Zelte im Camp 2 gefunden haben?«

Martin schüttelte den Kopf. Er hatte zwanghaft versucht, Erinnerungen heraufzubeschwören, aber in ihm war nur Leere. »Wie lange war Celine bei uns?«

Nach langer Bedenkzeit antwortete Dawa. »Ich weiß es nicht. Niemand hat sie gefunden. Sie muss abgestürzt sein.«

»Sie ist ohne Sauerstoff unterwegs gewesen, seit wir den Second Step beim Aufstieg passiert hatten. Statt Sauerstoff hat sie ihre Kameraausrüstung mitgeschleppt.«

Dawa legte die Stirn in Falten und schüttelte nachdenklich den Kopf. Für eine Weile saßen sie still da, in Gedanken versunken. Auf einmal ergriff ein schlechtes Gewissen Besitz von Martin. Er hätte Celine erzählen sollen, dass Sir Richard ihm gegenüber eingeräumt hatte, über die Ereignisse von vor zwanzig Jahren gelogen zu haben. Celine wäre selbst auf Knien nach Hause gekrochen, um ihrem Vater davon zu berichten. Wieso hatte er es ihr dort oben nicht gesagt? Vielleicht wäre dann alles anders gekommen. Er musste mehrmals tief Luft holen, so laut, dass Dawa ihn kritisch anblickte.

»Wie lange waren wir in Camp 2?«, fragte Martin dann.

»Der Sturm dauerte noch zwei Tage an. Wir hatten zwar genügend Brennstoff und Schlafsäcke, aber nur wenig Sauerstoff. Und wir waren zu sechst mit all den Sherpas, die ebenfalls dort warteten.«

»Der Sauerstoff war leer, bevor sich das Wetter beruhigt hat, das weiß ich noch.«

Dawa nickte. »Lange vorher. Wir hätten keinen weiteren Tag mehr überlebt, obwohl wir außerhalb der Todeszone waren. Ich habe Tenzing im Sturm nach unten geschickt, um Hilfe und Sauerstoffnachschub zu holen, sobald es das Wetter zuließ. Es war ein verzweifelter Versuch, aber er war unser bester Mann.«

War. Dieses kleine Detail entging Martin nicht. »Ist er nicht angekommen?«

»Tenzing hat es nie bis ins Camp 1 geschafft, und er wurde bis heute nicht gefunden.«

»Er wurde vom Berg geweht, auf dem Grat«, folgerte Martin.

Dawa senkte den Blick und sah zwischen seinen Beinen hindurch auf den Boden.

»Manuela«, fiel Martin plötzlich ein. »War sie die Erste auf dem Gipfel?«

Überrascht sah Dawa auf. Dann zuckte er mit den Schultern. »Spielt das eine Rolle?«

Für einen Moment herrschte Stille.

»Die Sonne, daran erinnere ich mich«, sagte Martin. »Das Licht war so grell, dass ich meine Augen kaum öffnen konnte, als wir endlich aus dem Zelt gekrochen sind.«

»Du warst sogar in der Lage, allein zu gehen. Das hat uns alle überrascht. Deine Schulter war schon ganz blau geworden, aber es gab nichts, das wir hätten tun können.«

An den langen Abstieg hinab zum Nordsattel hatte Martin keine Erinnerungen mehr. Wohl aber an die ungläubigen Gesichter, als sie in der Abenddämmerung die Zelte erreicht hatten, und an den Geschmack des Grogs. Er hatte ihn augenblicklich wieder erbrochen.

»Als wir am Nordsattel ankamen, hatte uns seit sieben Tagen niemand mehr gesehen«, berichtete Dawa.

»Wer hat mich vom Nordsattel nach unten ins Advanced Base Camp gebracht? Es war doch dunkel, oder?«

»Pemba und Lapsang.«

Je länger sie über die Ereignisse sprachen, desto mehr fiel Martin wieder ein. Als sie im vorgeschobenen Basislager ankamen, hatte jemand, dessen Sprache er nicht verstand, ihm eine Suppe gegeben. Auch an einen Arzt und besorgte Diskussionen über einen möglichen Helikoptertransport in ein Krankenhaus erinnerte er sich jetzt wieder. Er hatte darüber gelächelt, ehe er eingeschlafen war. Am folgenden Tag wollten die Sherpas ihn bis ins Base Camp tragen, aber er hatte sich geweigert. Er wollte auf eigenen Beinen gehen. Danach wurde alles schwarz. Also hatten sie ihn den restlichen Weg anscheinend doch getragen.

»Die Chinesen!«, rief Martin aus. »Ihre Gesichter hätte ich gern gesehen.«

»Ich wurde aus Tibet ausgewiesen, also aus China«, erwiderte Dawa.

Bruchstückhaft erinnerte sich Martin daran, auf dem Rücksitz eines Autos zu liegen, an die brutalen Schmerzen in der Schulter, bis ihm jemand eine Spritze verabreichte. Danach verschwand alles wieder im Dunkeln, bis er schließlich im selben Krankenhausbett aufgewacht war, in dem er seit über einer Woche lag.

»Hier ist ein Brief für dich«, sagte Dawa und überreichte ihm ein zusammengefaltetes Blatt Papier. »Er ist auf Norwegisch.«

Martin faltete den Brief auseinander, legte ihn auf den Schoß und begann zu lesen. Er brauchte die handgeschriebenen Zeilen nur zu überfliegen. Tore Mikkelsen von der Zeitung *VG* berief sich auf ihre langjährige Bekanntschaft, auf das große Informationsbedürfnis zu Hause in Norwegen und die vielen Gerüchte. Und er versprach Martin die volle Kontrolle über alle Schlagzeilen. Es stand noch mehr in dem Brief, aber Martin ließ das Blatt einfach auf den Boden gleiten.

»Du hast den Journalisten sicher alles Nötige erzählt«, wandte er sich an Dawa.

Der Sherpa nickte mehrmals, er verstand.

Eine Krankenschwester betrat den Raum und unterbrach ihr Gespräch. »Sie fragen, ob Sie heute in der Lage sind, Besuch zu empfangen«, sagte sie an Martin gerichtet, so wie an jedem anderen Tag.

Er verdrehte die Augen. »Sie können ihnen wie gehabt mitteilen, dass ich keine Besucher empfange. Nicht heute und auch an keinem anderen Tag.« Martin hegte keinerlei Hoffnungen, dass die Nachricht zu ihr durchgedrungen war, sie wirkte völlig verständnislos. Zum Abschied machte sie einen Knicks.

»Ein Mann von der norwegischen Botschaft war bei mir zu Hause«, sagte Dawa, als die Krankenschwester das Zimmer verlassen hatte. »Der Botschafter bittet darum, dich besuchen zu dürfen. Sobald du gesund genug bist.«

»Das kann er vergessen.«

Ein schwaches Lächeln zeichnete sich auf Dawas Gesicht ab. »Damit habe ich gerechnet«, sagte er. Der Sherpa-Anführer stand auf und verbeugte sich vor Martin. Die Geste hatte etwas Ehrerbietiges an sich. »Ich muss jetzt gehen.«

Martin kam es so vor, als humpele Dawa ein wenig, als er aus dem Zimmer ging, aber der Sherpa war aus der Tür, ehe er nachfragen konnte. Martin wusste, dass er ihn nie wiedersehen würde.

Martin wachte auf und schaute an die Decke von Zimmer 602 im St. Martins Lane. Es dauerte einen Moment, bis ihm wieder einfiel, wo er sich befand.

Nachdem Dawa ihn im Krankenhaus in Kathmandu verlassen hatte, hatte er keinen Augenblick gezögert. Es war nur eine Frage der Zeit gewesen, bis die Journalisten sein Bett belagert hätten, auch ohne seine Erlaubnis. Er hatte sich in der normalen Krankenhauskleidung durch den Personaleingang nach draußen geschlichen und sich an der nächsten Straßenecke Bermudashorts, Flip-Flops und ein T-Shirt gekauft.

Er streckte sich zu dem Lichtschalter über dem Bett und änderte die Beleuchtung in Grün. Die Farbe der Hoffnung. Es bereitete ihm eine gewisse Freude, dass absolut niemand wusste, wo er sich gerade aufhielt, es fühlte sich an wie eine Form grenzenloser Freiheit.

Über zwei Wochen lang hatte er versucht, nicht an das Erlebte zu denken. Er tat so, als fiele es ihm schwer, sich zu erinnern, während in Wahrheit das exakte Gegenteil zutraf. Das Problem war das Vergessen. Wie konnte er jemals Sir Richard vergessen, der ihm vom Gipfel schwach zuwinkte, Manuela, die für eine Sekunde in einem unnatürlichen Winkel über der Felskante hing, oder Marks letzten Blick?

Er dachte an seine Eltern. Die Reaktionen in seinem Elternhaus waren dem klassischen psychologischen Muster gefolgt. Erst die Hysterie, als er vermisst gemeldet wurde. Vierundzwanzig Stunden später war die Hoffnung erloschen, einen solchen Sturm überlebte niemand, und sie bekamen die Trauer zu spüren. Anschließend die überwältigende Erleichterung, als er auf wundersame Weise von den Toten auferstand, und zum Schluss der Zorn darüber, dass er sie all dieser emotionalen Belastung ausgesetzt hatte. In dieser letzten Phase hatte er mit seiner Mutter gesprochen. Nach der ersten Operation im Krankenhaus hatte er sich ein Ladekabel ausgeliehen und zu Hause angerufen. Es wurde ein kurzes Gespräch. Als seine Mutter zu schimpfen begann und ihm Vorwürfe machte, hatte er aufgelegt. Er hatte nicht wieder angerufen.

Martin musste neue Kleider besorgen. Die hohen Temperaturen in London würden nicht besonders lange bestehen bleiben. Aber zuallererst musste er telefonieren. Beschwerlich raffte er sich vom Bett hoch, es würden noch Monate vergehen, ehe die Verletzung an der Schulter verheilt war. Womöglich erholten sich die Nerven und Muskeln auch nie wieder davon. Mit steifen Bewegungen ging er zum Schreibtisch, zog den Stuhl heran und setzte sich. Das Handy legte er vor sich auf den Tisch. Er musste lernen, von jetzt an alles mit der linken Hand zu erledigen.

In der Kontaktliste scrollte er zu Franz Mendler und drückte auf »anrufen«. Dann stellte er die Lautsprecherfunktion ein und lauschte den langen Wartezeichen, bis sich ein Anrufbeantworter meldete. Er hinterließ keine Nachricht, sondern wartete einige Minuten, ehe er erneut anrief. Diesmal nahm Mendler sofort ab.

»Ich bin's«, meldete sich Martin.

»Endlich, da bist du, mein Freund«, sagte Mendler. »Wir haben schon darauf gewartet, von dir zu hören. Hast du unsere Blumen im Krankenhaus bekommen?«

Martin spürte den Zorn in sich aufsteigen. »Ihr seid wohl für die Geschichte verantwortlich, dass ich der größte Bergsteiger aller Zeiten werden soll.«

»Marken aufbauen ist eben unser Ding.«

»Ihr schreckt vor gar nichts zurück.«

»Horst Hegeler lässt dich grüßen. Er ist beeindruckt.«

»Scheiß auf Hegeler.«

»Wir werden dich in ein paar Monaten für eine Kampagne nutzen, aber nur mit diskreten Hinweisen auf das Drama«, kündigte Mendler an. »Und natürlich sind wir gespannt, wann wir dich das nächste Mal hier zu sehen bekommen und von deinen neuen Plänen hören dürfen. Du bist eine größere Nummer als je zuvor.«

»Ich habe keine neuen Pläne, das kannst du Hegeler ausrichten. Es ist vorbei.«

»Nimm dir alle Zeit, die du brauchst, um wieder zu dir zu kommen, dann unterhalten wir uns.«

»Ich glaube, du hast mich nicht verstanden. Ich bin fertig. Das ist eine Kündigung.«

»Natürlich machst du weiter.«

»Jetz hör gut zu!«, brüllte Martin beinahe in das Handy. »Ich kündige den Vertrag mit euch und mit allen anderen Sponsoren. Ich höre auf!«

Mendler lachte mitleidig. »Aufzuhören hilft dir auch nichts.«

»Ihr habt keinen Anspruch auf mich.«

»Nein, wir nicht. Aber der Rest der Welt glaubt, einen zu haben. Du musst lernen, mit dem Martin zu leben, den du erschaffen hast.«

»Du irrst dich.«

»Wir hören uns, Martin.«